The Healing Self
A Revolutionary New Plan to Supercharge
Your Immunity and Stay Well for Life

宇宙のパワーで あなたの心と体は よみがえる

Deepak Chopra, M.D., and
Rudolph E. Tanzi, Ph.D.

ディーパック・チョプラ　ルドルフ・E・タンジ
［訳］渡邊愛子　水谷美紀子

フォレスト出版

概観　ウェルネスの現状——多くの脅威、1つの大きな希望

２０１７年7月の終わり頃、医学に関する驚くべきニュースがテレビとインターネットを駆け巡りました。そのニュースが氷山の一角であることに気づいた人は、当時ほとんどいませんでした。私たちが日々気をつけなくてはならないような、よくある健康上のリスクが次々と取り沙汰《とざた》され、そうした雑音があまりにも多かったのです。たとえば週55時間以上働くことは健康に悪い、妊婦がヨウ素を十分に摂らないとリスクが高まる、といったことなどです。

これらは氷山の一角ではなく、どちらかといえば、皆がいずれ気にも留めなくなる、ありがちなアドバイスだといえるでしょう。しかし、そうではない情報もありました。今や世界中で最大の健康上の脅威である老年性認知症の専門家24人が、アルツハイマー病を含

む、あらゆるタイプの認知症の予防の可能性について包括的に評価するよう求められました。彼らが出した結論は、権威あるイギリスの医学誌『ランセット』に掲載されましたが、認知症の症例の3分の1が予防可能であるということでした。現在、認知症を治したり、予防したりする薬剤治療は存在しなかったので、これは驚くべきニュースだったわけです。

認知症を予防する鍵となるのは何でしょうか？　人生のステージごとにフォーカスすることも異なり、ライフスタイルも変わっていきます。専門家たちは、認知症の症例のうち約35％の主要因となる特定要素を9つ選び出しました。リスクを減らすために必要な要因には、15歳を過ぎるまで学校教育を受けること、高血圧・肥満・糖尿病を減らすこと、中年期の難聴を予防、もしくは治療すること、タバコを吸わないこと、運動すること、そして高齢期のうつや社会的孤立を減らすことが含まれていました。

なかでも「少なくとも15歳を過ぎるまでは学校教育を受ける」という要素は驚くべきものでした。いったいどういうことなのでしょうか？　老年期の病気が、10代の頃に何をしていたかによって軽減されるとでもいうのでしょうか？　その点に関しては、中年期の難聴に対処することが認知症のリスク減少につながるということもまた珍しい説でした。何か新しい流れが生じていたのです。もし詳細に調べれば、このニュースは大革新が起きる可能性を秘めた医学の潮流を予見するものでした。

認知症においてだけではなくすべての病気において、高血圧、心臓病、がん、糖尿病のような病気や命を脅かす疾患、またうつや統合失調症のような精神疾患にいたるまで、研究者たちは時間を大幅に遡《さかのぼ》っています。冬の風邪も、症状が表れる数日前にウイルスにさらされたことに、苛立《いらだ》ちを感じつつ気づくものです。潜伏期間は短く目に見えませんが、症状が表れて初めてわかるのです。しかし生活習慣病の場合はそうではありません。潜伏期間が目に見えないのは共通ですが、何年、何十年といった非常に長いものです。医学的にも、このシンプルな事実の重要性はますます増しています。なぜ病気になる人とずっと健康な人がいるのかということに関しても、このあたりが最も大きく関わっていると今では考えられるようになっています。

症状が表れてから生活習慣の乱れに注目したり、リスクが高まってから予防措置をとるよう忠告したりする代わりに、医師たちはリスクや症状が出る20~30年前の正常で健康的な生活について調査しているのです。病気というものの新たなビジョンが現れつつあり、それは私たちにとってよいニュースです。もしもあなたが子どものときから生涯ウェルネスを実践すれば、中年期以降から見舞われる多くの脅威を減らすことが可能になるのです。つまり、脅威の兆候が表れる前に行動することが秘訣《ひけつ》なのです。

これは incremental medicine（直訳で増加的医学）として知られ、先の認知症にまつわる話は氷山の一角です。一見すると妙に思える、教育についての発見を見ていきましょう。15歳まで学校教育を受ければ認知症は世界的に8%減るだろうと専門家たちは考えており、この数字は認知症を減らす項目の中でも最大の要件です。その理由を見つけるには長期にわたる追跡調査が必要です。教育を受ければ受けるほど、脳には多くの情報が貯蔵され、学んだ知識の取り出し方もさらに上手になります。子ども時代からのこうした情報の蓄積によって、神経科学者が「認知的予備力」とするもの、つまりニューロン間に増えたつながりや経路という側面から脳が活性化するわけです。こうした活性化が起こると、たとえ脳のある部分が弱ったり病気になったりしても余分な経路ができるため、アルツハイマー病やその他の認知症による記憶喪失も相殺されるわけです（このことについては、本書最後の項、「アルツハイマー病の現状と未来」で詳細を述べます）。

医学的論理も、長期的な影響という観点によって変わりつつあります。なぜなら多くの病気に長期的な影響が存在するからです。禁煙、減量、ジム通い、ストレスを気にかけるといった個々の健康法の話ではなくなり、あらゆる面において日々セルフケアをおこなうライフスタイルを継続することが重要になってきています。タバコを吸わない、体重を減らす、ジムへ行く、といったこと自体にもメリットはあります。しかし生涯にわたるウェルネスというのは、AやBという疾患のリスクを減らすことと同義ではありません。全体的なアプローチだけが究極的に効果をもたらすのです。ウェルネスとはもはや単なる予防の代替手段ではなく、氷山全体であり、これまで見て見ぬふりをされてきたテーマなのです。ウェルネスは、私たちを取り巻くすべての要因から生じた大きな希望です。すべての人がこの事実について完全に理解するようになれば、予防もこれまでとは違ったものになるでしょう。しかし、ものごとがいかに革新的に変化していくかを把握するためには、脅威が希望を侵食しつつある医療の現状を、一歩ひいた視点で検証していく必要があります。

免疫の危機

現代医学に関するニュースは毎日のようにたくさん取り上げられているため、かえってわかりにくくなってしまい、まさに今何が重要なのかを選別することはほぼ不可能になっています。まるで生きていることそのものが健康リスクであるかのような様相を呈しています。だからこそ、もっとシンプルに考えてみましょう。今日私たちの健康を脅かす最も差し迫った危機とは、誰もが当然あるものとして捉えている、免疫に関わることです。免疫は、健康と病気が衝突する危機的状況において、医学的には「侵入してきた脅威である病原菌を体が攻撃する防御」と定義されています。病原菌は、一般的に私たちを病気にするためではなく、自分たちのDNAを増やすという1つの目的のために存在する「バクテリア」や「ウイルス」をひとくくりにし、いわゆる「ばい菌」として曖昧《あいまい》に捉えられています。地球は、生物圏としてDNAが進化する広大な競技場のようなもので、私たち人間は特別な存在で、ユニークでさえあると思っているものの、人間のDNAは何百万もあるなかのたった1つの遺伝子プールにすぎないのです。

私たちのDNAの生存を脅かすものから守ってくれる免疫は、これまでずっとすばらしい働きをし続けています。私たちのDNAを津波のように決定的に打ち負かす病気――少し例を挙げるだけでも古代の天然痘《てんねんとう》、中世の腺《せん》ペスト、現代のエイズがありますが、病気の歴史でこのような大惨事があったにもかかわらず、私たちの免疫システムは今日直面しているような脅威に遭遇したことがないのです。天然痘もペストもエイズも、また他のどんな病原菌も、ホモ・サピエンスという種を絶滅させることはありませんでした。というのも、以下のような3つの要因によって救われたからです。

1. いずれの病気も、地球上のすべての人がかかるほどの伝染力を持っていない。菌が屋外では生き残れなかったか、もしくは人間同士が、病気が生き残れない程度に離れて暮らしていたかのどちらかである

2. 私たちの免疫システムは超変異として知られるプロセスで、新しい種類の遺伝的反応を非常に高速で即興的に作ることができる。これが未知の病原菌が体内に侵入した瞬間に、闘うための緊急の戦略となる

3. 体の免疫システム自体が病気と闘えないときでも、現代医学のおかげで、薬剤や外科的治療による治癒が可能になった

こうした3つの強力な要因は健康を維持するために必要不可欠なものですが、すでに転機を迎えているかもしれません。何百万というDNAの鎖の中で広範囲にわたる競争が憂慮すべきレベルにまで激化しているのです。免疫はもはや、あなたが世界のどこに住んでいても当たり前に機能するものではなくなってしまいました。病気に対する私たちの防御システムは負担過重となり、着実に崩壊しつつあります。それは、ジカウイルスや鳥インフルエンザなどの新しい病気が流行する恐ろしい可能性を上回るような問題がたくさんあるからです。そのような脅威は大きなニュースとして取り上げられても注目度はかなり低く、全体としての医療状況は重層的に苦難に陥っているのです。

なぜ転機が近づいているのか

・現代では移動が容易になったために人間同士の距離が劇的に縮まり、新しい病原菌が

広がって新たな宿主を見つけるのもさらに容易に、かつ速くなった

・かつてないペースでの人口増加により、新しい宿主も激増し、ウイルスやバクテリアの変異もかつてないほど速くなった

・新薬開発は、顕微鏡レベルで変異するバクテリアやウイルスの潜在的に危険なDNA鎖のスピードについていけない

・脅威が増え続ける一方、医療システムは惰性《だせい》、所得不均衡、多額の出費、科学的複雑さに疲弊している

・予防医学は50年にわたって存在してきたが、慢性の心臓病、高血圧、2型糖尿病、拡大するうつ病や不安、そして最新の流行である肥満を根絶することができなかった

・高齢化は、がんの高い発生率やアルツハイマー病などによる認知症の脅威に直面している

・高齢者は65歳を過ぎても、或いは85歳を過ぎてさえも、健康で活動的でありたいという高い望みを持っている

・薬に依存する文化が形成されたことで、麻酔薬依存症を含む多くの問題が引き起こさ

れた。そして大きな健康問題がないときでも、70歳の人は平均7種類の処方薬を飲んでいると推定されている

・抗生物質や抗ウイルス薬はMRSA（メチシリン耐性黄色ブドウ球菌）のようなスーパー多剤耐性菌に追い付けないままである

この一覧はあまりに長く、憂慮すべきものなので見過ごすことはできません。あなたの健康もこの一覧の中のすべての要因と結びついているのです。世界的に転換点を過ぎるとこれらの要因はさらに深刻になるので、やり過ごさないことが切迫した課題です。

課題を解決する秘訣は、免疫の定義を拡大し、免疫を最大限にパワーアップさせるという1つの目的のために多くの選択肢を用いることです。一般的な理解では、たとえば今年の冬のインフルエンザウイルスの新しい抗体ができるとあなたの免疫は基本的により強くなりますが、抗炎症作用のある食事をしても免疫が強くなることはないとされています。しかし今では、明白な兆候がほとんどないような低レベルの慢性炎症が、がんや心臓病のような疾患と関連していることがわかっています。定義を拡大すれば、炎症と闘うことが

「完全な免疫」を獲得するために必須《ひっす》となるのです。

完全な免疫と治癒する自己

完全な免疫は、全体的な健康の尺度になるものです。そのきわめて重要な側面については、私たちの共著『スーパー遺伝子（Super Genes）』で取り扱いました。『スーパー遺伝子』ではＤＮＡの概念を、ダイナミックで、変化し続け、個人の経験に基づいた人生に完全に呼応するものとして紹介しました。もしＤＮＡが固定され、動かず、変化しないものだとしたら、免疫を最大限にすることも絵に描いた餅となってしまうでしょう。しかし何十年にもわたって、ＤＮＡに対するそのような見方が主流でした。遺伝子の活動が自分を取り巻く世界にいかに全面的に影響されているかを示したひな形を通じてＤＮＡが解放されるやいなや、新しい時代が始まったのです。ＤＮＡのすべての鎖の間の競争は、突如として差し迫ったものになったのです。

完全な免疫を獲得するには、さらに多くのことが必要であると私たちは感じました。心と、心が健康に与える影響はどうでしょうか？　行動や習慣、家族からのサポートはどうでしょうか？　たとえば、がんは微生物の侵入とほぼ無関係ですが、そのような病気の一般的な原因よりも医療において細菌が重視されるのはなぜでしょうか？　すべてを包含するには、心と体の境界を取り払う必要がありました。想像力の飛躍が求められていたのです。そこで私たちは、全体性が真に意味するものを満たす「治癒する自己（ヒーリング・セルフ）」という新しい言葉を導入しようと思います。日々の健康維持に必要な2つの役割は、これまではずっと別々のものとして存在していました。その2つの役割とは「癒やす側（ヒーラー）」と「癒やされる側（患者）」です。この2つの役割は、外部のヒーラーと、そのヒーラーに依存する患者によって今日も演じられています。外部のヒーラーは必ずしも医師である必要はありません。ここで重要なのは、「外部の」という言葉であり、それは自分ではない誰かに頼るということです。

こうした役割分担の伝統は、体に関する限りは現実的ではありません。免疫は、自己に重点が置かれています。医師の役割は、あなたの免疫反応を日々高めることではありません。医療は症状が表れて初めて機能し始めるもので、そのとき、免疫反応はすでに正常に働いていない段階にあります。さらに広い視点から見ると、免疫が主役を務めている治癒反応全体が機能停止してしまっているのです。もし体がDNAの包括的競争において自己防衛したがっているとすると、医療ができることと、体が必要としていることの間には常にずれがあります。

医師と患者の関係は、競争に応じ、勝つために築かれるわけではありません。しかし癒やす側と癒やされる側が融合した「治癒する自己」なら、迫りくる脅威に打ち勝つことができるのです（注意：私たちは、必要なときに医師の治療を無視したり避けたりするよう勧めているわけではもちろんありません）。もし自分の免疫に対して事前に何らかの対策をおこなえば、状況全体が変化します。先に挙げた脅威の一覧を見返してみると、「治癒する自己」を実現させることの意味を理解すれば、緊急に必要とされる改善が起こりうるというわけです。

「治癒する自己」の利点

・非侵襲的で、外的な治療に依存することはない
・自然なバランスを保ち、ライフスタイルの選択を通して免疫システムを活性化させる

・どんなライフスタイルを選択するかによって、多種類のがんを予防し、アルツハイマー病の予防や認知症の兆候の緩和さえ期待できる

・上手に年を重ねるというのは、長く生きるというだけでなく、健康寿命も長いことを意味する

・薬への依存が避けられる。なぜなら治癒は、症状が表れる前に起こるものだからだ。ほとんどの薬は、病気のプロセスの遅い段階、つまり早いうちに対処していれば到達しなかっただろう段階において処方される。これは心臓病やがんを含む、ほとんどすべての生活習慣病に対して当てはまる。そしてこうした不調こそ、薬剤治療への最も強い必要性を生み出す

これらの利点は「治癒する自己」の「癒やす側」と「癒やされる側」という二役を果たすことから生じる実質的な結果です。こうした利点を可能にするには、認識を高めることです。認識していないことを変化させることはできません。たいていの人が気づいていない最も重要な点とはまさに、自分で自分を治癒できるという可能性なのです。これを免疫

に当てはめて考えてみましょう。

あらゆる生物は、自分のDNAへの外的脅威を追い払う必要があります。現代医学では2つのタイプの免疫があるとされます。受動免疫と能動免疫です。受動免疫とは、その名からもわかるように、遺伝子に基づくもので、自分でコントロールすることはできません。子宮内で母親の抗体を受け継ぎ、生まれた後も、母乳を通してさらにその他の抗体をもらいます（血液や血漿《けっしょう》［血液内で、赤血球を中心とした固形部分を取り除いた後に残される麦わら色をした液体］注入、他人からのT細胞移植を通じて他者からの抗体を渡す医療手段もありますが、こうした手法が使われることはめったになく、リスクも高いです）。

もう1つの免疫である能動免疫は、病原菌と最前線で闘います。植物、菌類、多細胞生物を含む、一定の基準を満たすあらゆる生物には、生来の免疫防御機能があります。自然免疫システムは、非常に普遍的なものなのです。病原菌が宿主に侵入していることを突き止め、闘うために化学物質を放出することができます。しかし、人間を含む高度な生物における能動免疫は、この段階をはるかに超えて進化しています。私たちには特定の免疫細胞（たとえばT細胞やB細胞）があり、侵入者に対する反応はほとんど奇跡的ともいえる能力を持つほどに進化しています。

免疫反応は1種類の病原菌の正体を何千という可能性から見極めて駆けつけ、その侵入者を化学的に無能にするということを、1日に数えきれないほど何度もおこないます。その残骸《ざんがい》を飲み込んだ特定の白血球は、迅速に体外へと放出されます。一方、こうした一連の緻密《ちみつ》な反応にも間違いが起こるときがあります。その結果が、無害な物質（花粉、猫のふけ、グルテンなど）に誤って反応してしまうアレルギーであり、本格的な化学反応が引き起こされ、それはしばしば厄介なものになります。この免疫反応は、そうした物質と一緒に体内に入ってくるバクテリアのせいであることが多いようです。花粉でさえ微生物叢《びせいぶつそう》を持っているのです！ また別のケースでは、免疫システムが体内の特定のタンパク質を攻撃するよう活性化され、それが関節リウマチや全身性エリテマトーデス（SLE）といった自己免疫疾患を引き起こすともいわれます。

生命を維持するということは、そのようなエラーをいかに最小化できるかということなのです。よって、祖先がうまく闘ってきたあらゆる病気が、あなたが受け継ぐ抗体として保存され、あなたが一連の新型インフルエンザといった新しい病気を撃退すれば、この膨大な記憶貯蔵庫に新たに追加されるのです。能動免疫の機能は1921年に英国の免疫学者アレクサンダー・グレニーによって発見されましたが、その緻密なメカニズムについて解明されるには何十年も待たねばなりませんでした。全貌《ぜんぼう》は生物学的に非常に複雑ですが、能動免疫を活性化させられる、少なくとも1つの外的な方法が、すでに2世紀前から存在していました。それがワクチンです。

イギリスの農村に住む医師エドワード・ジェンナーは、当時大流行していた天然痘に対する免疫を、ミルクメイド（乳しぼりの女性）たちが持っていることに気づき、1700年代後半に最初のワクチンを開発し、後に「免疫学の父」として知られるようになった、と私たちは皆学校で習います。哲学者ヴォルテールの算定によると、フランスでは人口の60％が天然痘にかかり、そのうち20％の人が死亡したということです。ジェンナーが考えたのは、天然痘よりずっと軽い病気である牛痘にかかったミルクメイドから膿《うみ》をとり、ミルクメイドが持っているのと同じ免疫を移行させるために患者に注射することでした。

今日ワクチンについては一部では論議の的になっているものの、ジェンナーが立証したのは能動免疫は活性化が可能ということでした。進歩するために、数万～数十万年かかる進化の過程を待つ必要はありません。基本的に質のよい食事、運動、睡眠、理想体重を維持することが推奨されていますが、それはすべて免疫にプラスになります。こうした推奨は、ハーバード・メディカル・スクールの健康ウェブサイト（www.health.harvard.edu）にも掲載されており、感染を避けるために手をしっかりと洗うこと、肉は完全に火を通して調理すること、という2つの項目がさらに追加されています。

しかし免疫反応自体を活性化するという課題に対して、ハーバードのウェブサイトは懐疑的な見方をしています。

「市場に出回っている商品の多くは免疫強化を謳《うた》っているが、免疫強化という考えは科学的にはほとんど無意味である。実際、免疫細胞もその他の細胞も、体内の細胞数を増やすことは必ずしもよいことではない。たとえば血液細胞を増やして心肺能力を高めるために血液を体内に注入する『血液ドーピング』には脳卒中のリスクがある」

ハーバード・ヘルス出版のウェブサイトはさらに次のように述べています。「だからといってライフスタイルが免疫システムに与える影響は興味深くないわけでも研究価値がないわけでもない。研究者たちは食事、運動、加齢、心理ストレス、その他の要素が免疫システムの反応にどのような影響を持つか、動物、人間両方における研究をおこなっている。免疫システムをよりよく機能させる当面の方法は、全体的に健康な生活を送ることである」

こうした懐疑的な姿勢の主な理由は、免疫システムには非常に多機能で多種類の細胞が存在するからです。しかしその反面、心と体のつながりという面においては有力な証拠があり、悲しみや絶望といったさまざまな心理状態は人の免疫を下げて病気にかかりやすくさせます。しかし免疫低下は顕微鏡で確認することができないので、特定の細胞内で物理的な変化を示しません。たとえば免疫システムにおける物理的変化とストレスを直接的に結びつけるような研究は多くありませんが、強いストレスと病気になることの関連性は十分な裏付けがあり、そもそもそれを疑う人は誰もいないでしょう。もし免疫の定義を「私たちを健康に保つすべてのもの」と拡大すれば、貧困・絶望・孤独・社会からの支援を受けられないようなときに、高血圧や心臓病などの生活習慣病にかかりやすくなることについての証拠はさらに増えるでしょう。

こうした発見はどれも同じ方向を指し示しています。免疫が「完全な免疫」に変容することは可能なのです。しかしそれは体の免疫システムだけに焦点を限定していてはいけません。心にも同等の重要性を与えるべきなのです。だからこそ、治癒する自己においては、「自己」がキーワードとなってくるのです。

ヒーリングの神秘

「自己」というと、何か心理学的なもの、あなたが所有しているけれど、あなたの体とは無関係の目に見えない存在、といったものが思い浮かびます。もしもあなたが卵巣嚢腫《らんそうのうしゅ》や高血圧になれば、それは自己に根ざしたものではなく、物理的な体に端を発した問題であるとされます。しかしそれは真実なのでしょうか？　あなたが今日の自分をどう見るかによって、明日のあなたの体は劇的に変わります。見知らぬ人が2人、あなたの家の玄関をノックしたとしましょう。2人とも驚くような提案をします。

1人は次のように言います。「私は医師です。老化に関する先端的な研究をしていて、老化を引き起こす遺伝子を変化させる薬を見つけることが人生の目標です。見込みのある法則はすでに発見済みなので、それを試す被験者が必要なのです」

男は小さな青い錠剤が入った瓶を見せます。「実験は今日から始まります。ボランティアで参加してくれませんか？」と言います。「これは盲検法で、半年間1日2回この錠剤を飲んでもらいます。被験者の半数には、プラシーボ効果のための偽の錠剤を飲んでもらいます。しかしこのテストが持つ意味を考えてみてください。老化を逆行させられるのですよ。すべてを変えてしまうような遺伝子の鍵を開けられるのに、なぜ老化は必然だと受け入れなければならないのでしょうか？」

彼の熱意はあなたの心を打ちます。しかしもう1人の女性がほのかに微笑《ほほえ》みを浮かべています。あなたは彼女も同じ薬剤の試験をしているのか尋ねます。

「いえ、私は年齢を逆戻りさせる方法をお見せするために来ました。薬もプラシーボも関係ありません。あなたの年齢は約5日で逆行し始めます。1週間もすると、たくさんのすばらしい変化に気づくでしょう。私の実験は短期間で効果があります」。彼女は隣の男性を指さして次のように言います。「この人の薬にはひどい副作用があるかもしれません。

FDA（食品医薬品局）はその実験薬に効果があるか認可しなくてはならず、認可プロセスには莫大《ばくだい》なコストと時間がかかるのです」。彼女の口元には再びほのかな微笑みが浮かびました。「もちろん、決めるのはあなたです」

あなたならどちらを選びますか？　想像上の話ではありますが、実際、これは非常に現実的な話でもあります。製薬会社は常にアンチエイジング薬の試験をおこなっており、DNAを変化させるというのが最新のトレンドです。もし実現すれば、注目すべき実験を独自におこなっていたハーバードの心理学者エレン・ランガー教授の言葉を引用すると「一方通行で逆戻りはありえない」と考えられていた老化に、劇的な変化がもたらされることになるでしょう。ランガー教授は、いわば２人目の訪問者のような存在でした。薬を使わずに寿命を延ばし、老化の兆候を覆すという業績を残したのです。実際ランガー教授は体のことはまったく考慮せず、心だけに目を向けたのでした。

ランガー教授の最も有名な実験は次のようなものでした。１９８１年、健康状態はよいが、老化の兆候をいくつも持つ70代の男性８人をバスに乗せて、ニューハンプシャーにある旧修道院へ連れて行きました。その建物に入ると、そこは１９５９年という時代が完全に再現されており、ペリー・コモの優しい歌声が流れていました。彼らは1959年当時の服装に着替えました。白黒テレビを見て、カストロのキューバ支配やソ連首相ニキータ・フルシチョフの敵対的態度についてのニュースで埋め尽くされた新聞を読みました。映画は1959年に公開されたオットー・プレミンジャー監督の『或る殺人』を観て、スポーツに関する話題もミッキー・マントル（訳注：ニューヨーク・ヤンキースの野球選手）やフロイド・パターソン（訳注：プロボクサー。ヘビー級の世界チャンピオン）といった過去の選手たちについてでした。

実験の対照群として、別の8人グループがいつもどおりの生活をしつつ過去を回想するよう言われました。タイムカプセルに入れられたような環境下のグループは、それとは非常に異なり、あたかも現在1959年で、20歳若くふるまうよう指示されたのです。どのような医学的基準からしても、見せかけのタイムトラベルの結果は無意味なものになるはずでした。しかし、ランガー教授は老人ホームに住む高齢者たちについての研究をすでにイェール大学でおこなっており、とりわけ記憶喪失といった老化の兆候が、最もシンプルでポジティブな心理的強化を通じて回復することを発見していたのです。つまり、テストの結果に応じて小さなご褒美を与えるといった、記憶する意欲をかきたてることで、誰もが元に戻せないと確信していた記憶力を取り戻したのです。

しかし、そんなランガー教授でさえ、完全に過去を再現させて生活をするという実験がこれほど劇的な結果を出すとは思っていませんでした。タイムカプセル的環境に身を置く前に、彼らは握力、器用さ、そして聴力や視力など、老化のさまざまな指標を調べられました。若き時代にどっぷりと浸かった彼らは、5日間の実験が終わる頃には柔軟さ、器用さ、姿勢の改善といった兆候が見られたのです。また視力の改善など、8つの項目中7つにおいて改善が見られ、これは驚くべき発見でした。外部の人々からも、若々しく見えるようになったという評価を得ました。こうした結果は、過去を回想することで身体的にも精神的にも改善が見られた対照群グループと比較しても、さらに著しくよいものとなりました。たとえば、タイムカプセル状態のグループの被験者の63%が知能テストの点数が伸びましたが、同様に点数を伸ばした対照群グループの被験者は44%にとどまりました。

「ここで重要なのは、実際に起きたことだということです」とランガー教授は説明します。「見方を変えた人は、体も変わったのです」。36年前、ランガー教授は多かれ少なかれ直観的に研究を進めていました。今では変化を経験することで遺伝子の発現が変化し、新しいことを学んだり考え方を変えたりすることで、脳に新しい経路を創り続けるよう仕向けることができるとわかっています。それは私たちが新しいことを覚えたり、考え方を変えたりすると起きるのです（こうしたブレイクスルーについては、後の項で詳しく述べていきます）。

（２０１０年、ＢＢＣは「The Young Ones」というテレビシリーズを制作しました。番組内では、高齢の著名人６人が１９７５年をそっくり再現した環境で生活します。ほとんど30年も前のランガー教授の実験と同様に、私たちの見ている前で参加者たちは若返っていくようでした。１人は到着時に前かがみになって靴を履くこともほとんどできなかったのですが、ダンスフロアで体が柔らかくなっていることに気づきました。概して全員が姿勢から顔の表情にいたるまで、だんだん若く見えるようになってきたのです）

老化の逆転は治癒と非常に密接に結びついています。老化も治癒も完全に身体的なもので、心とは無関係に生じる身体的プロセスに限定されるものだとずっと考えられてきましたが、ランガー教授はこうした仮定をいち早く論破したのです。過去に生きているふりをすることで、どうして人間がこんなに速く変化するのかという強い興味と神秘に夢中になるのもわかりますが、最も重要な鍵は「変化とは全体的なものだ」ということです。医師は体を独立した器官、組織、時には独立した細胞として扱うよう訓練されています。ただ若かった頃を演じることで、こんなに多くの機能がどうやって即座に改善しうるのかについての医学的根拠はありません。ランガー教授の結論はプラシーボ効果を圧倒するものです。なぜならプラシーボ効果は、投与されるすべての薬が偽薬なのに、効き目のある薬を飲んでいると患者に信じさせることによるからです。

時間を遡る実験は、何の約束も期待もないままにおこなわれました。使われる唯一の薬とは「新しい経験」であり、それは従来の医学的前提を混乱させるに十分でした。

初期の実験の1つにおいて、ランガー教授は老人ホームの被験者を2つのグループに分けました。どちらのグループの人にも自室に観葉植物が与えられました。1つのグループは、その植物を枯らさないよう元気に育てるという責任が与えられ、日々のスケジュールを自分で決めることができました。もう1つのグループはスタッフが植物の世話をすると伝えられ、加えて日々のスケジュールも決まっており、選択の余地はありませんでした。18か月後、後者グループの被験者と比べ、最初のグループの被験者のほうが、元気な人の数が2倍になっていました。

こうした実験がおこなわれたとき医療コミュニティ全体が「なるほど」となったに違いありません。何十年か経って、高齢者や病人のケア方法に「新しい経験をさせる」ということがさらに広がりを見せました。老人ホームの入居者にはペットが与えられ、世話をすることができます。アルツハイマー病の患者たちは、音楽を聴いている間に改善することがわかっています。実際本書の共著者であるルドルフ・E・タンジ（以下ルディ）と同僚たちはアルツハイマー病の患者に音楽セラピーを施すためにスパーク・メモリーズ・ラジオというアプリを制作しました。介護をする家族が患者の生年月日と彼らの音楽の好みの情報を入力すると、アプリはその患者が13歳から25歳の間に流行《はや》っていた歌を流すのです。というのも一般的にこの年代の頃の音楽こそ、彼らの残りの人生において感情移入できるものだからです。

ユーザーからのEメールがルディのチームに山のように届き、アルツハイマー病初期の患者の気持ちがどれほど静まって興奮も収まったか、また植物状態にあった末期の患者たちも再び「起き上がった」ということが書かれていました。ある家族の話ですが、父親が病気の末期で何か月も話せない状態にあったそうです。若い頃の歌を5曲聴いた後、父親は突然ベッドで起き上がり、赤い小型トラックと初めての恋人について微に入り細に入り話し始めたのです。その家族は恥ずかしい気持ちになりましたが、父親がまた話せるようになったのを、それも幸せそうに生き生きと話すのを聞くことができて感動しました。同様に、看護師の補助なしではほとんど歩くこともできないパーキンソン病患者が、突然バランスがとれるようになり、音楽がかかるとダンスさえし始める様子をYouTubeで見ることができます。これこそ音楽の持つ癒やしの力であり、またさらに詳しく言えば、楽しい記憶への反応が持つ癒やしの力なのです。

つまり私たちは健康と癒やしの黄金時代に足を踏み入れているのです。そして私たち一人ひとりが日々の経験、シンプルなライフスタイルにおける選択、より意識的になるためのテクニックといった、ありふれているが最もパワフルなツールを好きなように選ぶということが大切になってくるのです。その概念自体は古くから存在するものです。中世インドの哲学者であり聖者であるアディ・シャンカラは、人間は他者が年を取って死んでいくのを目にするがゆえに、年を取り、死ぬのであると述べています。

心と体はつながっている——心身

30年前には心と体のつながりを認める医師はいませんでした。心臓やインフルエンザウイルスと違って心は目に見えず非物質的なものであるため懐疑主義が生まれました。今日では脳と全細胞がどのような関わりを持つかが解明されているため、心の影響を「受けていない」体のプロセスを見つけようという試みは、ほぼ不可能になりました。かつては心を支配しているとされた脳は、その地位を追われたわけです。「心」は体中いたるところに存在しています。心臓や肝臓の細胞は言葉や文章を使って思考しませんが、複雑な化学メッセージを常に送受信しています。中枢神経系に沿って流れる血流は情報を運ぶ超高速道路のようなものであり、生命を維持して健康で元気に生きるという1つの統合された目標に貢献する50兆もの細胞の往来で満ちているのです。31ページの図は情報の超高速道路の経路が実際どのようなものであるかを示す図です。

今日、もしくは何十年も前のどんな医学生にとっても、この図に描かれた器官は医学知識としてお馴染《なじ》みのものです。しかし将来的には付け加えられている文字部分がスタンダードになるでしょう。学識ある医師なら、今後は脳から始まり脳へと戻っていく「信号伝達経路」についての完全な理解が求められるようになるでしょう。こうした経路があってこそ、私たちの体は存在することができるのです。各細胞がそれぞれの仕事をするよう仕向けられ、他の50兆の細胞についての情報を提供され、体の全体的なバランスを保つという役割を果たさない限り、人間の体は、サンゴ礁やクラゲのような、単に独立したバラバラの細胞の寄せ集めにすぎなくなってしまうのです。

情報の超高速道路は実在するということを検証するために何十年間も研究がおこなわれ、今日でさえ心と体の分離がどれほど有害なものであるかを証明するためのさらなる発見がなされています。本書では体（ボディ）と心（マインド）を人為的に区別することはやめにしようと思います。理にかなった生物学的理由から「心身」という言葉が適切でしょう。脳の化学物質であり、脳を機能させるための必須分子である神経伝達物質は、腸を含むいたるところに存在します。30年前に発見されたこの事実は、医学界を驚愕《きょうがく》させ、知の爆発に油を注ぐことになりました。

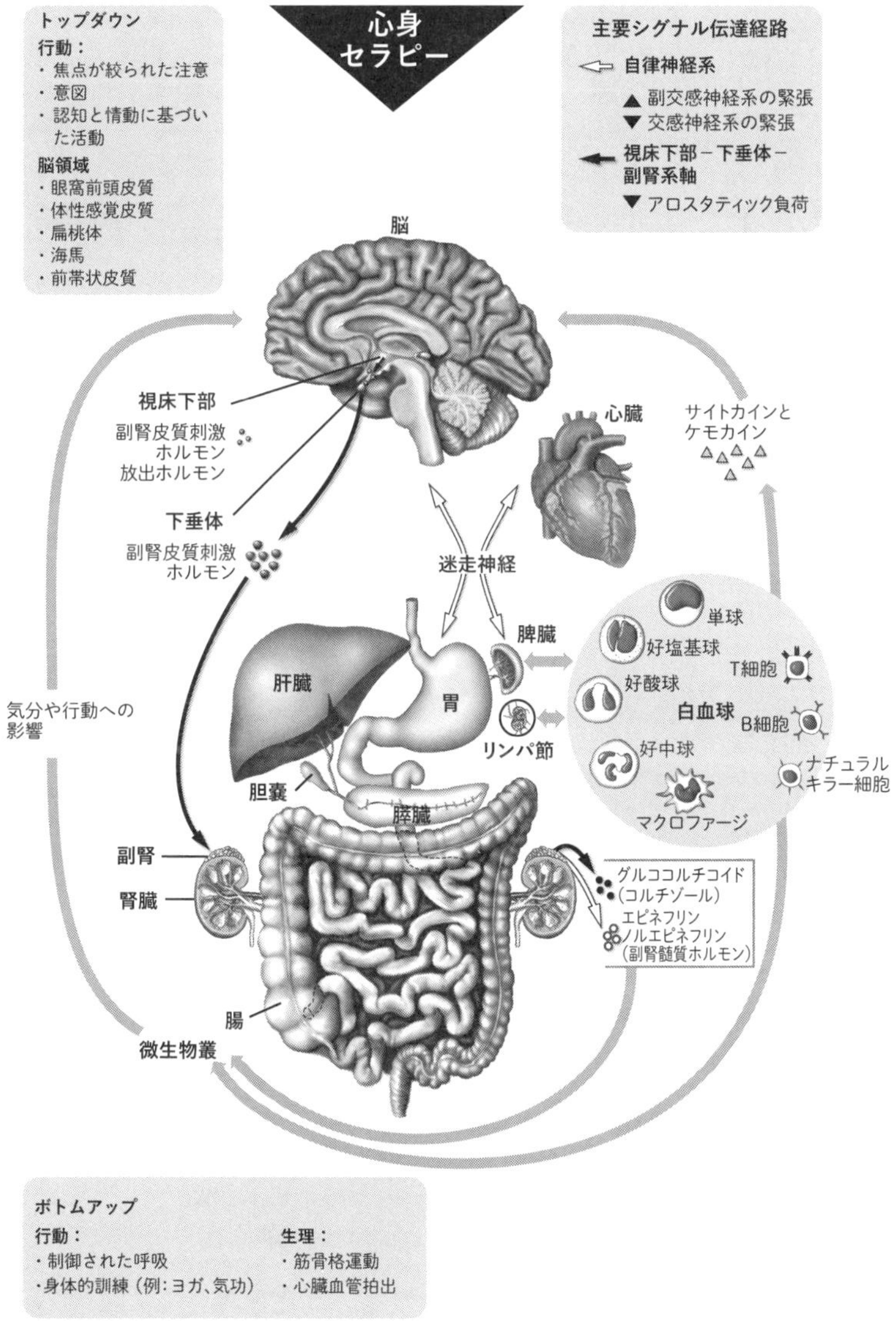

Original illustration source courtesy of Blake Gurfein. Illustration by Digital Mapping Specialists.

突如として脳と物理的に切り離された存在である「免疫システム」が、脳から送られるメッセージに匹敵する、体中を巡る化学メッセージの膨大なネットワークの一部であるということがわかりました。研究者たちは、免疫システムを「浮遊する脳」と呼ぶようになりました。心と体のつながりが目に見えないものであるということは、今日では問題にもなりません。なぜなら分子レベルでは目に見えるものだからです。気分、信念、期待、恐怖、記憶、性質、習慣、古い条件付け——すべては心に由来するものですが、これらは人間の健康にとって決定的に重要な意味を持つということを証明する科学的根拠は十分に存在するのです。

ここに本書の核心があります。人間の意識によって影響されうるプロセスの中で、治癒は最も重要なものです。細胞は、すでに独自のかたちをとった化学的な意識を用いています。免疫反応は常時働いており、自己を常に監視し、外からの侵入者や外的脅威のどんな可能性をも見逃しません。免疫反応は呼吸や鼓動と同じく、自立して働いています。しかし医大生なら誰もが基礎知識として教わることですが、免疫は生来組み込まれたものであるという考え方には大きな弱点があります。その弱点を見つけるためには、ちょっと立ち止まって深呼吸をしてみてください。誰の目にとっても明らかな弱点が存在します。呼吸は自動的で無意識の機能ですが、いつでもそこに介入して意識的なものにすることは可能です。同様の力が、ほぼいたるところに広がっていきます。ホラー映画を観ることでストレス反応を意識的に起こすことは可能ですし、運動したり食生活を変えたりすることで、代謝に変化を起こすことも可能です。自動的に起こることと、意識的に起こすこととの間の境界線は曖昧なのです。重要なのは「選択するかしないか」で、ここで治癒する自己が作用し始めるわけです。体はどうすれば生き延びることができるか、自然にわかっているのです。どうすれば健康でいられるかを体に教えるのは、私たちの裁量に任されているのです。

宇宙のパワーであなたの心と体はよみがえる 目次

PART 1

ヒーリングの旅

01

本気で始めよう

健康を維持するということに本気で取り組んでみましょう。誰もができるだけ長く健康を維持したいと思っていますが、賛否両論の研究で裏付けられた相反する情報が絶えず出てくるので、どうしたらよいか困惑してしまいがちで、熱狂的な健康ブームが起こっては消えていきます。「牛乳は大人が飲んでもよいのか？」「卵はコレステロール値を上げるのか？」「肥満と2型糖尿病はどのように関わっているのか？」「なぜアレルギーが増えているのか？」といった非常に基本的な問題でさえも、疑問が投げかけられてきました。

結局、人生は賭《か》けのようなものであり、70年も80年も元気いっぱいでいられる人はとてもラッキーなのだという考え方をするようになるのです。こうした考え方をするようになる理由は、心の奥底で「状況は私たちに不利である」と感じているからです。人生ずっと右肩上がりのはずはありません。人生も盛りを過ぎると病気は避けられませんし、統計的にはアメリカ人の二大死因である心臓病とがんになるリスクが生じてきます。誰もがかかりうる、一度かかったら治らないアルツハイマー病は、たいていの人にとっての最大の恐怖です。

ずっと健康を維持するための賭け的ひな形（訳注：健康を維持するということは、何をどうしても、賭けのように人智《じんち》の及ばないことだという考え方）は、賭けよりもう少し科学的な方法によって医大でも教えられています。現代医学は驚くべき発展を遂げてはいるものの、まだまだ不確かなことはたくさんあります。風邪ウイルスのような病気の特定の原因はある程度の人を発病させますが、すべての人が発病するわけではありません。どんな標準的な医療にも予測不可能なことはあり、ある患者に効果的でも、まったく効果がない患者もいるわけです。リスクを減らすことが予防の定義になっており、正しい食生活・適度な運動・アルコールやタバコなどの有毒物質を摂取しないことが、糖尿病、冠動脈疾患、がんといった主要疾患の原因への対策になっているわけではありません。むしろそのような生活をしても病気になる確率は上がったり下がったりして定まりません。一般の人々は、こうしたリスクは統計で測れるような大多数には当てはまらないことを認識していません。

統計では、個人に何が起こるか予測することはできないのです。すべてにおいて正しい生活をしても病気になる人は常にいるでしょうし、健康にほとんど注意を払わなくても病気にならない人もいるわけです。

たとえあなたが幸運に恵まれ、ずっと健康を維持できたとしても、最高の医師でも手を尽くせなくなる日はやってくるのです。自分自身に非は何もなくても、健康問題は出てくるでしょう。そして優位な立場に立つための賭けが始まるのです。その理由は次のようなものです。

医療が機能しなくなる7つの理由

・医師は、あなたの病気の本当の原因を知らない
・状況を解決するような薬も手術もない
・受けられる治療のリスクが非常に高いか、有害か、高額か、そのすべてである
・治療の副作用が、治療の効果を上回る
・病状があまりにも進行していて、治療不可能である

・高齢のため、安全な治療、もしくは回復の見込みのある治療ができない
・ある段階で医師が間違いを犯した

医療において、右記のいずれかが起きると、次にどんなことが起こっても、もはや私たちの手にも医師の手にも負えなくなります。3世紀にわたり科学的医学が大きな進歩を遂げてきた今――私たちはそうした遺産に対し深い敬意を抱いていますが――健康を維持するための賭け的ひな形に代わる何かが必要なのは明白です。受け入れがたいことが、あまりにたくさん起きているのです。

・寿命は延びているが最終的には平均8~10年病気をして、1~3年体が不自由になる
・がんの3分の2までが回避可能だという事実があるにもかかわらず、いまだに不治の病として扱われている
・毎年推定40万人が医療ミスで死亡している
・病気で医者にかかることに対して、無力さ、困惑、不安を感じている人が大多数だ

こうした受け入れがたいことは、賭け的ひな形が優勢になって、未来に対し、いちかばちかの態度をとるようなことが生じてきます。なかでも最も受け入れがたいのが、自己管理不能になることです。ほとんどの人は医師の手に委ねられて病院で人生を終えるということを恐れますが、それに取って代わるものがあります。「治癒する自己」なら日常生活の領域に足を踏み入れ、心と体を持続する治癒反応へ導くという選択ができるのです。紙で切った切り傷は、1日か2日もすれば治ります。去年の冬にひいた風邪のことなど遠い記憶の彼方《かなた》です。一方、治癒する自己は長期的なものです。生涯にわたって健康でいるための唯一実行可能な戦略は、あなたが全体性を目指すことなのです。

人間の体が、治癒を可能にするためにどのように進化してきたかについては驚くべきものがあります。あなたは、病気に対する免疫を画期的にアップグレードし、老化プロセスのスピードを遅くして逆行させ、治癒反応を活性化させるという選択をし、今や〝意識的に〟進化する機会を得ているのです。

新しいモデルにおいては、すべてが、以下のプロセスへと集約されます。

乱れ↓治癒反応↓結果

乱れ＝健康に対する脅威：ウイルスやバクテリア、けが、ストレスの多い出来事、細胞、もしくは遺伝子レベルでの歪《ゆが》み、精神的苦痛など

治癒反応＝心または体のバランスを回復する、乱れに対する反応

結果＝バランスのとれた、正常な状態への回帰

ご覧のとおり、ここではごく一般的な言葉しか使われていません。必ずしもバクテリアやウイルスに限らず、どんな経験も乱れになりえます。過去のトラウマの記憶が体を乱す可能性は大いにあり、失業するとか、またポテト付ダブルチーズバーガーを食べたいという衝動に負けたということでさえも原因になりえます。同様に、乱れに対する体の反応も、情報の超高速道路における伝達システム全体に影響します。正常でバランスのとれた状態に戻すものなら何でも、治癒として捉えます。

このアプローチは、現代医学において「全システム的アプローチ」として勢いが増しています。このことについては、私たちがお話しすべきことはたくさんあります。「全システム」とは「心身」の別の言い方にすぎず、心と体のつながりについての古い懐疑主義や、医大で学ぶ人為的な臓器ごとの区分といったことの先にあるものを見ています。恋に落ちるといったような楽しい出来事が起こると、血流、中枢神経系、免疫システム中をメッセージが駆け巡り、全システムが反応します。愛する人との死別といった悲しい出来事が起こると、その反応は同様に全体的ではあるけれど、シグナル伝達過程における化学物質の組み合わせは非常に異なるものになります。「愛」、もしくは「悲しみ」として主観的に経験するものは、心身において明確な構造を持っているに違いありません。もしそれが存在しなかったら、あなたがその経験をすること自体もなくなるでしょう。

全システム的アプローチは、古いモデルに取って代わる単にすばらしい新モデルだということではありません――さらに現実に近づいているのです。自然は人為的な区分を認識しません。体と心は1つの領域であり、あらゆる器官、組織、細胞が、生命維持という同じ目標に向かっていています。しかし実際に私たちの体は、自ら起こす乱れにうまく対処できるほど急速には進化していません。全システム的アプローチは、全体的な解決法だけでなく、全体的な問題もあらわにします。アメリカのあらゆる年齢層が直面する肥満の蔓延《まんえん》についで考えてみましょう。砂糖の摂取過多というたった1つの要因が、糖尿病や2型糖尿病、そして意外にも心臓病の主な原因となっています。あなたは今日砂糖を摂ったとしても、こうしたひそかに進行する疾患の兆候には気づきません。しかしインシュリンの需要が高すぎるということをあなたの膵臓《すいぞう》は知っています。消化システムは過剰に無用なカロリーが脂肪に変換されていることを知っています。視床下部《ししょうかぶ》は、砂糖によって一時的に得られるお手軽なエネルギーで代謝のバランスが崩れることを知っています。

生来の治癒反応はパワフルなものですが、大きな変化が起こる前にどれだけ進化しているかによって決まります。そして大きな変化とは非常に緩慢に起こるのです。唯一実行可能な戦略としては、心身が受け入れ、適応することのできる、意識的な選択とともに介入することです。フライドポテト付ダブルチーズバーガーは、脂肪の浮流粒子に加え、血漿内で炎症反応が起きる原因として知られています。これは数分以内に起こって6時間程度持続し、その間あなたの体は乱れを経験しているのです。それに応じてあなたの肝臓は過剰な量の脂肪を処理するためにフル稼働し、免疫システムは急激な炎症反応と闘おうとするでしょう。すぐに表れる結果はさほど劇的なものでもなく、一見無害にも見えます。しかしそのような乱れは少しずつ、少しずつ、長期的な悪影響を及ぼすのです。

もし全システム的に起こっていることに無関心な人生を送れば、健康の賭け的ひな形に忠実に生きていることになります。もしフライドポテト付ダブルチーズバーガーのマイナス面に気づいていたら、そのような不摂生はやめるかもしれませんし、そしてあなたの体は喜ぶことでしょう。しかし誘惑は常に存在し、誘惑に負けるには1分もかかりません。それはチーズバーガーだけに限らず、あらゆる種類の脂肪分の多いもの、塩辛いもの、甘すぎるもの、加工処理を施されたもの、ジャンクフードにもいえるのです。

真剣に取り組む唯一の方法は、自己治癒するヒーリング・ライフスタイルへ大きく転換することです。それはたとえ非常に健康的な選択肢だとしても、一時的な小さな選択肢として細切れにされたものではなく、全システムがケアされるようなレベルにまで引き上げてくれるようなライフスタイルのことです。

「治癒する自己」が可能にすることとは？

熱っぽさを感じて医者にかかる2人の患者AとBをイメージしてみてください。患者Aが行った病院は、待合室が満員で待ち時間は30分だと告げられます。実際待ち時間は1時間にのぼり、診察を受ける頃には、Aは神経が少し張り詰め、機嫌が悪くなっています。医師はてきぱきと体温を測り、通り一遍の検査をし、抗生物質の処方箋《しょほうせん》を書きます。医師は「少し炎症がありますね」と言います。「この薬を飲んで様子を見てみましょう。もしインフルエンザなら、熱は上がって、そしてよくなるでしょう。2週間後にまた来てください。受付で予約してください」と。

このシナリオは、外来の医師のもとを日々訪れる患者にとっては典型的なものです。そして私たちの誰もがそのルーティンに馴染みがあります。患者Aの医師が言ったことは何も間違ってはいませんし、普通の診察から大きくはずれているわけでもありません――Aはお決まりの医療を受けたわけです。

患者Bが病院に行くと待合室はがらがらで、すぐに医師の診察を受けます。医師はBに熱について質問し、いつから出たのか、また睡眠、気分、活力のレベル、食欲に対してどんな悪影響が出ているか詳細を知りたがります。医師は、Bが過去に似たような熱を出したことがあるか、もしあるなら、どのようにして熱が下がったかについて詳細に聞きます。熱は自然にひいたのか、それとも薬が必要だったのか。こうしたやりとりは数分以上続きますが、医師は興味深そうな態度で、決してイライラしているようには見えません。患者Bは医師の態度で元気付けられるような気がします。

「ほとんどの場合、こうした軽度の発熱は風邪かインフルエンザの症状です」と医師は言います。「この数日間、必要であればいつでも電話してください。一度検査をしてみれば、何をすべきかよりよい診断ができます」

この2番目の医師は理想的に思えますが、1つ問題があります。彼は幻想なのです。物語として患者Bが出会ったような、ゆっくり時間をかけ、共感的な態度で診察してくれるような医師などほとんどおらず、こうした状況がすぐに変わることはないでしょう。医療従事者のことを思いやりのある介護者のように考えてしまうのも無理はありませんが、医者にかかるということは、どんなによく見積もっても、さんざん待たされたあげくに、ほんの10分か15分の診察に甘んじ、その場での即断に従った治療を受けることなのです。それに取って代わるものが、治癒する自己という役割を受け入れることです。理想的な医師が持つ特性とは、以下のようなものではないでしょうか。

辛抱強さ
共感
オープンな心
患者の容態の変化を油断なく見守る
注意深い観察
患者の病歴の詳細把握
完璧な医学の専門知識

この中で、プロの医師に限定されるものは最後の項目だけです。それ以外のすべてがセルフケアにおいても医師との連携においても実現可能です。しかも常に見守るといったことは、自分だけができることです（もしくは入院している場合も可能ですが）。右記の一覧のほとんどの項目は、ヒーラーとしてふるまっていると意識しないまま、あなたがすでにおこなっていることなのです。それらを最大限に生かすことが非常に重要となってくるでしょう。意識的になることが、日常的な習慣、ひいてはスキルになることが必要だからです。

さらに、医師にそうあってほしくないと私たちが感じていることとは、私たちが日々どのように自分を扱うかということの中にあるのです。何百万人という人が、以下に挙げるなかの1つ、もしくはそれ以上の特性を持って健康に取り組んでいます。

無関心
痛みやその他の症状に注意を払う必要があることを否定する
心配と不安
情報の欠如
当てずっぽう

不要な治療、もしくは効果のない治療を受ける

こうしたことは、明らかに誰もが回避したいと思っていますが、私たちはいつも自滅的な反応をしてしまうのです。たとえば必要以上に心配したり、もしくはつらいことなど何もないふりをします。問題点を推測し、効き目があってほしいと思っているもの――たいていは棚や引き出しから薬を取り出すことを意味するのですが――に衝動的に手を伸ばします。たいていの場合、その衝動は一時的なものなので、再び待ったり心配したりするようになるわけです。

あなたは今、自己を癒やすという役割を担い始めたところです。意識のパワーの中へと深く分け入っていくことによって、あなたがすでに日々頼っている治癒システムの隠れた可能性を活性化させることができるのです。私たちはこうしたすべてがすばらしいことだと感じてもらいたいのです。なぜなら、そこには人生の大きな転換点が待っているからです。しかしまず必要なのは、本書が「意図していないこと」について明白にしておくことでしょう。

現実的なベースライン

・本書は関節炎、1型糖尿病、うっ血性心不全といった慢性病の克服法を述べるわけではありません
・アルツハイマー病のような不治の病の治療法があるわけでもありません
・がんの治癒を約束しているわけではありません
・本書がアドバイスすることは、実証された医療の範疇《はんちゅう》を超えるものではありません——信仰療法、プラシーボ、呪術《じゅじゅつ》について述べているわけではありません
・症状が出ている、または本格的に発症しているなら、きちんとした医療を受けなくてはなりません

現状をチェックする

本書は本格的な病気を自力で治す方法が書かれたものではないということで、がっかりされる方もいるかもしれません。しかし、自己を癒やすことのメリットは計り知れないも

のがあります。なぜなら生涯にわたって向上していくウェルビーイング状態に、意識的に身を置く方法を学ぶことになるからです。この概念は非常にスケールの大きなものですが、治癒とは結局、今日、明日そして明後日にどんな個人的な経験をするか、ということなのです。そのためにも、ここで皆さんにちょっとした2つの確認テストを受けていただきたいと思います。1つ目の確認テストは、今のあなたがどのような状態にあるかを判断するものです。言い換えれば、治癒の旅のスタート地点です。2つ目の確認テストは、あなたにはどれほどすばらしい潜在能力があるか、つまりどれほど深い治癒を実現できるかを判定します。

確認テスト1：今のあなたの状態は？

各質問に対し、過去1か月間のあなたの経験について考察してください。どれぐらいの頻度で経験したかによって、各項目に1～4をつけてください。

1＝まったくない、もしくはあっても一度

2＝時々

3＝どちらかといえば頻繁に

4＝頻繁に

【　】精神的に落ち込んだ

【　】心配したり、不安を感じたりした

【　】医者にかからなくてはならなかった

【　】痛みがあったが、病院に行かなかった

【　】慢性的な健康問題があった

【　】不適切な食事をした、ファストフード、ジャンクフードを食べた

【　】プレッシャーがあった

【　】ストレスで苦しんだ

【　】寝つきが悪かった

【　】十分な睡眠がとれなかった

【　】体重管理をしなかった

【　】頭痛があった
【　】腰痛があった
【　】人間関係がうまくいかなかった
【　】ひどく腹を立てた
【　】運動や身体的な活動をしなかった
【　】自信喪失、もしくは自尊心が傷つくことがあった
【　】孤独を感じた
【　】愛されていない、もしくは大切にされていないと感じた
【　】家族間の問題があった
【　】将来に不安を感じた

〈**結果判定**〉

この確認テストは合計点数を計算するものではありません。各回答は、あなたが焦点を当てることになるものです。回答に3か4が多かった場合、あなたは先月、

大変な思いをしたということです。しかし、どれほど人生がうまくいっていても、たいていは3か4がいくつかあるでしょう。

確認テストの結果をしっかり念頭に置き、本書を読み終えた後に再度テストしてみてください。自己治癒するヒーリング・ライフスタイルを送るようになったら、数日置き、もしくは1週間ごとにテストをしてください。もしあなたの回答が改善されたら、そのようなライフスタイルが本当に効果的だったという証明にもなりますし、さらに意欲が増すでしょう。

確認テスト2：あなたの最も高次のポジティブな経験とは？

癒やしは全体的なプロセスで、治癒する自己によって人生がより楽しく、意味深いものになる「高次の経験」への道が開かれます。あなたが今、どれほど多くの高次の経験を味わっているかを確認しましょう。各質問に対し、過去の経験を思い浮かべてください。どれぐらいの頻度でそれを経験したかによって、以下のように印をつけていってください。

1＝まったくない、もしくはあっても一度
2＝時々
3＝どちらかといえば頻繁に
4＝頻繁に

【　】心の中で満足感を味わった
【　】他者への愛情をオープンに表現した
【　】自分は自由で解放されていると感じた
【　】自分を責めたり裁いたりしなかった
【　】同僚、または家族から感謝され、褒められた
【　】心の中で平和と安寧を感じた
【　】自分が大きな計画、もしくはビジョンの一部であると感じた
【　】他者から愛情のこもった身振り手振りをしてもらった
【　】スピリチュアルな経験をした

【　】親愛と慈悲を感じた
【　】他者を許した
【　】自分を許した
【　】過去のネガティブなものごとや感情を手放した
【　】他者と感情的な絆《きずな》を結んだ
【　】自分は恵まれていると感じた
【　】神、または神聖な存在を感じた
【　】快活だった
【　】人々の善意に対する信頼が強まった
【　】至福を感じた
【　】内なる光を見た、もしくは経験した
【　】純粋な存在、もしくは無限の意識を経験した
【　】相手の中に神聖さを見た
【　】瞑想《めいそう》、祈り、もしくは黙想的なことをおこなった

【　】創造的なインスピレーションを受けた

（結果判定）

確認テスト1と同様、このテストも合計点数を出すものではありません。各回答で自分が何に焦点を当てることになるかがわかります。もし1や2が多かったら先月のあなたの生活はおそらく平凡で退屈だったかもしれませんが、どれほど充実した生活であろうと、たいていの人がある程度は1や2を選ぶものです。高次の経験を得るのはまだこれからなのです。

確認テスト1と同様、結果をしっかりと念頭に置いたうえで、本書を読み終えた後に再度テストしてみてください。ヒーリング・ライフスタイルを送るようになったら、数日置き、もしくは1週間ごとにテストをしてください。もしあなたの回答が以前より改善されていたら、高次の経験とは滅多に得られないわけでも、無作為に起きるものでもないという証明になり、さら意欲が増すでしょう。高次の経験は、自己を癒やすことを通して、望めばいつでも得られるものなのです。

さて、健康について本気で取り組むと実際どのようなことが必然的に伴うのか、もうおわかりでしょう。健康を維持するために賭け的ひな形から離れるにはどうすればよいか、その重要な概念をあなたは見つけたのです。つまり、鍵となるのは「意識」であると認識することで、変容への扉を開けられるようになったのです。説明すべき詳細はたくさんあり、次項以降で新しいひな形の核心について述べていきますが、「治癒する自己が実在する」と知ることが最も重要です。それは次の呼吸と同じぐらいに身近なものであり、次の鼓動と同じぐらいに不可欠なものなのです。

02 健康を維持する人、しない人

全システム的アプローチがすばらしいのは、その自然さにあります。生命維持のためにおこなうすべての基本的なことは、全システムに影響します。私たちは呼吸して、食べて、眠ります。先端医学はこうしたプロセスを掘り下げて研究し、その研究が進めば進むほど「呼吸」「食事」「睡眠」の複雑さがますます浮き彫りになります。しかし単純な事実を曖昧にすべきではありません。つまり生涯にわたって健康を維持し、最良のウェルネス状態を楽しむ人々というのは、毎晩問題なく8時間しっかり眠れ、バランスがとれ栄養ある食事をして、健康的な体重を保ち、楽に呼吸ができる人であり、つまりそういう人々は、ストレスや不安を抱えていないということです。

最も基本的な全システム的プロセスでさえ完全に修得していない人は何百万人もいます。健康であり続けるという自然な状態は、どういうわけか私たちから逃げていってしまうのです。なぜそのようなことになるのでしょう？　たとえば自動運転車について考えてみてください。エンジニアたちの長年の夢であった自動運転車も今では実現可能となり、その登場は楽観主義とパニックで迎えられました。人工知能と360度にわたり常に警戒状態を維持するセンサーを搭載した無人自動車は、ほぼ即座に最高のドライバーでさえかなわぬほどの迅速さで、道路上の潜在的な危険を察知することができるといいます。しかし、こうした安全メカニズムが故障したらどうなるのでしょう？　そこでパニックが出現します。コントロールのきかない機械によって事故になれば、まるで悪夢のように感じられます。

ですから実際、自動運転車には人間のドライバーがコントロールするための手段が含まれている必要があるのです。交通状況においては主観的判断が常に生じるものです。少なくとも現段階では、すべてのコントロールを機械に委ねる人は多くないでしょう。体全体に及ぼす危険を考えたら、おそらく私たちがコントロールを放棄することは決してないでしょう。

自分の体に関しても、それとほぼ同じことです。体という機械（あまりに単純化された用語ですが、この場合は便利な表現です）は完璧に自動制御されていますが、体は二重に制御されているのです。本書の冒頭で、呼吸を例にとりました。注意を払おうが払うまいが、私たちは自動的に息を吸っては吐いています。それはごく基本的な、生きるためのメカニズムなのです。しかしあなたが望めば、いつでもそこに介入して速めたり、ゆっくりしたり、深くしたり、浅くしたりなど、違った呼吸の仕方をすることは可能です。体は全体的なシステムとして動いているので、あなたの介入は局所的にはなりません。いつもと異なる呼吸をすることは、極端に言えばパニック発作だったり、また意識をすべてに行きわたらせ、それを深めるマインドフルなヨガだったりするのです。それは、あらゆる介入がウェルネスの自然な状態からはずれる可能性を持つことを意味します。

明らかに、こうした介入は非常に多くの人々がやっていることです。その兆候は、さまざまなかたちをとって明白に表れます。睡眠不足、慢性的な生活習慣病、肥満、不安、うつが代表的なものです。治癒反応は、肺炎やポリオといった大きな乱れには負けてしまいますが、こうした恐ろしい病気はますます珍しくなり、また治療可能になっています。治癒にとっての真の脅威は、ネガティブな結果、もしくは予見できない結果をもたらす私たちの日々の介入から生まれます。これらは、最終的には洪水を引き起こしうる雨粒のようなものなのです。

治癒反応は、判断を保留することはありません。ポジティブであろうとネガティブであろうと、あなたがおこなうすべての選択に合わせます。あなたの細胞は、あなたが何を取り込むかによって生産ラインを変更する化学工場なのです。それはまるで上層部からの指示で動いているかのようです。どんな人の人生も、よい選択と悪い選択が入り混じったものであるため、人生のあらゆるものごとを、ウェルネス状態を向上させるものか、悪化させるものか、という観点で見なくてはなりません。細胞は遺伝子レベルにいたるまで私たちの不摂生に耐えることはできますが、その代償を支払うことにもなるのです。

その解決法は、体の二重制御の仕組みを癒やしのツールとして使うことです。最も基本的な言葉を使うと、すべての人に「今この瞬間」起こっている治癒には2種類あるということです。

無意識的な治癒：何百万年にもわたる進化の時間を通じて、どんな人の遺伝子にも受け継がれているもの

意識的な治癒：無意識的な治癒を補助し、さらに高めるためのあらゆる機会に及ぶもの

どんな経験も、治癒が起こるチャンスです。単純な事実として、体の痛みという感覚がまったくない日でも、次のような経験から逃れられているわけではありません。

・憂鬱《ゆううつ》さ、無力感、絶望感を感じている
・将来を不安に感じている
・不安や恐怖を感じている
・過去の行動や過去の習慣から逃れられない
・自尊心の低さ
・充足感の欠如
・人間関係の悩み
・孤独感、疎外感があり、正しく評価されていないと感じている

・目的や意味があまりない人生を送っている
・古いトラウマや傷で罪悪感や恥辱感がある

この一覧のいずれの項目にも、現在悩まされていない、もしくは過去に経験したことがないといえる人などいるでしょうか？　最近の研究によると、アメリカでは成人の6人に1人が精神科の処方薬を飲んでいることが報告されています。おわかりのように、症状を緩和することは、うつ病のような病気の真の原因に行きつくことにはなりません。うつ病の原因を探る研究は、脳の特定の部位が関与しているかどうかを確かめるための脳スキャン、特殊な「うつ病遺伝子」、もしくは遺伝子のグループがあるかどうか発見するための遺伝子調査、また行動パターンがうつ病の発症につながっているのではという予想を基にした精神鑑定といった手段を通しておこなわれてきました。

しかしこうした過程を経ても、どんな特定の原因も発見することはできていません。実際に最も受け入れられている結論は、うつ病は個人で独自のものであり、さまざまな心理的、生理的、遺伝子的特徴を持つ、ということです。うつ病は、個人的な経験とそれにどのように反応するかということに関連しています。新聞で悪いニュースを読んだときに起きる反応も人それぞれ異なり、無関心から深い絶望まで大きな幅があります。不安神経症も同様で、たとえばある人は楽しい趣味としてクモを収集するのに、ある人はクモを死ぬほど恐れるということが生じるわけです。あなたは人間関係に悩んでいるでしょうか？あなたの人生には目的や意味が欠如しているように思えますか？　このように広範にわたる感じ方までは治療することができなくても、それは決して医療が悪いわけではありません。こうした苦しみの原因は、身体的変化が病気の〝真の〟原因だと断定する、病気の標準的な医療モデルに合致さえしておらず、薬で治せるものではないのです。

こうした先入観に反して、目に見えない主観的な状態が体に強烈な影響を与えうるということが研究によって明らかになりました。たとえばテキサス医科大学の研究者らは心臓バイパスや大動脈弁置換を含む心臓切開手術を受けた男女一群の死亡率に着目しました。もし従来どおりの医学的な考え方をすれば、手術後半年で死ぬ者もいれば生き延びる者もいる理由は、身体的な違いに集約されるに違いありません。しかしトマス・オックスマン博士率いるチームは型破りなアプローチをしました。チームは被験者たちに、社会的状況に関する2つの質問をしたのです。その質問とは「あなたは定期的に組織だった社会グループに参加していますか?」「あなたは宗教、もしくはスピリチュアルな信念から強さや慰めを得ていますか?」というものです。

これらはシンプルな「はい」「いいえ」で答えられる質問で、研究者らは結果を判定するにあたり、年齢、病気の重症度、過去の心臓発作の重症度を含む、術後半年で亡くなる典型的なリスク要因を除外しました。こうした要因を除外したうえでの発見は驚くべきものでした。

どちらの質問にも「はい」と答えた人の、術後半年の死亡率は5%以下でした。どちらの質問にも「いいえ」と答えた人は、術後半年の死亡率は20~25%でした。

全体的に見て、社会的サポートを得られ、信仰や信念から安らぎを得ている人は、どちらも持っていない人と比べて心臓手術後に生き延びる確率は7倍も高いのです。この結果はほぼ確実に、悪玉コレステロール値が高くても、高血圧でも、遺伝的に心臓発作を起こす家系であっても、心疾患による死亡率においてはたった7倍の違いしかないということです。クラブや教会などの社会グループに所属しているかどうか尋ねることは客観的な尺度である一方、宗教やスピリチュアルな信念についての質問は、その人がどう感じるか、というものです。

あなたがどう感じるかは完全に主観的なことですが、重要なのは、それは「意識」の動きであり、自己認識の指針であるということです。意識的な治癒を支援するものとして、これ以上明白なものはないでしょう。

マージの場合：大切なのは気づきである

治癒反応の多くは謎に包まれたままです。なぜ病気になる人とならない人がいるのかということを本当にわかっている（もしくはあらゆるケースにおいて予測できる）人などいません。その隠された理由は、身体的領域を超越した目に見えない領域に存在しているのです。

意識的な治癒はライフスタイルとして作用することを、生きた証拠として示してくれる人々がいます。マージという高齢の女性を例に挙げてみましょう。彼女は91歳でも元気に活動し、自立できていることを誇りに思っていました。マージは今も自分のマンションで

1人暮らしをし、自分で料理をして、車も運転し、大変なことだけハウスクリーナーにお願いしていました。マージの健康は非常によい状態で、70歳以上の高齢者は平均7種類の薬を飲んでいることと比較しても、彼女は高血圧の薬を1種類飲んでいるだけでした。

高齢化社会において、マージの健康の秘訣を知りたいと思う人はますます多くなるでしょう。それは長寿の遺伝子のおかげなのでしょうか? 現在までのところ、そのような遺伝子、もしくは遺伝子グループが発見されたという決定的研究はありません(後ほどわかるように強い手がかりは存在しますが)。非常に有利というほどではありませんが、あなたの両親が80歳まで生きれば、あなたの寿命は平均よりも3年は長くなることが予想されます。

統計的に見て、マージには何らかの有利な点があったといえます。彼女はシンシナティの裕福な家に生まれ、それはつまりよい医療を受けられたことを意味しますが、彼女が生まれた1920年には抗生物質はなかったので子ども時代に重病にかかっていたら助からなかったでしょう。彼女は幸運にも、結核やポリオ、しょう紅熱にかからずに済んだのです。子ども時代に重病にかからないことは長寿と結びつくのです。

しかし彼女の心の中で、こうした要因はどれも決定的なものではありませんでした。「私はニューヨークで芸術家と結婚して苦労しました」。彼女は回想します。「私たちは2人とも意志が強く、たくさんけんかをしました。私のエネルギーのほとんどは3人の息子よりも夫に注がれました。私はそれを誇りに思ってはいませんし、息子たちを愛してはいましたが、非常に厳しくあたりました」

「過去を振り返るうちに、自分は何十年もかけてたった1つの心の動き、つまり怒りに大きな影響力を持たせてしまったということに気づいたのです」

「私は息子たちが10代になるかならないかの時期に離婚しました。1人は寄宿学校に行き、他の2人は父親と暮らすことを選びました。夫は私に非常に腹を立てており、お金のすべてを自分と息子たちのものにしようと闘いました。突然私は完全に独りぼっちになり、人生が劇的にひっくり返りうるということに当惑していました」

マージはうつ病と闘い、息子たちは彼女が癇癪《かんしゃく》を起こすたびに傷ついてきました。「私はものごとが収まると何に対して怒っていたのかすぐに忘れてしまうのですが、息子たちはそうではなかったのです。彼らは私のことを怖がるようになりました。実の母親をです」

ここまでの話ではマージがなぜ平均より長生きするようになったのか何も示唆していないどころか、もし彼女のうつ状態が慢性化し、健康状態まで影響を受けるようになったら、長生きどころか、むしろその反対の結果になったことでしょう。しかし、ある1つの要因が彼女の人生を変えました――マージは仏教徒になったのです。彼女にとって仏教徒になるという決断は内なる変容を創り出しました。

「友人を通して禅の師匠を見つけたのです」。彼女は回想します。「なぜ仏教を信じてみようと思ったのか、もはや覚えてさえいません。しかし一度瞑想を始めると、2つのことが起きました。1つは静けさを得ることで、ささいなことに対していちいち不機嫌にならなくなったことです。もう1つは自分自身について本質的なことがわかったのです。心の深い部分で私は1人になることをとても恐れていました。私が引き起こしたドラマはすべて、みんなの注意を自分に向けるための戦略で、それによって自分がどれほど孤独であるかを感じずに済んでいたのです」

96歳の今日、マージは老人ホームで最も低い介護レベルの生活をしています。それは日に何度か誰かに見に来てもらい、入浴時に介助を受けることを意味します。薬の量は増えておらず、自力で階下まで昼食と夕食を食べに行き、友人たちと週に1回外食のために遠出をします。不自由があるのは2か所のみです。

「70代のときに手術をした人工股関節《こかんせつ》がすり減り始めているので、長距離の場合は自力で歩くよりは車椅子を使うことに決めました。息子たちはまだ私に対してびくびくしています。怒った母親というのは、そう簡単には克服できないもののようです。それが私の心に引っかかる唯一の悲しみです。それ以外は、平和ですよ」

マージはずっと昔に瞑想を始めて幸運でした。なぜなら1970年代後半は、主流の医学が初めて「瞑想が血圧を下げる」といったポジティブな影響を健康にもたらすことを示す研究を始めた時期だからです。その他ストレスや不安の軽減といったプラス面に対しては「リラクゼーション」という名称がつけられました。40年経って瞑想はさらに人気が出て、大衆に受け入れられるようになりました。今日では全システム的アプローチによって、心と体の間にある人為的障壁をすべて取り払うことができます。どんな経験も精神的な結果と身体的結果をもたらすという認識によって、日々ますます大きな力を得られるようになるのです。

悲しみは免疫反応を低下させるというシンプルな事実について考えてみてください。悲しみは強烈な精神的出来事で、心理的な痛みの源です。近親者の死別を経験した人の約10％に起きることですが、家族の死後半年経ってもまだひどい悲しみに襲われている状態は外傷性悲嘆として知られています。外傷性悲嘆に苦しむ人々についての研究では「包括的な機能障害」が非常に起こりやすいことが示されています。一般的な言葉でいうと、健康面においてほぼあらゆる異常をきたしうることを意味します。

たとえば、配偶者を失った人150人を調査することによって「配偶者の死後約半年経っても外傷性悲嘆の症状がある場合、13〜25か月の追跡調査でがん、心臓疾患、高血圧、自殺願望、食事に関する障害といったネガティブな健康上の転帰（訳注：病気の行きつくところ）が予測されることがわかりました（ルディは17歳のときに父親が45歳で亡くなり、その後母親が悲しみを乗り越えて再び普通の生活を送れるようになるのに何年もかかったことを覚えています）。もしこうしたことすべての意味を理解するなら、理由はわからなくても普通よりも悲しみに打たれ弱い人が一定数存在することがわかるでしょう。そのような人々は、時間が経つにつれ自然に回復するということもなく、最長2年経っても、精神的にも身体的にもあらゆる種類の疾患にかかるリスクがあります。その他の研究でも睡眠障害、低い自尊心、悲しい気分と関連する同様の結果が示されました。

外傷性悲嘆は、心身がつながっている力を最高潮に作用させます。医学によってがんや心疾患に関する身体的側面で多くのことを知ることができますが（そしてさらに詳細に調べることで外傷性悲嘆に苦しむ人に表れがちな化学的アンバランスさえ見つけられますが）、このように長期間続く悲しみの引き金になる**原因**も、**なぜ**治癒システムが働かないかについてもわかっておらず、そもそも悲しみ自体にどんな**目的**と**意味**があるのかについてもほとんど理解されていません（他の哺乳類は、象や飼い犬のように例外らしきものもありますが、悲しみを感じているようには見えません。もし群れの中の1頭の鹿が猟師に撃たれたら、残りの鹿は多少動揺しますが、またすぐに普通どおりに草を食べ始めます）。

前の文章で太字にした言葉――「原因」「なぜ」「目的」「意味」――は、「人間は目的を持って生きている」という紛れもない事実を示しています。そしてその目的が損なわれると（たとえば配偶者の死に直面すると）、悲しみは人生をまるで意味のないもののようにしてしまうのです。体内のあらゆる細胞は化学的なかたちをとったメッセージを受け取ります。その化学物質は悲しみの物理的証拠ですが、意味の喪失は化学的ではありません（より大きな意味において、それは人間的なことです。悲しみはつらいものですが、もし配偶者の死に悲しみを感じない人がいたら、それはおかしいと考えられます）。あの人には「心がない」という非常に人間的な言葉で陰口をたたかれることでしょう。

目に見えない治癒

治癒する自己とは、私たちの中で病気になる人とならない人がいる目に見えない原因や、人生の目的と意味に取り組んでいる部分のことです。治癒は、目に見えないという理由だけで神秘的に感じるわけではありません。治癒反応について考えたこともない人でも「幸せになりたい」と願うだろうことはほぼ間違いなく、一般的な幸せへの鍵は「愛されている」と感じることなのです。あなたの細胞も愛されていると感じることは本当に可能なのでしょうか？　この一見馬鹿げた主張に取り組む前に、次の研究について考えてみましょう。

イェール大学の研究者たちは、冠状動脈の詰まりを見つける最も正確な検査である冠動脈造影を受けた男性119人と女性40人を調べました（冠動脈造影は、比較的非侵襲的なものですが、多くの人にとっては不安を感じる治療です。典型的には、前腕に挿入された細いカテーテルが心臓の動脈に通されます。色素が注入され、CTやMRIスキャンを使って動脈内部を映し出します。こうして血管の狭窄《きょうさく》や閉塞《へいそく》の状態を直接確認することができます）。自分は愛されていて、感情的に支えが得られていると感じると研究者に伝えた患者は概して、心臓発作や脳出血の主な原因である冠動脈の閉塞は少ないということがわかりました。

食事、運動、喫煙、家族の病歴といった心疾患の存在を予測するリスク要因は他にもありますが、これらが差し引かれたとしても、愛され、感情的に支えられているという感覚があるか否かは、動脈閉塞を起こす可能性を予測する指標となるのです。スウェーデンでは131人の女性を対象にする調査がおこなわれ、同様の結論に達しました。しかしおそらく最も注目に値する研究は、ある1つの質問への回答に基づくものでした。ケース・ウェスタン・リザーブ大学の研究チームは、狭心症歴のない1万人の既婚男性を調査しました。狭心症は、心疾患と関連する典型的な胸の痛みです（心臓発作はこのような前兆がなく起こりうるものです)。

予想どおり、高コレステロール、高血圧、高齢といった、心疾患のリスク要因が最も高かった男性は、今後5年間に狭心症になる可能性が20倍も高くなりました。そこで研究者たちは「あなたの奥さんはあなたに愛情を示しますか?」というシンプルな質問をしたのです。「はい」と答えた男性はリスク要因で高いスコアをとっていたとしても、狭心症になる可能性は低いものになりました。そして逆もまたしかりでした。妻が愛情を示してくれないと答えたリスク要因の高い男性は、狭心症を発症する可能性がほとんど2倍に増えたのです。

外傷性悲嘆と同様で、体と心のつながりを重視するだけで、医療を制御する最も一般的な2つの考え方を覆すに十分なのです。その2つとは、

1. 治癒は身体的なものであり、無意識的に起きる
2. 無意識的な治癒反応がうまく働かないとき、医師ができうる唯一のことは薬や手術を用いて治療することである

感情の振り幅の両極にある愛と悲しみは、精神と体の間にある境界を超えるのです。心疾患は薬と手術で治療することは可能ですが、疎外感と孤独感を持ち、愛されていないと感じている人には効力を発揮することができません。外傷性悲嘆による予測不能な身体的影響は、薬や手術では治療できません――結局、悲しみが始まって1年以上が経過し、25か月経ってもよくならないものに、薬を処方することはできません。治癒する自己を無視することで、日々の診察をする医師は、健康と治癒の鍵となる部分を除外してしまっているのです。

基本的な気づき

これまでの話のすべてを考慮に入れると、意識的な治癒の恩恵は望めば得られるものということになります。しかし多くの人にとって「意識的」というのは、単に「眠っていない」とか「酔っぱらっていない」ということを意味します。人は最高レベルのヨガ行者や僧侶《そうりょ》と同じぐらいに覚醒《かくせい》する潜在能力を持っていますが、その能力をどう使うかを教えてくれる人は誰もいませんでした。3人の人間を同じ部屋の中で座らせ、彼らが何を意識しているか尋ねてみてください。その答えは必ずしも一致せず、ランダムなものになるでしょう。1人はその部屋のにおいを意識し、もう1人は壁紙や天井の高さなどを意識するというふうに、その瞬間に気づくことによって何を意識するかが決まります。温度を30度に上げるなど、環境を劇的に変える場合のみ、全員が同じことを言うでしょうが、内なる状態——思考、気分、感覚といったことはあまり意識しないかもしれません。

ヨガやその他の東洋の伝統における精神的な修練は、ランダムな意識をさらに研ぎ澄ませるために磨きをかけ、生来の能力をスキルへと変えます。意識の修練をした人々は「外側」にあるもの、もしくは「内側」にあるものを意識する前に、自分は自己認識をしていると一様に言うでしょう。普通の人々もまた、自己認識しています。自己認識なくしては「私」という感覚を持つことはできません。しかし自己認識は心の中で起こっている、渦を巻いていて、ランダムで、予測不能な活動の中のたった1つにすぎません。

意識のスキルを、高い精神性や東洋と関連付ける必要はありません。人生の質をよくするために用いることができるのです。どんな状況でも、どんな瞬間でも、またどんな宗教的背景があっても、治癒する自己は実用的なのです。治癒する自己は「今この瞬間」におけるあなたのウェルビーイング状態を示す信号を監視します。このレベルには以下のことが含まれます。

身体的にどう感じているか把握する：体が送ってくる信号に対してオープンで敏感になること

体が送ってくる信号の解釈方法を把握する：苦しみの源としてではなく、最高の仲間として自分の体を受け入れる

自分の内側で起きている感情を把握する：否定、独りよがりの考え、恐れ、感情の抑圧を捨て去ること

誰かに気軽な感じで「元気？」と尋ねられたら、私たちはたいてい同じような気軽な感

じで答えますが、治癒する自己はその質問を真剣に受け止めます。実際に起きていることを知ることによって、あなたは自己治癒のプロセスをスタートさせているのです。体に装着して利用するウェアラブル・デバイスは、心拍数が上がったり、血圧が上がったり、呼吸が不規則になったりすると音を出して知らせてくれます。これは確かに便利な道具ですが、あなたはそうした信号に反応するだけで、治癒を始められるのです。

基本的な気づきを実際的に活用する例として、あなたが職場で気軽にできることを挙げてみましょう。

職場でマインドフルになるために：自己認識のために今すぐできる7つのこと

典型的な職場を悩ませている目に見えないネガティブな影響に反撃するため、以下の助言のいずれか、もしくはすべてを取り入れてみてください。

1. 東洋の伝統で「意識」は一方向に向いているもの、つまり力を抜きつつ集中した状態で注意を払い続けることを意味します。一度に多くのことしないでください。注意は分散され、仕事の効率が落ちることが証明されています

2. 緊張せずリラックスした集中力を保つために、静かで比較的邪魔の入らない場所で仕事をするよう工夫してください。同僚から近寄りがたいと思われないよう1時間に2回は時間をとって動き回るようにし、同僚と接してあなたが個人的交流を望んでいることを知らせてください。そうすれば、1人の時間をさらに持ちやすくなります

3. 意識は「今ここ」にあるべきです。今この瞬間にとどまるためには、ささいな仕事を溜めないようにしてください。5分以内で終わらせることができるものなら何でも即座に対処してください。これを習慣にするとあなたの時間管理は改善、または劇的に向上するので、やるべきことを終わらせるのに時間が足りないと文句を言いながら1日を終えることもなくなります

4. 自分の体とその要求に気づいている状態を保ってください。少なくとも1時間に1回は椅子から立ち上がってストレッチをおこない、動き回ってください

5. 自分の核、もしくは中心に気づいていてください。極度の疲労を感じたら目を閉じられるような静かな場所を見つけ、何回か深呼吸して自分の中心に集中してください。自分の心に注意を向けると、もっと上手にセンタリングできるようになると感じる人もいます

6. 呼吸することを忘れないでください。なぜなら、呼吸は心拍数、血圧、およびストレス反応を含む、体の多くの機能と関連しているからです。少なくとも1時間に一度、次の呼吸法を実践してください。それは4拍数えながら息を吸い、その感覚にリラックスして浸りながら1秒間息を止め、そして6拍数えながら息を吐く方法です（心地よいと感じられるペースでおこなうようにしてください。数回の呼吸で息切れがするほどゆっくりしないようにしてください）。この呼吸法で、呼吸数が1分間に14回から8回のペースになり、心が鎮まる感覚を味わうでしょう

7. あなたの「究極の目的」に意識的になりましょう。究極の目的とは、目標期限に間に合わせるようなものではなく、1日の中に幸せを創造することです。心理学者によれば、最も幸せな人生を送る人は幸せな1日を過ごすという戦略に従う人なのです。

あなたを心から微笑ませてくれるものならどんなものでも幸せな経験としてみなされます

この7つは、職場以外でも効果があります。しかし私たちは通常、平日の3分の1以上を、時にはさらに長い時間を職場で過ごします（自宅に仕事を持ち帰る平均的ホワイトカラーは、1週間に60時間以上働くと見積もられています）。職場でのプレッシャーや要求があるなかで自己に意識的であり続けるのは難しいかもしれませんが、そうすることで大きな恩恵が得られるのです。典型的な仕事の日に押し寄せてくる精神的「騒音」によって疲れ果てることもなく、自分の中心にとどまり、集中したままでいられれば、あなたは行動のさ中でも真の意味での瞑想をしていることになるでしょう。そしてそれは、叡智《えいち》のあらゆる伝統における主要な目的の1つなのです。高い精神性に関する課題はさておいて、自己に意識的であることは、自己治癒するヒーリング・ライフスタイルの主要な要素です。

03

愛ほどすばらしいものはない

「愛されていない」と感じる人より「愛されている」と感じる人のほうが心臓が健康であることが多いと研究結果で示されたことは非常に重要です。「愛はあらゆる感情の中で最も健全である」という誰もが個人的に知っていることが、科学よりも優先されるのです。愛は、人生を信頼、喜び、慈悲の次元で支えます。インドの偉大な詩人ラビンドラナート・タゴールは、愛は単なる感情ではなく宇宙の力であると言明しました。子どもにとって愛のない家庭で育つことは最も過酷な運命です。それをよく表している、こんな話があります。

30代前半のパトリックは、子どもの頃に感情的ダメージを受けたという自覚はありませんでした。ただ母親が自分のことを愛していると言うとき、抱きしめてくれたり、体に触れたりすることがなかったのには気づいていました。幼い頃からずっとこのような距離感があったのです。

パトリックは思い出してこう言います。「5歳のとき、扁桃腺《へんとうせん》を取るために入院したことがありました。その日はバレンタインデーで、私は他の子どもたちと一緒の相部屋にいました。他の子たちの母親は、カードやキャンディを持って来ましたが、私の母親は見舞いに来てくれませんでした。でもそれはおかしな話なのです。私が覚えているのは、顔を壁に向けて耳に枕を押し当てていたことなので、他の子どもや母親たちの声は聞こえていませんでした。私は何年もそのことを恨みに思っていましたが、妙なことが起こったのです。ある日、母と昼食を食べていた際に私は好奇心にあらがえず、なぜ見舞いに来てくれなかったのか尋ねたのです。それで母が何と答えたと思いますか？」

「母が言うには、面会時間が始まってから少し遅れて到着すると、私がベッドで丸まって泣いていたので私を慰めたそうですが、私はその場面を覚えていないのです。覚えているのは、自分は独りぼっちで、忘れられた存在なのだという感情だけです」

多くの心理学者が証明していますが、幼い子どもというのは、必ずしも事実に符合しない、自分の育てられ方についての強い思い込みを持つものです。医学が、検査や診断で測られた事実だけが健康であることを示す唯一の構成要素だという信念を捨てるには長い時間がかかりました。たとえ患者が信じている内容が完全に主観的なものであっても、信じているということが重要なのです――私たちは皆、自分自身に語るストーリーを信じています。そのストーリーというのは、両親から子ども時代に送られるメッセージによって始まるものなのです。

パトリックの両親は、彼は孤独であるというメッセージを送りました。両親のほうは距離を置いて愛情が薄い態度をとることで、彼が1人でいることが普通の状態であるようにしたのです。しかし子どもは、愛情深く守ってくれるような親と密接につながっていると感じる必要があります。これは何百年間にもわたる進化の特性なのです。赤ちゃんザルを母ザルから引き離すとすぐに赤ちゃんザルの行動からは落ち着きが失われ、不安げで不安定なものになったという有名な実験があります。金網を布で覆った胴体だけの人形を与えると、赤ちゃんザルはすぐに安らぎを求めてまとわりついたのです。

人間の場合、最悪の状況にさえ適応できるという優れた能力があったとしても、希薄なつながりがもたらす影響は深刻です。パトリックの場合、自分は孤独だと信じていたことで、心理学上「不安への愛着」として知られる状態に陥りました。一般的な言葉で表せば、安全である感覚や自分には価値があるという思いを得られず、守られていると感じられない状態です。それは誇張され、白黒はっきりした概念です（彼の両親がそれを知ったときはさぞかしショックだったに違いありません）が、子どもの考えとはこのように消すことのできない感情的経験に基づいたものになりがちなのです。

「私はある意味、幸運でした」。パトリックは微笑みながら思い起こします。「独立心がとても強くなったのです。7、8歳の頃には『どうしたらそんな小さな大人みたいになれるのか』と皆に言われ、それは嬉しいものでした。私は大人のようにふるまったので優秀な子どもでした。そしてそれは長い間続きました」

10代の頃に恋人ができても、パトリックは心の穴を埋められませんでした。どうすれば心が満たされるのかわからなかったのです。実際、誰かと近い関係になるということに違和感がありました。自分の世話は自分でしなければならなかった生い立ちから、彼を突き動かしていたのはもっぱら性的な衝動でした。女性には受け入れられることが多く、もし彼女たちがさらなることを望み、関係性が真剣なものになりかけると、パトリックはけんかを始めたり、裏切られたり傷つけられたりした恋人が自ら去っていくよう冷たい行動をとりました。

大学に進学し、コンピュータサイエンスを学ぶようになると、パトリックの感情面での孤立感が再び戻ってきました。自分の世話は自分でするという点では問題ありませんでしたが、彼が認識していたのは「他に誰も世話をしてくれる人がいないと思っていたから自分の世話をした」ということでした。彼の中には「愛を育《はぐく》み、守る」というひな形が存在していなかったのです。

話はそこで終わってしまう可能性もありましたが、彼にとって幸運なことに、そうはなりませんでした。大学院で、ある女性に出会ったのです。彼女はこれまでとは違ったタイプの女性でした。パトリックの完全に合理的な世界観は、一目ぼれによって崩れ去ったのです。

「正直そんな言葉など使い古されたものだと思っていました。フランに初めて会ったのは、学部の敷地を出た所で彼女が友達と話をしている姿をほんの一瞬、見たときでしたが私は心を奪われたのです。彼女には何かがありました。私は勇気を奮い起こして自己紹介をしました。彼女はフレンドリーで、微笑んでくれました。それだけのことでしたが、私は家に帰っても、フランのことしか考えられませんでした」

「彼女は私と付き合ってくれることになりました。そしてそこからものごとが展開していったのです。何の前触れもなく、私は恋に落ちました。彼女の予定が変更になって会うことができなくなると、私の心は死んだのも同然でした。世界一の美女との恋が現実であることを確認するために、毎日自分を叩いてみました」

一目ぼれをするという紛れもない経験があっても、愛は強烈な生理的変化を生み出すという証拠がたくさんあっても、その現象の全体像は謎のままです。神経活動における化学変化は、パトリックの「脳」が恋に落ちたことを意味するのでしょうか？　それともパトリック自身が恋に落ちたのでしょうか？　全システム的アプローチにおいて、その2つを分離することはできません。癒やしに関する限り、心と体の境界を越える、何か深いものが存在するのです。


愛はどのようにして、またどうして身体的な健康を活性化させるのでしょうか？

「熱狂」が「持続する愛」に変化するとき、これが私たちのウェルビーイングにどのような作用をもたらしうるのでしょうか?

愛が十分に深いものになるなら、より高次の意識への扉が開かれるのでしょうか?

人間の経験は、愛がこうしたあらゆる領域において独自のパワーを持つことを証明します。そして十分に深く探求することによって、なぜそうなるのかという答えが見つかるのです。

愛は深く広く浸透する

私たちは、1人の人間の存在全体を変容させるほどの圧倒されるような経験が生化学として説明されるような時代に生きています。しかし最新式の脳スキャンやホルモン値測定のようなものを用いても得られないのは、恋に落ちることの「意味」なのです。その意味は、すべてを包括しています。私たちの言葉でいえば、愛とは全システム的な出来事なのです。冠動脈が「愛」や「愛の欠如」にどう反応するかを示す研究は、氷山の一角にすぎません。私たちには遺伝子レベルでの深い進化の跡があります。心理学者バーバラ・フレデリクソンの言葉を借りれば、「私たちの脳のどこかに人間関係の地図があります。人間関係とは母親の膝であり、親友と手をつなぐことであり、恋人との抱擁です——私たちは1人でいるときも、こうしたすべてを自分の内側に持っているのです。たとえ転んでも、いつかこうしたものが手をさしのべてくれると知っていることで、安らかな気持ちでいられるのです」

最も重要なのは、たとえ1人で静かに受動的に座っているときでも、本当は1人ではないということです。心の内側には、幼児の頃から経験してきたすべての人間関係で構成された地図があるのです。これもまた、全システム的な現象です。人間関係におけるどんな瞬間も、地図全体にはめ込まれた小さな一片なのです。

このことがどのように作用するかを見るには、次の設問を読んで最初に心に浮かんだ答えを選んでみてください。

母は自分のことを十分に愛している　はい　いいえ
父の子どもでよかったと思っている　はい　いいえ

今の自分を信頼している　はい　いいえ
今の人間関係はとてもよいものだ　はい　いいえ
強い絆で結ばれた親友がいる　はい　いいえ
私は感情的でいるのが好きだ　はい　いいえ
私は自分の気持ちを表に出すほうだ　はい　いいえ
人は安心して私に秘密を打ち明ける　はい　いいえ
私は世話好きだ　はい　いいえ
私はいるべき場所にいるように感じる　はい　いいえ

こうした項目に対する反応に正誤はありません。しかし、もしあなたが「正しい」答えだと信じていることを迷いなくすぐに答える場合、その反応は、愛と人間関係の内なる地図から直接的に来たものです。あなたは自分の反応に満足かもしれませんし、ショックを受けるかもしれません。多くの意味で、あなたの内なる地図を改善する方法を私たちは示すことになるでしょう。あなたがおそらく考えもしない内的イメージが、たまたまではなく、あなたという全体像は何者であるのかというストーリーとしていかにあなたに影響しているかということに気づいてもらいたいのです。

全システム的アプローチとしては、愛、もしくは愛の欠如が複合的な影響を持つことになると予測されるでしょう。生化学的な観点から見ると、恋に落ちると多くの顕著な変化が起きます。ドーパミンやセロトニンといった脳の神経科学物質の値が、コルチゾールや卵胞刺激ホルモンのようなホルモンとともに上がります。これは恋に落ちた場合、最も初期段階に起きる変化です。皮肉なことにコルチゾールと卵胞刺激ホルモンが出るということは、男女の性的興奮からストレスが引き起こされることを示しています。言い換えれば、ロマンティックな恋が、なぜ喜びと痛みをもたらすかということに化学的な理由があるのです。シェイクスピアは『真夏の夜の夢』の中で「真の愛は決して順調には運ばない」という有名な台詞《せりふ》によって、神経科学的な事実を暗に示しました。さらに興味深いのは、年を取るにつれ男性はテストステロン値が減る一方で、女性は増えるため、男性と女性が似てくるという気質の変化が起こることです。

さらにもっと広範囲な話をすれば、愛の影響は治癒反応にまで及びうるということです。

免疫システムがいかにうまく機能しているかということが重要な要因であり、感情が免疫システムに変化をもたらすことは十分に立証されています。ジャニス・キーコルト＝グレーザー博士とロナルド・グレーザー博士は、平均結婚期間が42年という長年連れ添った夫婦を調査したところ、常にけんかをしてきた夫婦の免疫反応は劣ることがわかったのです。もしこの発見が、長年連れ添った夫婦についての嘆かわしい見解のように見えるとしたら、同様の影響は非常に迅速に起こったりもします。ハネムーン中の夫婦を調査したところ、結婚のトラブルというトピックについて話し合うよう求められたとき、敵意とネガティブなふるまいを見せた新婚夫婦は免疫反応が低下したのです。

体がポジティブな感情やネガティブな感情に反応するということに対して、そろそろ驚かなくなったのではないでしょうか。しかしこうした反応のスピードに対しては、まだ驚くことになるかもしれません。ハーバードの心理学者デイヴィッド・マクレランドとその研究チームは、カルカッタのスラムでマザー・テレサの活動についての映画を学生たちに見せました。マザー・テレサは、最も貧しい見捨てられた子どもたちの世話をすることで世界中にその名を知られているカトリックの尼僧です（対照群としてもう1つの学生グループには、別のテーマで無難な内容のドキュメンタリーを見せました）。マザー・テレサの映画を観た学生は平均して、すぐに抗体価が上昇し、血圧低下といったストレス尺度も下がりました。

この発見は、体が今この瞬間の感情的な経験にどう反応するかを示すという点で印象深いものですが、マザー・テレサのよい活動を見ても、免疫反応が低下した学生もいたことについて、マクレランドは不思議に思いました。追跡調査として、その学生グループのメンバー全員に川のそばのベンチに座っている夫婦の写真を見せました。その夫婦に関する物語を書くよう求められると、愛し合い、助け合い、尊重し合っている夫婦像を書いた学生もいれば、不幸で、互いを操ろうとし、嘘つきな夫婦像を書いた学生もいました。最初の調査で免疫反応が最も低下した学生たちは、追跡調査でネガティブな物語を書いていたのです。これが示唆することは重大です。心の奥底に深くしみ込んだ考えというのは、たとえその考えが真実でなかったとしても、人間関係のすべてを定義することになるのです。自分自身の解釈を無理やり現実に当てはめることになるのです。

パトリックの話に戻ると、彼とフランはロマンティックな恋愛の第一段階へと入りました。第一段階では愛に関するすべてが非常にパワフルなので、現実も変化します。自分の恋人は世界で一番美しく、恋人と一緒にいれば、そこはもう楽園でした。愛の魔法にかかると世界全体が明るく見え、またすべての人がすばらしく見えるものです。厳格な合理主義者にとっては、こうしたことは幻想です。そして事実、この熱狂は一時的なものなのです。熱狂は徐々に収まり、幸運な場合、それは愛のもっと安定した段階に取って代わられます。この後期段階においては、エンドルフィン（天然の麻薬のようなもの）、オキシトシン、バソプレシンのような神経化学物質が、恋人同士の堂々巡りの状態に反応して予測可能なパターンに従います。しかし、恋に落ちることは、単に一連の化学反応的な経験なのでしょうか？

ここに合理主義者たちが認めていない重要な要因があります。恋に落ちると真の自己とつながり、人生に対する「さらに現実的な」見方ができるようになるのです。人間の激しい愛を神の愛と結びつける偉大な神秘詩人によって称《たた》えられた「拡大した意識」という状態へと、私たちは偶然かつ一時的に入るのです。敬愛されるペルシャ人詩人ルーミーは歓喜します。

ああ、神よ。私は愛を見出した！
何とすばらしく、何と善良で、何と美しいのだろう……！
私は深々とおじぎをする
この全宇宙を喚起して興奮させ
この全宇宙のすべてを含むスピリットに

間違いなく愛は、人が最も深遠な方法によって全体的にくまなく癒やされるような、より高次の次元へと拡大させることができるのです。体と心につながりがあるのは明白ですが、それは恋に落ちるという日常的な出来事にも当てはまるのです。次のような感覚があるとき、愛とつながっていることになります。

・生まれ変わったように感じる
・心でつながっている

・守られ、安全に感じる
・喜びや活気がある、高揚した感情
・他者に寄り添う気持ちで、オープンな心
・体が軽く感じる
・体中を流れるエネルギーや光を感じる

ここでは聖者が描写するようなものと、初めて愛を見つけたパトリックとの間に違いはありません。フランとの付き合いは1年も続きませんでした。熱狂の段階が過ぎると誰もがそうなるように、2人もそれぞれのエゴの要求が出てきました。「私が、私を、私の」という要求とわたり合いつつ愛とじっくり向き合うことは、独自の挑戦をもたらします。しかしパトリックは、人生で最も価値ある教訓を学びました。それは、自分は愛されうる人間であり、それに加えて、人を愛することもできるということです。

人間は生きるロボットではありません。私たちは「意味」のために、あらゆる経験の個人的価値のために生きているのです。体は私たちの経験を代謝し、すべての細胞にメッセージを送る一方で、心は独自の領域で「感覚」「イメージ」「思考」「感情」というかたちで経験を処理します。物理的な器官以上のものとして理解すべき人間の心臓が、「愛」と「愛でないもの」が、全システムに及ぼす影響を融合する唯一のものなのです。

心の全システム的ビジョン

心臓は、全システム的アプローチがどう機能しているかを示す最もわかりやすい例の1つです。そして心疾患は男女ともにアメリカ国内における主な死因であるため、癒やしのライフスタイルが取り組むべき主な対象にもなります。心臓は、あなたが感情的・身体的にどう感じるかに敏感に反応し、あなたが選択するほとんどすべてのことについて知っているのです。

しかしこのことに気づいている人はほとんどいません。胸の痛みのような急を要する症状が出て初めて心臓の健康状態を気にかけるわけですが、それももっぱらスポーツジムで有酸素運動をしようといった程度のことです。心疾患より乳がんのような他の疾患のほうが、特に女性の間で関心を持たれ恐れられていますが、統計学的に見ると、この認識は現状に一致していません。毎年アメリカの女性の総死亡者数からすると、乳がんは31人中1人で、心臓病による死亡は3人に1人なのです。うつ病や神経不安症は運動誘発性の心臓発作のリスク増加と関連していて、それと対照的により高いポジティブな感情が心臓発作のリスク低下に関わっています。心臓が健康であることが重要なのです。しかし私たちの全システム的アプローチにおいては、身体的器官はストーリーの一部でしかありません。残りの部分は、その人の態度や見方と関係しています。

たとえ純粋に身体的なアプローチが適切だと考える人がいたとしても、そのアプローチについては完全に理解されているわけではありません。たとえば、1950年初頭に朝鮮戦争で負傷した若い兵士の心臓を調査しました。それはちょうどアメリカで40～60歳の男性に心臓発作が蔓延していることに気づかれ始めた頃でした。若年層の心臓発作がなぜこれほど急増したのか、原因はわかりませんでした。主にコレステロールのせいにするという流れはまだ始まっておらず、心臓病を予防するためコレステロールのレベルを下げるスタチンのような薬もありませんでした。

こうした不可解な状況で、若い兵士たちの心臓は恐ろしいことを物語っていました。彼らの心臓の多くに冠動脈を閉塞するかなりのプラークが見られたのです。プラークは硬くなった脂肪にミネラルやこびりついた血が混ざったもので、心臓の酸素供給を止めることもあります。動脈が絞扼《こうやく》されると心筋はけいれんを起こし、本格的な心臓発作を起こします。プラークは数十年を経て蓄積され、心疾患のリスクは徐々に高まっていくものであると推測されていました。

しかしこの場合は20代前半の男性であり、そして心臓病にかかった高齢男性と同じぐらいに動脈が閉塞していたわけです。なぜこのようなことが起きたのでしょうか？ 同じく不思議なのは、ある人が40歳で心臓発作を起こした場合、心臓はなぜその人が40歳になるまで待っていたのでしょうか？ こうした疑問は今日もまだ解決していません。動脈プラークとそれを引き起こす可能性のある要因すべて――食事、血中脂肪、ストレス、遺伝子、冠動脈血管の壁の微細な変化――との関連性はきわめて複雑です。

最も明白な事実は、兵士も検診をおこなった医師も、何か深刻な事態が起きているとはわかっていなかったことです（血管造影法のような最新式の検査が始まるのは、まだ何十年も先のことです）。狭心症として知られる典型的な胸の痛みは、一般的に病気がかなり進行してから表れます。また、動脈が閉塞しても痛みを伴わないこともありえます――そのようなケースでは、心臓発作は突然起こります。痛みがあろうがなかろうが、ヒーリング・ライフスタイルを送る必要があるのです。

非常にたくさんの未解決問題があったとしても、心臓専門医のもとを訪れて一連の検査を経て心臓病と一度診断されると、最初におこなわれるのは高コレステロールと高血圧に有効な薬の処方です。生活習慣を変えましょうというリップサービス的なアドバイスもありますが、それさえないときもあります。患者のほうも、特に初期段階では食生活に気をつけたり運動しようという動機は概して強くありません。長年かけて身についた習慣を変えるのは難しいものです。もし病状が悪化し続けたら、ある種の手術的処置がとられます。最もよく知られている治療は2つあり、それは血管形成術と冠動脈バイパス手術です。以下にアメリカで毎年60万件以上もおこなわれている〝最も簡単な〟治療である血管形成術についての簡潔な説明をします。

血管形成術：プラス面よりマイナス面のほうが大きいか？

血管形成術とは：血管形成術は動脈を広げるために心臓の閉塞した動脈に小さなバルーンを挿入するというもの。理論的には動脈を広げることによって心臓への血液の流れがよくなり、心臓発作が起きるリスクを減らす。通常、術後に動脈が広がった状態を保つためにステントと呼ばれる網目状の金属製の短くて狭いチューブが挿入される。血管形成術は比較的リスクが低いため、１９８６年の手術件数は13万３０００件であったが、２０００年代になる頃までには年間１００万件以上と劇的に増加し、心臓バイパス手術も含めれば、今日では１０００億ドル規模の産業へと成長した。しかし、どんな外科的治療にもつきものだが、血管形成術には賛否両論がある

賛成論

・動脈内にバルーンを入れるための小さなワイヤーを含め、この治療は体への負担がさほど大きくないので心臓発作の後はこの手術が唯一の選択肢であることが多い

・血管形成術は迅速におこなうことができ、苦痛もそんなに大きくない
・経過観察のために一晩入院する必要はあるが回復は早い。患者は一般的に再びこれまでどおりの生活を送ることができる
・胸の痛みを除去し、心理的に安心感を与えることによって心臓病患者を楽にするという血管形成術の主な目的はたいてい果たされる

反対論

・血管形成術によって進行し続ける基礎疾患が完治することはない。治療は繰り返さなくてはならない場合が多く、ステントも交換が必要である。概して平均余命が著しく延びるということもなく、高齢の患者の場合はなおさらだ（極端な状況下での例外としては、心臓発作を起こしたばかりの患者ぐらいである）。血管形成術の最初の臨床試験は1990年代初頭におこなわれたが、血管形成術を選択したからといって薬物治療よりも延命効果があるということはなかった
・差し迫った深刻なリスクは動脈プラークがバルーンによって剥《は》がれて飛んでしまい、

潜在的に心臓発作（もしくはステントが首の頸動脈《けいどうみゃく》に設置されていた場合は脳卒中）が起きる可能性で、１、２％の割合で生じる。もしバルーンが膨らみすぎた場合、動脈は破裂する。さまざまな感染の可能性もある

・血管形成術は費用が高額で、その値段もさまざまである。費用が結果に見合わないこともしばしばある。２００８年に米国心臓協会（ＡＨＡ）年次会議の発表で、血管形成術は心臓病患者の胸の痛みを緩和することもあるが「日常的な初期治療方法としては概して非常に費用がかかりすぎる」という結論が出された。それにもかかわらず、毎年１００万人以上のアメリカ人が心臓のステント治療を受けている

さらに難易度の高い処置である心臓バイパス手術は、まさに心臓手術がおこなわれている最中の血液循環を維持するために外的なポンプを患者に装着します。このため血管形成術にまつわる全リスクをさらに増やし、費用もさらに高額になります。ここではいくつかの主要事項を紹介するにとどめておきましょう。

・心臓バイパス手術は痛みが強く、完全回復に時間がかかる。そして主要冠動脈がひどく閉塞しているような特別なケースを除き、平均余命を劇的に延ばすこともない
・術後も生活習慣を改善すべきという助言に耳を傾ける患者はほとんどいないため、数か月も経つとプラークが接合した血管を損傷し始める可能性がある（1960年にバイパス接合に初めて成功した患者も、狭心症の症状が消えていたのは1年間だけだった）
・開発者たちは、バイパス手術は心不全の差し迫ったリスクがある患者に有用な、めったにおこなわれない治療法になるだろうという予測をした。しかし現在では、50万件以上の冠動脈バイパス手術が毎年米国内でおこなわれている

血管形成術とバイパス手術について多くの反対論の中でも際立っているのは一番最初にあげた点で、基礎疾患が治癒しないということです。1980年代にハーバード・メディカル・スクールのディーン・オーニッシュ博士によっておこなわれた先駆的研究によって、生活習慣を改善すれば心臓病の予防以上の効果が望めるということが最終的に明らかにな

りました。つまり治癒が起こりうるということです。食生活、運動、瞑想、ストレス軽減といったオーニッシュ博士のプログラムは当時画期的なものでしたが、実際に閉塞した冠動脈を広げることになり、さまざまな心臓病治療の中でも最初の成功例となったのです。

生活習慣に基盤を置くアプローチは、今でも心臓発作のリスクが高い人々の冠動脈を覆うプラークを除去する唯一の実証された方法です。プログラムに瞑想が含まれている点は当時としては斬新《ざんしん》で、また論議をかもしだしました——医療従事者の間で「瞑想」は神秘的な東洋の宗教的修行であるので〝本物の〟医学とは関係ないという偏見がまだありました。今では、高血圧、不安神経症、不眠、その他の疾患に対して瞑想を推奨することは一般的な療法となりました。しかしオーニッシュ博士の元々のプログラムは、厳しい食事ルールの厳守が求められる非常に厳格なものでした。たとえば1日の脂肪摂取量をテーブルスプーン3分の2杯までに制限するといったルールなどです。

心臓病と診断されていない、もしくは心臓発作を起こしたことのない大半の人々にとって、ただ予防するだけでなく治癒を伴う理想的なライフスタイルの探求には終点がありません。オーニッシュ博士は心身の観点に立った治癒について研究した多くの著書や論文を出版しています。医学は心と体を区別し続けるでしょうが、治癒を求める個人として、私たちはそうするわけにはいきません。オーニッシュ博士の元々のライフスタイルの研究によって、心と体を分離する壁は打ち壊されました。それなしに全システム的革命は起こりえなかったでしょう。

心臓と関連する感情には、どんな人も恩恵を受けられる次の要素を含んでいます。

・**共感**：他人が感じていることを自分も感じる要素
・**慈悲**：自分に慈愛を実践する気にさせる要素
・**許し**：かつての悲しみや傷を帳消しにする要素
・**犠牲**：自分より他者にとってよいことを優先させる要素
・**献身**：より高次な価値に対する畏敬《いけい》の念を啓発する要素

これらはいずれも心臓学用語ではありませんが、どれも医学的結果を出しているものです。次項では最近の飛躍的進歩によって心に関する問題がいかに変容しているかについて述べていきますが、愛が持つ癒やしの価値を強化したいと思います。人間は、愛されていると感じると元気になり、愛されていないと感じると元気がなくなります。愛は自尊心を高め、自分自身をもっと大切に扱うことにつながります。愛はまた、ストレス、不安、絶望を軽減し、心臓病、糖尿病、ルディの専門分野であるアルツハイマー病のような老化に関わる多くの疾患リスクや慢性炎症をも減少させるのです。愛とはライフスタイルの選択ではなく、意識の状態のことです。究極的に重要なのはあなたの選択ではなく、あなたの選択が常に癒やされている状態になるよう保つ「意識」なのです。

04

心とつながる命綱

心臓病において感情が影響力を持つという事実は、複雑な図式の一部にすぎません。普通の風邪の場合はライノウイルスという原因が1つあるだけですが、CHD（冠動脈性心疾患）の場合はそうではなく、リスク要因も非常に多くて中心的な要因があるわけでもありません。一見、同じリスクを抱えているように見える2人の人間も、心疾患にかかることもあれば、免れることもあるわけです。心臓発作と聞いてたいていの人が真っ先に思い浮かべるのは「コレステロール」なので、この事実には驚かれるかもしれません。心臓病予防キャンペーンでは血中コレステロール値を減らす薬に何十億ドルも費やされています。心臓病先駆者のオーニッシュ博士が開発した、薬を使わずに冠動脈性心疾患を治すプログラムは今も存続していますが、結局は薬に頼る人の割合のほうが圧倒的に多いのです。私たちの目的は皆さんが自己治癒するヒーリング・ライフスタイルを追求するよう啓蒙《けいもう》することですが、ほとんどの人は考えもせず医者や薬に頼ることにすっかり慣れてしまっています。冠動脈性心疾患の場合、コレステロールばかりを気にしても複雑な疾患に完全に対処するわけではないので決して全体的な解決にはなりません。

冠動脈性心疾患を取り巻く多くのリスク要因から、全システム的アプローチの持つ大きなメリットを見てとることができます。もしあなたの心臓が人間関係や感情面の生活を含む「生活習慣」に呼応しているのなら、心臓を健康に維持することはすべてを包括するものであるはずです。多くのリスクがどのようにして形成されるようになったのか、まずはその概略を説明しましょう。前項で述べたように医学の歴史における最も不思議な謎の1つは、1950年代のアメリカで若年性の心臓発作が蔓延したことでした。伝統的に、心臓病はかなり珍しいものであると考えられていました。19世紀終盤のアメリカ医学界を率いていた医師の1人であるジョンズ・ホプキンス医科大学のウィリアム・オスラーは、一般診療をおこなう医師が狭心症に出会うのは1年に1件ぐらいであろうと述べました。1950年代になると胸の痛みを訴える、主に男性患者が毎週、もしくは毎日のように病院にやってくるようになりました。平均寿命が47歳だった1900年のアメリカでは、肺炎が主な死因でした。1930年になる頃には心臓病が一番の死因となり、以来ずっとその地位を保っています。そして平均寿命は60歳になりました。

その間に何が起こったのでしょう？　よくある説明としては、寿命が延びたため加齢に伴って心臓病が急増したというものです。寿命が延びたことで常に蔓延していた病気が正体を現しつつありました。衛生面の改善が寿命を延ばすのに大きな役割を果たし、伝染病の細菌論は予防面での改善につながりました。たとえ伝染病がペニシリンのような抗生物質の導入で大幅に減少したとしても、若年性とみなされる40～60歳の男性の心臓発作による死亡が第二次世界大戦後に急増し、1960年代半ばには流行病といえるほどのピークに達することを予測できた者は誰もいませんでした。ピーク以降は平均寿命が延び続け、心臓発作や脳卒中による死亡は着実に減少しています。

辺り一面にあるリスク

心臓発作による死亡が着実に減少したのは、単にコレステロールを制御した結果ではありませんでした。最も重要な要因は次のように簡潔に要約することができます。

・心臓発作の多くは心臓の感染（急性心内膜炎）から引き起こされたものであり、感染は血液検査や心エコー図で発見できて抗生物質で治療可能なものだった。この要因が心臓発作による死亡率の減少において主要な役割を果たしたと考える研究者もいる

・病院での治療の質の向上が、心臓発作を起こした後の生存率を上げた

・右記2点を総合すると、心臓に感染があった患者が心臓発作を起こした場合、生存のためによりよい環境である病院で治療を受けることができた

解明されていないことは、多方面にわたるリスク要因の改善についてです。これらもまた容易に要約できます。

・ハーバードの著名な心臓学者ポール・ダドリー・ホワイトは、1955年にアイゼンハワーが心臓発作を起こした際に大統領の主治医に指名された。ホワイトはアメリカ人の食生活の変化が心臓発作の蔓延の大きな原因であると考えていた。大恐慌前から

最中にかけて収入が減ったためにほとんどのアメリカ人が野菜をたくさん食べ、肉の摂取量が減少した。戦後の繁栄で、肉を大量に食べる高脂肪の食生活がかつてないほど増加した

・ホワイトは心臓発作の予防を提唱し始めたということで高く評価されているが、アメリカ人の生活は座る時間が多くなってきているとして、運動の健康的利点も指摘した

・第三の要因として、ホワイトは体重管理を強調した

・後にストレスに関する理解が進むと、A型行動様式という概念が大衆文化に浸透してきた。心臓発作はゆったりとして受容的で、概して多くを求めないB型行動様式とは反対に、要求が多く、多動で完璧《かんぺき》主義というA型行動様式の特徴と結びついていた。

・タバコの悪影響が注目されるようになると、毒性というものが関わってくるようになった。肺がんが主要な対象だったが、喫煙が冠動脈を含む血管の内膜も傷つけるということがわかった

・心臓発作の男女差は、主にエストロゲンの役割だった。エストロゲンは女性が閉経を迎えるまで心臓病になるのを防ぐものである

・高血圧はプラークが最初に堆積《たいせき》し始める小さな亀裂《きれつ》を大きくし、冠動脈の内膜に圧力をかけることで心臓病を悪化させることがわかった

もうおわかりのように、こうした多くのリスクはコレステロールのせいだけではありません。よって表面上は食生活における1つの因子（コレステロールのように細胞構造に不可欠な化学物質）が悪役としてのみ登場するのは妙なことに思えます。根っからの皮肉屋なら、投薬を勧める製薬会社が蓄積している莫大な利益のことや、冠動脈性心疾患はさまざまな予防法がある複雑な疾患であると知るとコレステロールを下げる薬を処方したがる医師にそそのかされて問題を瞬時に解決する薬を求めたがるアメリカ人の「特効薬」志向について指摘したがります。

しかし、皮肉では私たちがこれから述べるような解決法にいたることはできません。危険因子をコントロールすることは重要です。遵守しないという問題はありますが、今では心臓によいライフスタイルを送るアメリカ人が増えています。彼らは定期的に運動し、脂肪や砂糖の摂取を減らし（砂糖は飽和脂肪よりも大きなリスクをもたらす可能性があると

今では考えられています)、瞑想し、ヨガをして、喫煙しません。

標準的な予防策については、コレステロールの厄介な複雑さを含めて後の項で取り上げます。しかしコレステロールを悪者にして、コレステロールを下げることを万能の解決策にすることは妥当ではありません。北米メディカル・クリニックスは第一次予防の4つの試験的取り組みについてメタ解析(訳注:複数の研究の結果を統合し、より高い見地から分析すること)した後の1994年に、非致死性の心臓発作が24%減少し、致死性心臓発作が14%減少したことは、コレステロールを軽減する治療のためだと思われると示唆しました。

特効薬に対する私たちの中毒ぶりは非常にしつこく、スタチンのような適度に成功した薬はコレステロールを軽減する薬の中でも最も広く販売促進されているものであり、40歳以上の人の4分の1に用いられ、解決策としてもてはやされています。スタチンは心臓発作や脳卒中の解決策ではなく、リスクを著しく軽減できるものとして認識されるべきです。2016年には、イギリスの権威ある医学誌『ランセット』の記事に、スタチンはイギリスで1年間に8万件の心臓発作と脳卒中を予防していると書かれました。しかしそこに隠されているのは、相対的リスクと絶対的リスクの間の違いです。

たとえば、若い医師がリスク評価をおこない「あなたが心臓発作を起こすリスクは薬を飲めば50％減らすことができます」と言われたとしましょう。それはすばらしいことに思えるかもしれませんが、もしあなたが心臓発作を起こす絶対的リスクがそもそもたったの10％だったら、それを5％に減らすことはさほど目覚ましいことではありません。「半分に軽減」というのは、「5％軽減」と比べたら画期的なことに聞こえます。だから製薬会社は相対的リスクの改善しか謳わない傾向にあるのです（この相対的リスクを減らすことが不可欠な人々もいます。実際ルディは若年性心疾患の家族歴があり、LDL［悪玉コレステロール］を60以下に保つために必要な予防薬としてスタチンを飲んでいます。コレステロールを下げる薬を飲まなければ相殺されないような遺伝的リスクがあるかどうか、家族歴によってわかるのです）。

医療研究者らは同じデータから異なる見解を表明します。2009年1月に、『ニュー・イングランド・ジャーナル・オブ・メディスン』に寄せられた手紙で、ニューヨークのセントルーク・ルーズベルト病院のデイヴィッド・H・ニューマンは顕著な例を示しました。

医学界は近年、スタチンを飲むことで得られる多くの恩恵を示すメタ解析によって後押しされてきました。

あらゆる原因による死亡率の、相対的リスク減少率の幅が20〜30%というのは正確ではありません。相対的リスク減少率は、この5年間で12%でした。この数はスタチンを飲んでいる患者4１７人の中で1年につき１人の死亡が回避できた、もしくは5年間のスタチン治療を経た患者83人の中で１人の死亡が回避できたことを意味します。このメタ解析における被験者の圧倒的多数は、冠動脈の病気になりました。そして対照群グループ（9・7%）の被験者の死亡率はかなり高くなりました。

この効果は真実ですが、小さなものです——そしてリスクがより低い患者（現在スタチンの治療を受けている患者の大多数）の間では実質的にさらに小さくなります。この恩恵についてはスタチンに関するリスクや費用を踏まえて、その人の5年内の死亡リスクと、その人がスタチン治療から恩恵を得られる度合に基づき、患者が理解できるよう明確に議論されるべきです。

医師も一般の人たちも同様に、誰もが心臓発作のリスク軽減における進歩を待ち望んでいますが、相対的リスクと絶対的リスクの違いは簡単に忘れられてしまいます。すでに冠動脈性心疾患と診断されている患者にとって絶対的リスクの軽減は重要ではなくなります。5年間の調査で、

・96%が恩恵を受けていない
・1・2%が致死性心臓発作から回復し寿命が延びた
・2・6%が心臓発作の再発予防で救われた
・0・8%が脳卒中予防で救われた
・0・6%が糖尿病になって健康を損ねた
・10%が筋肉損傷によって健康を損ねた

こうした発見は、スタチンは持病として心臓病がある人々の絶対的リスクを平均3%軽減するという一般的な結果と一致しています。これは相対的リスクを20%軽減するという宣伝文句と非常に異なっています。

米国心臓協会（AHA）は、スタチンを飲むことは結局のところ有効であるとアドバイスしています。この裏付けとして『ランセット』誌で2016年を総括したレビューでは、スタチン治療は5年間摂取するならば年に一度ずつ徐々に量を増やしていくことによって主な心血管の異変——たとえば心臓発作や脳卒中など——のリスクを軽減することが示されました。全体的に見積もると、もし1万人が5年間のスタチン使用で悪玉コレステロールが軽減すれば、1000件の心疾患異変の予防につながるということ、言い換えれば10％の絶対的効果が出ると予測できます。この効果は、悪玉コレステロール値を低く保つ必要のある家族歴を持つルディのような人々にとっては薬を飲むことを正当化するのに十分な理由となります。しかしもっとリスクの低い人々にとっても同じことがいえるのでしょうか？　現在政府が推奨しているのは、医師にリスクを診断してもらった後、もし心臓病リスクが10％以上で、また年齢が40～75歳である場合、スタチンを飲むべきだということです。

スタチンはコレステロールを軽減する代表的なものとして受け入れられていますが、決して絶対的に確実なものではありません。実際はスタチン使用者の間でプラークの石灰化が進み、それによって心臓病の進行が速くなるという2つの研究結果が出版されています。アテローム性動脈硬化症研究の機関誌に記載された、冠動脈性心疾患の診断を受けたことのない6000人の男性を対象にした研究で、石灰化したプラークの広がりや程度は、スタチンを使わない人と比べて52％も多かったのです。またスタチンを抗生物質と併用すると、血圧薬や抗凝血剤に反応することもありえます。スタチンを飲んでいる妊娠可能年齢の女性は、経口避妊薬も同時に飲まなければなりません。さもなければスタチンが出生異常を引き起こすリスクを冒すことになります。

しかし費用や副作用の可能性（筋肉痛が一般的な副作用で、年齢とともに、もしくは心臓関連の他の薬との併用で高まります）を考慮してスタチンを5年間飲む価値があるかどうかについての議論はやめておきましょう。一般の人々には理解しにくい、さらに重要な統計があるのです。それはスタチンを飲んでいるからといって長生きができるわけではないということを示しています。2010年の『アーカイブス・オブ・インターナル・メディスン』誌に掲載されたコージック・レイ博士と同僚たちによるメタ解析によって、スタチンはあらゆる原因による死亡率に影響を与えないということが発見されています。スタチンは、1つの危険因子に対処することで作用します。血流中では悪者として考えられる悪玉コレステロールを軽減します。しかし悪玉コレステロール値が寿命に顕著な影響を与えるかどうかは解明されていません。炎症や石灰化傾向といった多くの他の要因を考慮に入れなくてはならないのです。

冠動脈性心疾患にかかるリスクがたくさんあるのは間違いありませんが、あなたがどのようなライフスタイルを送るか選択する際に、どのようなリスクが鍵となるのかについてはほとんど示唆されていません。その鍵とは、食生活におけるコレステロールなのか、職場でのストレスなのか、1日中コンピュータの前に座っていることなのか、もしくは余分な体重なのでしょうか？　このように辺り一面にあるリスクも、もう1つのきわめて重要な因子については何も語っていません——それは、年を取り、心臓病のリスクが最も高まる数十年にさしかかる頃に、人は運動したり、健康的な食生活をしたり、理想体重を保ったりする努力をしなくなるということです（33万5000人のアメリカ人を対象とする2015年のギャラップ世論調査によると、51・6％の人が1週間に少なくとも3日間、30分の運動をしているということです。しかしこれは1週間に中等度から強度の運動を15

0分おこない、すべての筋肉を動かす筋肉増強運動を2セッション以上おこなうべきという政府の推奨を満たすものではありません。アメリカ疾病《しっぺい》管理予防センターの現在のデータによると、この最適量を守っている大人は20%しかいないということです。最も運動する傾向にあるのは18~26歳で、年収が9万ドル以上ある、西部の州に住む男性ということでした。1週間に少なくとも3回運動する肥満の人は5人に2人しかいませんでした)。

全システム的アプローチにおいて、私たちはこうしたリスクやその混乱状態を取り払いたいと思います。まず、心臓を常に心配すべき脆弱《ぜいじゃく》な器官のように切り分けるのをやめましょう。広い視野で捉えれば大きく変わってきます。アメリカとヨーロッパの統計によると、すでに65歳の人は平均してあと19~20年生きます。その平均は男女ともに当てはまりますが、その人が貧しかったり、喫煙者であったり、生活習慣が不健康だったりする場合は、大きく影響されます。しかし残り19~20年のうちのどれほどの年月を健康に過ごせるでしょうか? という2つ目の質問をすると、その答えはショッキングで約半分となります。65歳の男性なら通常11年は健康に暮らすことができ、65歳の女性ならもう少し短くなります。「健康」という言葉はさまざまな定義をされがちですが、ここでは全体的に生活の質がどんどん落ちていく10年間になるわけです。究極的には、これこそ私たちが改善し、予防する必要があるものなのです。心臓に癒やしのアプローチをとることは「生涯にわたるウェルネス」という、より大きなゴールに常に目を向けることになるのです。

心拍変動（HRV）

全システムにプラスになるような自己治癒法を見つけたいなら、より強固な基盤が必要になります。まずは心拍変動として知られる測定について述べましょう。心拍の典型的な音は、1つの強い音に弱いビートが伴うリズムが一定にドクンドクンと打つものです。実際、健康な心臓はフレキシブルで状況に応じてリズムを変えていきます。マラソン走者の鼓動は、心臓の動きがほとんど止まっている深い瞑想中のインドのヨギの鼓動とはきわめて異なります。さらに微細なレベルでは、あなたの心臓はどんなささいなものでも日々のストレス等の刺激に反応します。緊張時には鼓動は速まり、等間隔な一定のリズムのようになります。この状態を医学用語で言えばあなたの心拍変動は低いということになり、好ましい状態ではありません。糖尿病では低い心拍変動は心臓の状態の悪さと関連しており、心臓病による突然死のリスク増加にさえつながります。

心身で起こっていることの影響を受けて心拍が速くなったり遅くなったりするフレキシブルな範囲内で心臓が反応する際に、心拍変動は高くなります。人間の心臓は1分間に100回前後、自力で鼓動しますが、体全体の無意識的なプロセスを司る自律神経系の影響で、1分間に70回前後まで減少します。平均して、これが安静時の心拍数です。しかしきわめて重要なのは、究極的には神経系なのです。

心拍変動が高いとき、自律神経系のバランスがとれています。一般的に闘争逃走反応というストレス反応を引き起こしうるシグナルは、休息やリラックス状態を促進するシグナルによって抑制されます。心拍変動が低いとき、心臓の問題を示唆するだけでなく、がんや糖尿病、脳卒中、緑内障などの診断上の手がかりにもなります。こうした影響が及ぶ範囲は広大で、自律反応を研究する学生にとっての興味深いテーマです。たとえば自分の目に圧力をかけたり、首の片側の頸動脈をこすったりすることで、心臓の動きを遅くすることができるのです。

血圧や心拍数、そしてその他のバイタルサインを監視するためのウェアラブル・デバイスの出現で、心拍変動は、人がどれほどのストレスを感じているかを測る最善の指標の1つであることがわかりました。ただ深呼吸するだけ、もしくは少し瞑想をするだけでストレス反応を軽減し、心拍変動を改善することができるのです。ウェアラブル・デバイスは変化を監視し、検証します。こうして体と心の統合においてすでにおこなわれているように、客観的現実と主観的現実が融合するのです。

たとえば仕事に出かけるのが遅れて、あわてて家を出たとしましょう。寒い朝のことで、車のエンジンをかけようとしても動きません。その瞬間、客観的現実と主観的現実の両側面が影響を持ち始めます。客観的側面には車のバッテリーが切れるといった外的なストレス要因が体内での客観的変化へとつながり、アドレナリンやコルチゾールのようなストレスホルモンが放出されやすくなります。脳の感情を司るセンターである扁桃体の働きが活発化するでしょう。血圧は上がる可能性があり、心拍数が増えます。こうしたすべてが体のストレス反応として典型的なものです。主観的な側面では反応の範囲は非常に変化しやすいので、予測することがますます難しくなります。たとえば新しい仕事を始めて2週目だとしたらうろたえるでしょうし、そしてクビになったらまさに悪夢でしょう。一方、会社を経営している人なら取るに足らない問題だと思うかもしれません。日々の小さなストレスの範疇を超えたところでは、人生を変えるような大きなストレスは悲しみや嘆きから極度の恐怖、絶望、自殺傾向にいたるまで、あらゆるものを引き起こします。

不思議なのは全システムは非常に敏感で動的なため、すべての領域を管理しているということです。しかし、根本的にきわめて重要な要素は主観なのです。ストレスをどのように感知し解釈するかで、そのストレスの影響力の大きさが決まります。バッテリーの切れた車は、何か大きなことの始まりにもなりえますし、何も引き起こさないかもしれません。ではあなたの内的生活に強く左右されるような測定に、どう対処すればよいのでしょう？これは重要な問題です。なぜなら危険因子の観点からすると、低い心拍変動は精神的疾患と身体的疾患ともに関連しているからです。低い心拍変動は、精神病の指標としてうつ病や全般性不安障害、ＰＴＳＤ（心的外傷後ストレス障害）、統合失調症にいたるまで、いたるところで多かれ少なかれ見られます。心臓は心の痛みを感じるのです。身体的な側面では、低い心拍変動は炎症と関連しており、異常に広範囲の疾患につながっています。その幅は非常に広いため、最も低い心拍変動は、がん、糖尿病、心臓病のような、それぞれはまったく関係なさそうに見える病気の指標のようなものかもしれません。

明らかに心拍変動を高めるのはよいことで、医学的にも証明されています。その直接的な方法は、すでに述べたように瞑想やその他の瞑想的行為をおこなうことです。31ページの心身の経路の図をもう一度見てみると、心臓は、腸の辺りから送られた「下から上への」メッセージと、脳から送られた「上から下への」メッセージとの中間に位置していることがおわかりでしょう。人体における両方向のメッセージ送付を司る特定の箇所を探している生理学者にとって、注目すべきものは「迷走神経」です。

迷走神経を刺激する

「迷走神経」という言葉は「放浪する」というラテン語に由来しており、放浪こそまさに迷走神経がおこなっていることです。脳から直接枝状に分かれ、体全体に広がって行く10ある脳神経のうちの1つです。迷走神経は、脳から腸へ向かって途中で止まりながら、とりわけ心臓と肺で止まりつつ放浪します。その主な役割は、心臓、肺、消化機能を制御することです。迷走神経は体内で最長の神経で、主要な2本の枝が首の両側から左右に伸びています。迷走神経はまた、腸から脳への回路であると考えることができます。シグナルは腸に生息するバクテリアである「腸内微生物叢《ちょうないびせいぶつそう》」によって作り出され、腸内微生物叢は2万ある人間のゲノムの200倍にあたる400万の遺伝子を含んでいます。

神経に関する多くの事実の中で1つの重要な特徴は、脳から信号を送る神経（遠心性神経）もあれば、脳へ信号を送り返す神経（求心系神経）もあるということです。迷走神経は、ほとんどすべての器官に到達する無数の小さな枝を持つために、求心系インパルスの80〜90％を司っています。これを日常的な言葉で言い表すと、体内情報の超高速道路に乗って移動する感覚情報（特に痛みやストレスの影響）は、この1つの神経に沿って運ばれるということを意味します。結果として迷走神経の活動が不活発になると、さまざまなことがうまく働かなくなります——迷走神経の活動減退は、感染症、関節リウマチ、全身性エリテマトーデス（SLE）、過敏性腸症候群、サルコイドーシス（リンパ節が腫れる原因不明の疾患）、心的外傷、うつ病、ストレスによる死亡の増加に関連しています。迷走神経を刺激すると、心拍数や心拍変動に即座に影響が及びます。

さて、今や皆さんは心身の垣根を越える病名のリストの長さにすっかり慣れたことでしょう。ここで、迷走神経が腸管と脳の間で信号をやりとりする双方向の高速道路であることが大きな意味を持ちます。迷走神経は腸と脳の反応を制御しており、それが炎症においてきわめて重要であるかもしれないのです。すでに出版されている研究結果によれば、瞑想やその他の瞑想的行為は炎症が軽減されるような方法で迷走神経を刺激することによって、免疫反応の改善につながる可能性があると示されています。

それを裏付ける興味深い証拠の1つが、迷走神経を物理的に刺激することです。これは腕時計サイズの小型の電池式ジェネレーターを手術で埋め込むものです。通常は外来患者への処置としておこなわれ、装置は左の鎖骨の下辺りへ埋め込まれます。リード線が、迷走神経の左側の枝が下へと伸びる辺りに埋設され、神経のまわりに巻き付けられます。ジェネレーターの電気が入ると——弱いものから強いものまでさまざまな設定があります——迷走神経を刺激する微弱な電気パルスが送られます。

標準的な医学訓練の見地から見て驚くべきことは、迷走神経刺激（VNS）によってもたらされる可能性があると思われる利点の幅広さです。目下32もの疾患について研究がおこなわれており、ポジティブな結果の兆候が示されています。その疾患とはアルコール依存症や不整脈（心房細動）、自閉症に始まり、心臓病、うつ病や不安神経症のような気分障害、さまざまな腸管疾患、中毒、そして記憶喪失やアルツハイマー病さえも含み、まるで身体的および心理的疾患の犯罪者リストに目を通しているかのようです。「放浪する」迷走神経は、脳と体の多くの箇所を包含し、全体的な治癒の影響を及ぼしうることを示唆しています。

迷走神経についての画期的な発見は、神経外科医であり分子医学の専門家でもあるケビン・J・トレーシー博士によってなされました。トレーシー博士は、体の免疫システムは体の全体的なバランスであるホメオスタシスを保つために進化してきたに違いないと考えました。通常の免疫反応としての炎症が起きると体はバランスを失い、自己治癒の状態に入ります。細胞核が制御しているこの反射作用を制御する特定の化学物質があります。1つの重要な炎症マーカーはサイトカインとして知られる化学物質です。サイトカインが正常範囲をはずれうることは知られていますが、これが起きると急性、もしくは慢性炎症が生じます。たとえて言えば、体は消えることのない火をつけ、危険なほどに燃え上がらせうるのです。

免疫システムは単独で炎症反応に対処していると長いこと考えられてきましたが、2011年初頭にトレーシーとその同僚らは、アセチルコリンと呼ばれる脳内化学物質、もしくは神経伝達物質がサイトカイン生成量の制御に関わっていることを示しました。とりわけ彼らはアセチルコリンと脾臓《ひぞう》の記憶T細胞とを関連付けました。このメッセージ伝達がおこなわれる経路である高速道路が迷走神経です（2014年5月の『ニューヨーク・タイムズ』紙の日曜版に掲載されたトレーシー博士の紹介記事には「免疫システムはハッキングされうるか？」というぴったりのタイトルがついていました）。

トレーシーとそのチームは2012年に引き続き、通常の薬剤治療に耐性がある関節リウマチの改善について発表した論文で、迷走神経刺激の治癒効果を立証しました。この結果をきっかけに、多くの分野での研究が堰《せき》を切ったように始まりました。突如として脳から腸にいたる軸が内科医学の中心的なテーマの1つになりました。病気のパラダイムは今、抜本的見直しをされつつあり、その見直しは心身を1つのシステムとみなして全体性の方向へと向かっています。

たとえば何百万という人々が、けいれん性結腸、神経性腸炎、粘液性大腸炎といった同類の名前で呼ばれる過敏性腸症候群に苦しんでいます。これは不快な病気で、ひどい腹痛や不規則な便通を起こすだけでなく、こうした予期できない症状がいつ表れるかわからないという心理的ストレスも引き起こします。純粋に腸の問題として局所的に見れば、過敏性腸症候群は腸を過敏にしている炎症を示し、小さな刺激がひどい炎症を招くこともあります。

今では、迷走神経を通じて体性感覚皮質、島皮質《とうひしつ》、扁桃体、前帯状皮質《ぜんたいじょうひしつ》、海馬《かいば》といった脳の異なる部位が関わっているということが発見され、病気のパラダイムは変化しました。神経信号の送受信はどちらも脳から腸にいたる軸に沿っておこなわれ、脳が一度起動すると、感情やストレス反応が広範にわたって伝わります。このことは過敏性腸症候群に苦しむ多くの人に、なぜ心理療法が推奨されるかについての説明になっています。彼らは日常生活における機能障害に非常に不安を感じ、絶望しているからです。

しかし今では過敏性腸症候群の患者には脳信号の異常があることが判明しているため、この病気の身体的側面と心理的側面を分けて考えることはもはや無意味ですが、治療を楽観視できる主な理由の1つが迷走神経移植です。この移植によって脳から腸の軸の活動を活性化させることになるからです。また、手術をしなくても迷走神経を刺激できるウェアラブル・デバイスも出始めており、微弱な電気パルスを耳のまわりなど神経が迷走神経と密接につながっている皮膚を通して送られます。

迷走神経は「たった1つの心身が存在している」という概念を支える説得力のある例です。実際に迷走神経は身体的出来事と精神的出来事という両方のメッセージを運んでいる、心臓にとってのライフラインなのです。完全に非侵襲的な(手術のように体を傷つけない)代わりのものが「瞑想」で、ストレス反応を軽減することがすでに証明されています。瞑想を始めたら過敏性腸症候群がよくなったという実践者の事例報告があります。免疫システムのT細胞に脳が直接影響を与えるという画期的な発見は、専門家にとっても驚くべきものでした。医大の教育では常に、中枢神経系と免疫システムを別物として扱います。今では、迷走神経を刺激できるようなライフスタイルの選択はたくさんあるのではないかと考えられています。このことは免疫システムとは単独に働く切り離されたシステムではなく、脳と関連していることを示しており、これによってジグソーパズルの重要なピースがうまく収められるわけです。しかしこうしたあらゆる物理的証拠が、私たちを間違った方向へと導くことになってはいけません。自己治癒は身体的にコントロールされているだけではありません。その鍵となるのは「意識」なのです。

気づきと炎症

気づいていないことを変えることはできません。冠動脈性心疾患を含む多くの慢性疾患にとっての1つの主要な鍵（おそらく究極の答え）は、気づくことが難しいか、気づくことができない「炎症」だと思われます。炎症が心臓内部で起きている場合、初期の影響は顕微鏡レベルの微細なものです。これには医学的な説明が必要でしょう。動脈の内膜の滑らかな部分は内皮として知られています。その滑らかさは表面がつるつるしているからというだけではなく、内皮は動的で活発なのです。たとえば内皮は喫煙の残留物のような、ダメージを与える毒物を阻止する化学物質を分泌します。単なる送水管とは異なり、血管は血流を変えるために膨張したり収縮したりします。心臓病において蓄積されたプラークの硬さは問題ですが、根本的な問題は、一般的には動脈硬化と呼ばれるアテローム性動脈硬化です。

秋になると軒樋《のきどい》に落ち葉がたまるように、冠動脈の内膜に亀裂が入り始めると浮遊していた悪玉コレステロールのかけらが引っかかり、脂肪性沈着物がカルシウム蓄積と小さな血栓とともに徐々に硬化していきます。時間の経過とともに、動脈壁内で悪玉コレステロールを処理するために駆け付ける白血球もまたプラークを増やします（アテローム性動脈硬化は冠動脈に限られるものではなく、全身疾患なのです。脳卒中の可能性は首の頸動脈のプラークと関連付けられることが多いです）。高血圧、喫煙および高い悪玉コレステロール値はプラークの原因として知られています。

しかしそれによって病気が始まるわけではないのです。顕微鏡レベルにおいてアテローム性動脈硬化の最初の兆候は、動脈の筋肉細胞の脂肪線条として生じるように見えます。これら脂肪線条は見たところ赤く腫れており、そこから内膜の亀裂が生じます。脂肪線条がどこから生じるのかはわかっていませんが、従来の予防法がおこなわれる頃には病気が初期段階をとうに過ぎてしまっている可能性が高いように思われます。しかし脂肪線条と亀裂の中間にある、元凶となる炎症に対処することは可能です。実際にわかっているすべてのことを考慮に入れると、これが一番の全システム的アプローチのように思えます。

炎症は、頭から足先にいたるまでの全システム的な問題です。しかし日常生活において炎症を見つけることができない場合、どう対処すべきかをどのようにして知ればよいのでしょうか？　急性炎症（たとえば傷や火傷をした箇所）の赤み、腫れ、不快感とは異なり、低レベルの慢性炎症にはほとんど症状がありません。サイトカインのような決定的な炎症マーカーは、アテローム性動脈硬化になった動脈壁に表れます。気づきが大きな違いをもたらすのはもっぱらストレスの分野であり、十分に裏付けされていることですが、ストレスが炎症を引き起こすのです。

瞑想をすると、脳内の無意識の自律反応のレベルで作用することでストレスが軽減されます。瞑想やその他の手段を通じてさらに自己認識が高まっていくと、全システムを弱いストレス反応にさらし続けるようなネガティブなインプットに気づき始めます。化学的な話は複雑になりますが、ダメージをもたらすような出来事から連鎖しているのは明らかです。

ストレス→炎症→アテローム性動脈硬化→冠動脈性心疾患

もしこうした出来事の連鎖における最初の要因がストレスではなく「自己認識」であったなら、残りの並びは予防可能なものか軽減されうるものとなり、治癒がもっと容易になります。先に職場で自己認識を保つにはどうすればよいか、何点かのアドバイスをしました。しかし自己認識はあらゆるタイプのものごとによって阻害されうるのです。職場を例にとってみましょう。

・締め切りのプレッシャーは慢性ストレス状態を誘発します。私たちはそれを阻害することによって適応し、最終的にはそれを常態にさえしてしまうのです。しかし私たちの細胞はこの阻害メカニズムを持たず、徐々にダメージを受けます

・心拍変動は、典型的な仕事の日にあるような絶え間ない要求から害を受けます

・現代のデスクワークは、何時間もコンピュータの前に座る仕事が多く、筋緊張を弱体化し、肥満の蔓延に拍車をかけます

・ルーティンワークにおける繰り返しは、心を鈍らせ、憂鬱な気分を作り出します
・職場の人間関係での緊張は、恨み、怒り、嫉妬《しっと》、不安を生み出し、解消されないまま結局は目をつぶらされることになります
・表に出ないネガティブな感情や緊張が、脳、心臓、腸の間を迷走神経に沿って伝達され、胃がキリキリ痛んだり、腸が過敏になったり、便秘になったり、その他の炎症の兆候としてしばしば機能低下が生じます

こうした職場でのストレス要因が「正常」だと思われている生活が、いかに自己治癒に反したものであるかを示す典型的な例となっており、また同様のストレス要因は職場の外、つまり家庭においても存在するのです。しかし機能障害のペースがどれほどゆっくりであろうと、全体的システムは毎日少しずつ着実に蓄積していくという代償を払っているのです。あなたが出勤する際は、あなたの中の50兆の細胞も一緒に職場に連れて行くことになるわけで、その細胞たちのウェルビーイングが、結局はあなたのウェルビーイングを決定するのです。

炎症は大部分が目に見えない細胞レベルで生じている複雑な問題ですが、ストレス反応は日常生活においてコントロール可能なものです。皮肉なことにこれこそが、ほとんどの人が最もおろそかにしてしまっている要素なのです。食事や運動でのライフスタイル改善はおこなう一方で、ペースが速くて要求の多い生活を送っていることが問題の核心なのです。私たちのヒーリングの旅の次なるステップは、ストレスと自己治癒反応が最も深いレベルにおいてどのようにつながっているかを見ていくことです。

05

高速回転しすぎの状態から抜け出す

「ストレス」という言葉が定着してからもう何十年も経ちますが、ストレスを本当に理解している人はほとんどいません――そしてそれも仕方ないことなのです。次のうち、あなたがストレスを感じるのはどれでしょうか?

□離婚する
□宝くじが当たる
□休暇に出かける
□出産する

正解は「これらすべて」です。ストレスとは「体のストレス反応を引き起こすエネル

ギー」と定義できます。心理学的には、ストレスとは未来への不安か過去に対する後悔が呼び起こされるたび生じるものです。ひどい離婚はネガティブな出来事で、宝くじに当たることはポジティブな出来事としてレッテルを貼られがちですが、低次脳はそのような受け止め方をしません。低次脳、つまり爬虫類脳《はちゅうるいのう》は、地球上に生命が誕生した初期段階から進化の結果として受け継いできたもので、先祖より伝わる闘争逃走反応を司ります。出産から失業、うつ病の家族歴からラスベガス旅行での散財にいたるまで、日々の経験の幅広い領域がストレスになりえます。専門家は、ストレス要因が幸せな出来事である場合を指して「よいストレス（eustress）」（ギリシャ語の接頭辞「eu」は「よい」「健康な」という意味を持ちます）と呼びますが、これもまたストレスなのです。

自己治癒するヒーリング・ライフスタイルでは、私たちは時間の経過とともに蓄積するストレスに対処しなくてはなりませんし、その蓄積は目に見えず非常にゆっくりと起きるために、ストレス管理と人生の管理との間にさほどの違いはありません。たとえば出産は喜ばしいことですが、赤ん坊を育てるのはきわめて強いストレスになると新米ママたちが訴えるのは驚くことではありません。私たちは、よいストレスにも悪いストレスにも適応します。そうしなくてはならないからです。赤ん坊は両親にとって身体的にも精神的にもストレスになるという負担にもかかわらず、大切に育まれる必要があるのです。

全システム的アプローチの観点からすると、ストレスを我慢するだけでは十分ではありません。新米の両親は、赤ん坊はいずれ夜泣きをしなくなり、むずからなくなり、魔の2歳児でもなくなる、と経験者たちから言われます。すべて真実ですが、常に何かストレスを受けるものごとがあり、人生とは概してそういうものです。よって、ストレス対処には2つのことが含まれます。1つはシステムから古いストレス要因の残留物を排除すること、もう1つは新しいストレス要因の影響が耐えがたいものにならないようにすることです。どちらのステップも、人生を管理するにあたって重要な位置を占めています。

急性ストレスに対処する

何の前触れもなく襲いかかってくる出来事というものがあり、そんなとき私たちは急激なストレスに直面することになります――これが「急性ストレス」として知られるものです。仕事をクビになる、というのは1つの例で、失業することがどれほど大変なことになりうるかは誰もが想像でき、それを恐れる人は大勢います。私たちはまた、こうした危機に対処する際に自滅的な方法をとる人々がいるということも経験しました。一定数の人々は、時が心の傷を癒やしてくれることを願いつつ単に引きこもり、気晴らしを求めます。たとえば精神医学の研究によると、急性ストレスに直面した場合の最も一般的な行動は、いつもより長くテレビを見る（今では常にビデオゲームをやるということに取って代わられるでしょう）ことで、これは仕事をクビになった年配のブルーカラー労働者の間で特有の現象です。またこうした行動は50歳以上の白人男性の薬物依存症率の増加や自殺の急増といったことも招くため、気晴らしだけでは明らかに急性ストレスに対する有効な防御にならないわけです。

あなたが人生においてつらい破局や重症になる可能性のある病気と診断されるといった急性ストレスに見舞われたとき、ある程度の引きこもりや気晴らしをするのは自然なことですし、よいことです。時間が完全な自己治癒をもたらすわけではありませんが、混乱した感情に落ち着きを取り戻させてはくれます。ほっとできる食べ物を求め、気持ちを飲み込んだり押し込めたりすることは、しばらくの間は感情的に理にかなっています。しかし最終的には、積極的な自己治癒が起きるような方法で急性ストレスに対処する必要があります。さもなければ、持続する心の傷、悪い記憶、低い自尊心、およびその他のダメージを引きずることになるかもしれません。

自己治癒への道は、実は子どもを持つという状況で示されています。出産をすると、母親の脳はより高濃度のドーパミンとオキシトシンを作り出します。これら2つの化学物質は、気分の高揚や多幸感とさえ結びつくものです。人が経験するどんな快楽や報酬にも当てはまりますが、1回経験すると再びそれを欲するようになります。ベイラー大学のレーン・ストラサーン主導のもとで2008年におこなわれ『ペディアトリクス』誌に掲載された研究によると、出産した母親が赤ん坊を見た瞬間に喜びを経験するとき、コカインで活性化されるのと同じ脳の領域が活性化されるのです(この場合はナチュラルハイですが)。興味深いことに、赤ん坊に対して自信と安心を感じられる母親は、赤ん坊の顔が機嫌よさそうでも悲しそうでも、脳内シグナルを測定すると快楽として表れました。対照的に、新生児に過度にストレスを感じている母親は、赤ん坊が泣くと苦しみや嫌悪と結びついた脳の部位が活性化しました。母親のストレスレベルは、子どもとの関係性や子どもの脳の発達の仕方に大きな影響を与えうるものだということがわかったのです。

新生児誕生の際に起きるストレスは、簡単に消えるものではありません。1年以上にわたって両親ともに大変な生活を送り、疲労、ピリピリした気分、不眠、思うようにできなくなる感覚といった急性ストレスの典型的な兆候が表れます。ストレス研究の専門家によれば、人生において予測不可能なことが増え、制御不可能と感じることによって急性ストレスはさらに悪化するということです。失業すると、定期的な収入やよい仕事をしているというプライドがどのように反転し、プライドを感じられるような達成もなく、未来もどうなるかわからない状況になってしまうだろうことは容易に見てとれます。しかし赤ん坊を持つということも同様の側面を持つのです。幼い子どもの健康状態は予測不可能で、赤ん坊がいつ緊急なケアを必要とするか、両親が制御できることではありません。

新生児の親の中には、こうした状況への対処が上手な人々もいます。次に、そのような人々はどう対処するか例を挙げてみました。

急性ストレスへの「初歩的解決法」
～鍵となるのは、誰もが頼れるさまざまな対処メカニズム～

□十分な休息と睡眠をとる
□１人で静かに過ごす時間を毎日作る
□外に出て自然と触れ合う
□活動的な生活を送る――状況に縛りつけられないこと
□義務や責任を背負い込まない。手遅れになる前に助けを求める
□規則的な日常を送る――それが想定外の出来事を相殺する助けとなる
□セルフコントロールできていると感じられるような活動を見つける
□自分の感情を共有でき、判断せずに聞いてくれる親友を見つける
□自分が対処できる以上のことを引き受けたり、自分を犠牲にしたりしない
□被害妄想したくなる衝動を鎮める
□自分を孤立させない――社会的活動を維持する

□共感し、前向きな支援をしてくれるような、同じ状況にある人々とつながる
□自分を裁かない。感情の浮き沈みがあるのは当然だと受け止め、自分に厳しくしすぎない
□喜びを感じられそうなときは、しっかりと味わう

赤ん坊の誕生は非常に喜ばしいことなのでストレスに対抗するポジティブな側面があることは明らかですし、容易にアクセスできます。離婚や突然の失業といった場合は同じようにはいきませんが、たとえそうであっても重要な点は、先ほど説明した対処行動を発展させていくことによってうまく対応することが可能だと気づくことです。これは意識的な自己認識プロジェクトなのです。あなたの生来の反応だけではプロジェクトを成し遂げることはできません。

もし急性ストレスを誘発するような危機に直面したら、以下の手順をとってください。

1. 危機から抜ける道のりについて毎日記録をつけ始める
2. その日誌には先に紹介した対処メカニズムをリストアップしておく（各ページの見出し部分に1つずつ書いてもよい）
3. それぞれの対処行動に対して、自分がすぐにできることを書き出す
4. 対処メカニズムがうまく作用し始めたら、うまくいったことを毎日続ける

こうした対処メカニズムはどれも複雑ではなく、そのほとんどが読んで字のごとく説明を要しません。しかし急性ストレスは非常に強い混乱を生じさせるため、私たちの気づきを狂わせてしまいます。あまりにも長い間孤独でいたり、犠牲者を演じていたり、感情を抑圧し続けることによって、恐怖や不安を優勢にさせるといった、深いところでは自滅的だとわかっているようなことをしてしまうのです。

自分を支えてくれる人がいると感じる人々は、そう感じていない人々と比べて狭心症になりにくいということについてはすでに述べました。感情面でのウェルビーイングと心臓の健康が関連していることは否定できませんが、体を含むあらゆるレベルでの健康とウェ

ルビーイングを脅かす急性ストレスに直面した際にも同様のことがいえます。しかし人生において急性ストレスを作り出す状況は、たいていの人には一時的なものであり、めったにないことでもあります。ここで私たちは認識されている以上に害をもたらし、その害は正体を知られることなく長い年月にわたって壊滅的でありうる、目に見えないタイプの日々のストレスにまで議論を広げる必要があります。それが隠れた元凶である「慢性ストレス」です。

慢性ストレスと「交感神経の興奮状態」

あなたは人生において、日々の小さなストレスにどう対処していますか？　ほとんどの人が、現代社会のほぼ全員を悩ましているストレス要因、とりわけスピードの速さ、長い労働時間、交通渋滞や通勤時間などの避けられない苛立ちといったストレス要因について不満を感じています。私たちは、そうしたストレス要因を受け流して適応するという傾向があります。私たちは人生がスピードアップし続けることを軽く受け止めています（インターネットやスマートフォンなどを使うと、さらなるスピードアップが求められます）。

私たちは交通渋滞のイライラや、空港などでの長い待ち時間から気をそらすために音楽を聴いたり、出世するためには仕事のプレッシャーも必要であると受け入れたりします。

人間の適応力は奇跡的ですが、ストレスマネジメントにおいて専門家および医療従事者が「一般的に身体的ストレスと外的ストレスという2つの要因が最も重要である」と焦点を絞った当初から方向性を誤りました。この2つのストレスは密接に関連しあっているというもので、その理論とは「何らかの外的出来事が身体的反応の引き金となり、その相互作用の中でストレスにまつわる主要な問題があらわになる」というものです。よって、もしあなたが銃声を耳にし（外的ストレス要因）、即座に鼓動が速まるのを感じたら（身体的反応）、典型的なストレス反応が引き起こされたというわけです。まさしく、このパターンはきわめてありふれたものです。離婚を経験する、宝くじに当たるといった非常にストレスがかかる一連の外的出来事については先にもう述べました。

しかし全システム的観点からすると、まだ話は半分も語られていないのです。なぜなら主観的出来事である内的世界もストレスを作り出すものであると同時に、ストレスの影響を治癒するための源でもあるからです。病院での手術という、非常にストレスがかかる出来事について考えてみましょう。身体的側面において、ストレスがかかる出来事とは医療自体のことですが、その他のストレスが精神的・感情的な影響を与えているのです。それは次のようなものです。

・手術の結果について心配すること
・期待しすぎる・期待しなさすぎること
・医療を信頼する・信頼しないこと
・病院環境への違和感
・日常的な習慣が乱されること
・厄介で恥ずかしい、刺されたり突かれたりすること
・自分に起こる出来事をコントロールできない
・未来に対する不安
・これから先、家族全体がどうなるのかという恐怖

非常に多くのことが、真っ先に認識されるべきこうした要因によって決まります。外科医にとっては、病気になった心臓や肝臓や脳の治療を首尾よく実施するかしないかのどちらかしかありません。しかし治療後の経過において、目に見えないストレスやそれにどう対処するかについて言及されることはほとんどないのです。

瞑想やマインドフルネスの実践を含むストレスへの内的アプローチがストレス軽減に非常に効果的であることがわかったので、標準的な人がストレスに対処するには内へと向かうことがよいと考えるのが妥当でしょう。しかし瞑想とマインドフルネスが普通の欧米人のライフスタイルに深く浸透したと信じるのは行きすぎかもしれません。それはなぜでしょう？　瞑想とその恩恵についてはメディアでもたくさん取り上げられてきましたし、ネガティブな意見は着実になくなりつつあります――瞑想が東洋の奇妙な秘教の修行だと考える人は今ではほとんどいません。瞑想やマインドフルネスを取り入れることへの抵抗は、瞑想を拒むだけでなく、概してヒーリング・ライフスタイルをも拒む古い慣習や考え方に縛られた生き方であることを示しています。

私たちのほとんどが、自分が自分に与えているダメージを見ようとせず、実際に自らを過活動状態に置いています。これはどんなことを意味しているのでしょうか？　生理学的な言葉を使えば、最も参考になるのが神経システムです。神経システムは私たちが常にたちもどる点ではありますが、二重統制のもとで体がどのように作動するかを示す最善の例なのです。あなたが考える必要のないプロセスは自律神経システムによって処理されています。自律神経システムを一般的な言葉で説明すると、かつては不随意神経系として（いささか誤って）言及されていました。本来、自律神経システムは臓器の機能をコントロールします。かつて「不随意」という言葉は完璧に意味をなしていました。なぜなら心臓、胃および消化管をコントロールする神経は、私たちの自発的な協力を必要としない機能を監視しているからです。心臓に鼓動を打つのをやめろとか、小腸に食べ物から吸収するカロリーをもっと減らしてくれなどと命じることはできません。

しかし自律神経システムをコントロールすることができないという考え方は、誤解を招く恐れがあります。というのもこの神経システムは、かつて考えられていたよりも私たちの願望、感情、思考、その他の精神活動によって適応できるということがわかったからです。自律神経システムは「交感神経系」と「副交感神経系」として知られる2つの部分に分かれています（ここでもこうした言葉は誤解を招きます。なぜなら「交感［sympathetic］」という表現は、他者に対する「共感［sympathy］」とは異なるからです）。交感神経系の基本的な機能は、ストレス反応である闘争逃走反応を伝えることです。たとえ闘争逃走反応が生じる場所が低次脳であったとしても、脊髄から広がり、この反応が起こるあらゆる箇所を活性化させ、体中の神経の全ネットワークに伝わるのです。

闘争逃走反応には、瞳孔《どうこう》拡張、汗の増加、心拍数増加、血圧上昇など、非常に多くの要素が関わっています。同時に消化機能が一時停止し、代謝作用は促進され、筋肉は嫌気的、つまり酸素の介在を伴わずに活動し始めます。これらは一時的なもので、緊急措置にすぎません。進化しても、私たちは常時ストレスに反応する能力を身につけることはありませんでした。おまけに本格的なストレス反応が誘発されると、それを覆せるものはほとんどありません。なぜならコルチゾールやアドレナリンのようなホルモンが分泌され、これらが細胞膜上の特定の受容体を捉え、細胞内で一連の制止できない事象を引き起こすのです。たとえば骨髄では、慢性ストレスが免疫細胞に炎症を起こします。これは遺伝子レベルにおける変化によって始まるプロセスです。もしうるさい隣人といった、ある特定のストレス要因が毎日あるとしたら、心臓病、がんおよびその他の疾患を招く慢性炎症が生じるかもしれません。幸運にも、ストレスに反応する際の細胞内のこうした有害な変化は一時的な場合もあります。この状況からすると、たいていの人は過活動状態であるというよりも「交感神経の過活動」というべきでしょう。なぜなら、あまりに多くの要求が交感神経系に対しておこなわれているからです。あなたが闘争逃走反応を経験すると、オン・オフのスイッチがあるメカニズムのように感じられます。その兆候は、猛烈で明白なものです。

大道芸のマジックをテレビか生で見たことがあれば、マジシャンがトリックをおこなう際に、誰かの耳の後ろからトランプのカードを引っ張り出すにしろ、誰かが思い浮かべているランダムな数字を当てるにしろ、多くの見物人は実際に退散します――彼らは笑っているかもしれませんが、交感神経系はジョークを笑って受け流すことができず、一瞬でもその場から逃げるよう強制するのです。

それでも現実においてストレス反応は変動的に働き、交感神経系は時間の経過とともにさまざまな悪影響を生み出すような低レベルの状態へと陥りかねないのです。

ほとんどの人が認識できないことですが、交感神経が興奮状態にあると人は日々弱っていきます。次にある女性に関する物語で、その問題について説明してみます。仮に彼女の名をマーラと呼びましょう。マーラの人生は、悲惨なものでも、苦難に満ちたものでもありませんが、多くの人が知らないうちにどれほど自己治癒から離れた生き方をしてしまっているかということのよい例となっています。

マーラの場合：徐々に受ける目に見えないダメージ

マーラは40歳で、社会的な成功も収め、不満とは無縁の人生を送っています。早いうちから自分の賢さに気づき、学業的にも優れ、アイビーリーグの大学を優秀な成績で卒業しました。これは1990年代半ばのことで好況に活気づいた多くの若者の例にもれず、彼女も金融の世界に入り、大手銀行のよい職に就きました。人生は計画どおりに展開し始めていました。

「非常に高収入で、私は出世の道を突き進んでいました」。マーラは当時を振り返ります。「その対価は仕事に完全に没頭することでした。すべての知人がそうだったように、毎週職場で最低60時間は過ごしました。家にも仕事を持ち帰り、時には週末も出勤しました。

率直に言って、私はそんな生活が楽しかったのです。ストレスを生きがいにする人がいると聞いたとき、『それは私のことだわ』と思ったものです」

マーラは自分が選んだキャリアが実はどれほど競争的なものであるか気づいた後も、これまでと変わらぬ態度をとりました。友人関係も、まもなく銀行の同僚（若くて、野心的で、一緒にいると刺激的な人々）だけになりました。彼らは皆、勝者になることを決意していました。こうした人々とは別に、彼女はフランクという男性と付き合い始めました。フランクも銀行員で、夜間に法律のスクールにも通っていました。

「フランクには成功への強い意欲がありました」。マーラは言います。「頭が切れて愉快な人でもありました。彼は人を品定めして、必要であればその人に身の程を思い知らせるようなこともしました。私たちはすばらしいチームのように思えました」

ライフスタイルも目標も似ていたので2人の付き合いは真剣なものに変わり、一緒に住み始めました。仕事重視だったので、少なくとも30代になるまでは子どもは作らないことにしました。

5年後に話を進めましょう。マーラは30歳で新しい恋人と付き合い始めました——フランクと過ごした3年間を振り返ると、2人はたぶん似すぎていたのでした。2人ともエゴが強く、けんかが多く、引き下がることが嫌いでした。しかし最終的に破局の原因となったのはお金のことでした。マーラの稼ぎがフランクよりも多くなり始めると、彼は不機嫌になって彼女をけなす理由を探しつつ、さらに支配的で攻撃的にふるまうことで埋め合わせようとしました。

「彼が出ていくことにしたとき、私はさほど動揺もしませんでした」。マーラは言います。「どちらにしても、彼が誰か他の女性を探しているのではないかと思っていたのです。私は別れてすぐに気を取り直し、それからほんの2、3か月後にジェイソンと出会いました。彼は野心的ではなく、金融とは別世界の仕事をしていました。フランクが自己中心的でピリピリして怒りっぽかったのに対し、ジェイソンは優しく、面倒見がよく、競争的ではありませんでした。まったく正反対なその性質に気づくと、私も容易に変化できました」

マーラのキャリアはまだ前進し続けていましたが、同レベルの男性が自分より先に出世していることに気づいていました。他にもさまざまな性差別のために仕事はますますやりづらくなっていきましたが、彼女は仕事がよくできました。彼女はまた、運動（今では定期的にジョギング）と体重管理という、20代の頃のライフスタイルにはまったく存在していなかった2つのことに注意を向け始めました。

40代に話を進めましょう。マーラはジェイソンと結婚し、今では4歳の娘がいます。産後3か月間の産休をとり、マーラはまた仕事に戻りました。彼女はジェイソンとの関係を心地よく感じていましたが、衝突を起こす領域もありました。具体的に言えば、ジェイソンは自分が受動的であることを認めており、時に大げんかをした後に子どもを保育所に迎えに行くことを「忘れる」といった、マーラが「受動的な攻撃」と考える行動をとります。2人の結婚における力関係により、好まざるもマーラは攻めの役割をとり、ジェイソンは「本当は何を考えているのか教えてほしい」とマーラに1000回お願いされたとしても、緊張感を覚えると無言になりテレビを見ているという生活でした。

「見回すといろいろ完璧ではありませんが、私は仕事では完全な達成者を目指し、家庭ではよき妻・よき母であろうとするスーパーママ症候群に陥っていたのでしょう。まぁまぁうまくいっています。私より大変な人は大勢いるのですから」

彼女の人生には自分でも認識していなかったポジティブな側面が他にもありました。

マーラはとても丈夫で、基本的に20歳のときと変わらぬ健康を保っています。がんの恐れがあったことも、更年期症状もなく、エストロゲンのおかげで心臓病にならずに済んでいました。ジョギングは妊娠で中断して以来していませんが、妊娠中に増えた体重を減らすために断続的にダイエットを試みています。感情的に成熟するにつれ、責任ある愛情深い親として子どもを育てることはもちろん、夫婦関係における感情の浮き沈みも前より上手に扱えるようになっています。

ではどこに問題があるのでしょうか？　似たような生を送り、何の問題もないと感じている人は何百万といるでしょう。しかし私たちが自己治癒するヒーリング・ライフスタイルについてこれまで発見してきたことを考慮に入れると、マーラはそれを実践してはいません。今の人生のどのような場面で目に見えない亀裂が生じうるか、その洞察を得てもらうために次にリストアップしていきます。

「普通」のライフスタイルがどのようにして自己治癒を阻害するか

・「喪失と失敗への恐怖」と「達成と成功への欲求」を抱えつつ、日々の活動が仕事中

心にまわっている

・自尊心が「出世すること」や「他者より優位である」といった外的基準の上に築かれている

・外的なことばかりに焦点を当て、人生を表面的に生きている。外的要因が整えば整うほど内的生活がついていけなくなる

・感情的な欲求を二の次にしているか、正直に向き合っていない

・低レベルの慢性ストレスに対して、ほとんど或いはまったく注意を払っていない

・恋愛関係がルーティンとなり、マンネリ化してしまっている

・身体活動や自然との関わりが徐々に減り始めている。いつも座っていることが多くなっている

・家族や仕事からの絶え間ない要求や義務という重荷のために、自分が秘めている可能性の高次なビジョンが描けていない

・健康問題には一時的、もしくは断続的にしか注意を払わない。ほとんどの場合、実際の症状が表れるまでほぼ何もしない

ここに挙げたものは私たちを交感神経の興奮状態においているものではありますが、私たちが当然だと考えている（或いは何とか我慢している）ショッキングな一覧で、いずれの項目もストレスとなりえます。それはつまり、ストレスは私たちが考えているよりもずっと大きい問題だということです。簡潔に言えば、全システム的観点からすると、実はネガティブな選択にポジティブな価値を置く人が非常に多いということです。

さて、あなたの今の立ち位置はどこでしょうか？　心身システムは適応力があるため、自身のストレスを測るのは難しいことです。ストレスが与えているダメージが露呈しているようには見えないまま何年も過ぎていきます。ストレスの専門家は、次から次へと起こるストレスには3つの段階があることを認めています。最初の段階は、心理的影響を露呈します。次の段階は、行動的影響です。そして第3段階は身体的影響です。次にそれぞれをまとめてみましょう。あなたにダメージを与えているストレスの兆候があるかどうか、それぞれのカテゴリーを読んでください。

ダメージの3つのレベル

①心理的・神経的ダメージ

心理的・神経的ダメージは、精神的な疲れや仕事の締め切りのプレッシャーといったささいなことで始まります。「ストレスで疲れ切っている」というとき、それは一般的にエネルギーが枯渇したことを意味しており、うつ状態だったり、不安だったり、もしくはパニックにさえ陥っているといった精神的状態を隠していることもあります。脳が影響を受けているため正常な睡眠リズムが阻害されたり、ラリー・ドッシー博士が言う「時間病(time sickness)」の状態である「時間が足りない」という思いにつきまとわれたりします。精神的疲労があると、決断を誤ったり記憶力が衰えたりしますが、一般的に問題なのは、焦点を当てる力、つまり集中力が失われることです。感情的には、ストレスは私たちを幼児退行させ、怒り、苦悩、苛立ちが爆発しがちになります。ストレスが増えれば増えるほど、私たちのネガティブな感情はますます爆発しやすくなります。

②行動的ダメージ

行動におけるネガティブな変化は「仕事」と「恋愛」という2つの主な分野で起きることが多いものです。ストレスの多い仕事は、社内ゴシップから仕事後に飲みに行くことまで、あらゆる種類の行動に私たちを反応させます。ストレスが高まるにつれて酒量も増え、気晴らしへの欲求も強まります。必然的に、仕事が終わっても感情を家に持ち込み、家庭内でいさかいが起きやすくなります。「なおざりにされている」「不当な扱いを受けている」「無視されている」などと感じる配偶者は、ストレスに起因する行動的ダメージの矛先になっていると考えられます。睡眠が妨げられることも多く、慢性不眠になることもよくあります。さまざまな悪影響からの仕事のストレスを解消したり、正常な感覚に戻る方法を見つけたりするために、睡眠薬や他の薬に依存するようになることもあります。

③身体的ダメージ

体がストレスに完全に適応できないとき、予期せぬ悪影響が起こります。たいていの人が身体的疲労を感じるでしょう。胃痛、消化不良、頭痛が起こりやすくなります。また、免疫反応も低下して風邪をひきやすくなったり、アレルギーが悪化したりします。その後、問題はあらゆるところに影響を及ぼしうる「炎症」と結びつけられることが多くなるでしょう。ある人は皮膚の発疹《ほっしん》が出るかもしれませんし、またある人は過敏性腸症候群になるかもしれません。しかし心臓発作や脳卒中を起こす人もいるのです。この段階になるまでには、ストレスで生じたダメージは、深刻な全身衰弱につながっています。

ストレスは脳内で「視床下部―下垂体―副腎《ふくじん》（HPA）軸」と呼ばれる特定の神経ネットワークを刺激します。HPA軸の亢進《こうしん》（高ぶり）は、副腎でグルココルチコイドとして知られる特別なホルモンの産生過剰を招きます。グルココルチコイドは正常な脳の発達に必要なものですが、急性ストレスがあると亢進します。妊娠中のストレスの研究によって明らかになったように、グルココルチコイドが上昇すると逆効果が生じ、神経毒性の原因となりえます。母体には、ストレスホルモンが胎盤を通して胎児へと伝えられることを防ぐ天然のバリアがあります。ストレスの多い妊娠においてはこのバリアは通過されてしまうようで、その結果として正常な脳の発達と機能の阻害という深刻な状態が生じます――

グルココルチコイドを妊娠したラットに投与すると、その子どもは正常に成長しませんでした。

「母親を慢性ストレスにさらすような問題のある妊娠は、細胞レベルおよび遺伝子レベルにおいて広範囲にわたる影響を及ぼしうるのではないか」と、過去には考えられていました。人間の場合、胎児の脳内でグルココルチコイドが過剰になると、ドーパミン濃度に直接的な影響が及び、それは先に述べたように報酬や快楽を求めることに関与するものです。出生前のストレスもまた、幼児からの成長の過程における学習障害、薬物を乱用する可能性の高まり、そして不安神経症やうつ病の増加といった悪影響を与えることになるかもしれません。また母体のストレスも、生後6か月、5歳、10歳、それ以降大人になるまでといったように、子どもの異なる年代におけるＨＰＡ軸亢進と関連しています。不穏なことに、動物の研究でこうしたグルココルチコイド値の上昇は、次の世代やその次の世代へと遺伝的に残るようです。

私たちは皆さんに危険を知らせようとしてこうした情報を提示しているわけではなく、単に低レベルのストレスは文明病と呼ばれるにふさわしいということを示したかっただけです。いたるところに伸びている触手があっては、その影響から免れることができる人などいません。慢性的なストレスはこれほど広がっているにもかかわらず、悪い方向に向かわせる可能性のあることをあまりにもたくさん引き起こしてしまうというジレンマがあります。専門家は、日々のストレスがもたらす予期せぬ結果に対処できるような救済方法を何一つ見つけてはいません。こうした状態を「ヒーリング・ライフスタイル」がどのように改善させることができるか見てみることにしましょう。

全システム的な回答

全システム的な答えとは、「気づき」というものに重要な役割を持たせることであると言ってもよいでしょう。慢性的なストレスがもたらす最初の悪影響は心理的なものと神経的なものであるため、ここがヒーリングの始まる地点でもあるのです。ストレスを我慢して、自分をストレスに適応させることはよい戦略ではないということはすでに述べました。あなた自身は適応していると考えていても、あなたの細胞も適応しているというわけではありません。夜勤中の労働者がよい例です。長時間の夜勤は、体の24時間周期の生体リズムを狂わせます。結果として、最も明白な弊害は質のよい睡眠が失われることです。よく知られていることですが、脳は、夜に眠らないというスケジュールに完全に慣れることは決してないのです。しかしさらに調査を進めると、夜勤労働者は7つの意味でリスクがあるということがわかりました。

(1)糖尿病になるリスクの増加
(2)空腹感や満腹感に影響を及ぼすホルモンバランスが乱れるため、肥満になる可能性が増加
(3)乳がんのリスクの増加
(4)心疾患リスクに影響を及ぼしうる、代謝の好ましくない変化
(5)心臓発作の可能性の増加
(6)職場での事故が起こる可能性の増加
(7)うつ病になるリスクの増加

つまり睡眠が空腹感や満腹感と関連しているように、他の生体リズムとの関連が判明しているある1つの生体リズムにおいて、あまりに乱れが生じたために全システムが影響を受ける可能性があるということです。また、夜勤をやめるといった明白な解決法をとったとしても、長年にわたって夜勤をおこなっていた場合、そのダメージを回復させるには十分ではないかもしれません。

すべての人にとっての基本的な教訓とは、ストレス要因は切り離されたものではないということです。包括的な行動や態度が、非常に広範囲に悪影響を及ぼす可能性があります。たとえば空港であなたの乗るはずだった便がキャンセルになったとしましょう。その航空会社は別の便を飛ばすでもなく、あなたが乗れる便が到着するまで5時間待たなくてはならないと告げます。航空会社の不当な扱いに従う以外に選択肢はなく、乗客は受け身に座って待っているように見えます。しかし多くの人の心の中で、心配、不満および悲観といった反応が起きるでしょう。すべてが自滅的なものです。

「心配」とは自分が誘発した不安です。それは何の解決にもなりませんし、もっとポジティブにものごとを扱うという可能性を阻害します。

「不満」は緊張と怒りを増幅します。不満は敵意の表明であり、他者もまた敵対的にふるまうことを助長します。

「悲観」は状況が絶望的であるという幻想を誘発します。実際はそうではないのに、悪い結果がいつも現実になることを期待するという信念を助長します。

もし自分がこのような行動や態度のうちいずれかをとっていることに気づいたら、あなたはストレスに適応していると信じて自分をごまかしているのです。しかしあなたの体がそれを経験しているとき、あなた自身がストレス要因になってしまっています。それは外的出来事（たとえば飛行機のキャンセル）がストレス反応を引き起こす前に、必ず内的解釈を通過するからです。失業といった危機とは異なり、飛行機の遅れは日常的な慢性ストレスのカテゴリーに属します。つまり、どう反応するか自分で選べるということです。「心配」「不満」「悲観」は無意識の反応です。そうしたものにとらわれている人々は、定位置に固定された古い反応を見直したりしないために、その犠牲者となっているのです。

飛行機のキャンセルにうまく対応できる人々もいます。急性ストレスへの「初歩的解決法」を示したように、ここでは日常で遭遇するような低レベルのストレスに対処する「空港的解決法」なるものを提示しましょう。

慢性ストレスへの「空港的解決法」

◎**ストレス要因から自分を切り離す**：読書をしたり、1人になれる場所を見つけたりしてストレス要因から離れます

◎**自分の中心に集中する**：目を閉じて瞑想することにより自分の中心につながります

◎**活動的であり続ける**：たとえば空港ではガックリして椅子に座って待つのではなく、歩き回ったりして活動的で居続けます

◎**ポジティブな気晴らしを見つける**：買い物をする、マッサージチェアを利用する、レストランに行くなどして気を紛らわせます

◎**感情面での支援を求める**：友人や家族に電話をして話をすること（たとえば遅れる旨を伝える電話など）で感情的サポートが得られます。鍵となるのは、30分は続けられるような「あなたの人生において意味のある誰か」との会話です

◎**必要であれば逃げる**：もし航空会社の対応があまりにもひどかったら、予定を変更して

帰宅することで心理的プライドを保ちます（もちろんこれは常に実現可能というわけでもなく、お金がかかることかもしれませんが）

これらはすべて「心配」「不満」「悲観」といったネガティブな反応とは反対のポジティブな適応方法です。これらのことは、ものごとを受動的に受け入れることが正解ではないということに気づかせてくれます。「我慢しなくてはいけない」という考えが優勢なときにストレスが生じます。たとえば飛行機のキャンセルはあなたがどうこうできるものではありませんし、何の前触れもなく起こりうることです。したがって飛行機のキャンセルというのは「ストレスを悪化させる」「予測不可能性と制御不能」という2つの状況が合わさったものなのです。

本当にやりたいことや瞑想、友人や家族と会話、買い物などをすることによって、あなたが直面している状況は「運の悪さ」ではなく「ストレスがかからないこと」であると解釈し直し状況を好転させるという選択肢があります。状況を好転させることに熟達してくれば、慢性ストレスはひどくなる前に抑えられます。古代中国の水責めのように一滴一滴あなたの体に影響を与えるようなプロセスを終わらせることができるのです。

「空港的解決法」で適用したこの解決法は、交感神経の興奮状態から抜け出すための戦略です。どんなことが起きているのか生理学的に説明しましょう。交感神経系は、副交感神経系として知られる正反対の反応をするまったく別の神経系によってバランスが保たれます。副交感神経は、緊張ではなくリラクゼーションをもたらします。自然は、交感神経系と副交感神経系を拮抗《きっこう》する存在として設計しました。交感神経系の一時的で劇的な活動は、副交感神経系の持続的でバランスのとれた活動によって相殺されます。

慢性的なストレスがあると交感神経系は常に警戒態勢でいることが求められ、正常な状態から逸脱してバランスが崩れ始めるまで続きます。同時に副交感神経系のリラックスした正常な状態が阻害されるか、もしくは退《しりぞ》かされます。交感神経の興奮状態から抜け出すには、副交感神経系側を強化しなくてはなりません。これには意識的な選択をおこなうしかありません。それぞれの機能に任せておくと、ライバル同士は常にそれぞれがおこなっていることをし続けることになるでしょう。ストレスの影響がなければ交感神経と副交感神経は自然にバランスをとっていき、自動的に調整されます。それは自動制御のようなものです。しかし比喩的《ひゆてき》に言えば、ストレスというのは壁に一定の圧力をかけ続け、崩れ落ちるまでそこにもたれかかっているようなものなのです。

ヒーリング・ライフスタイルに適応させてみると、次のように「空港的解決法」を毎日活性化させる必要があります。

◎ストレス要因から自分を切り離す：休憩時間や、1人になる時間を必ず作りましょう。

◎自分の中心に集中する：瞑想をおこなってください。これは最も望ましい方法です。もしくは少なくとも1日の中で時間を見つけて静かな場所で目を瞑《つむ》り、リラックスして自分の中心に集中できるまで深呼吸してください。「職場でマインドフルになるために」のところですでに述べましたが、最もよい呼吸テクニックは4つ数えながら息を吸い、6つ数えながら息を吐くことです。

◎活動的であり続ける：1日中立った状態で動き回ることは、自律神経系の主要経路の1つである迷走神経を刺激します。ヨガはさらに刺激となり、交感神経の興奮状態から副交感神経の活動を高めてくれます。

◎ポジティブな気晴らしを見つける：この場合の「ポジティブ」という言葉は、「あなたを幸せにするもの」という意味です。幸せになる時間を作ることは全システム的戦略ですが、表現が無味乾燥で抽象的ですね。幸せとは、ストレスの多い状況から自己治癒する状況へ変化させるための賢者の石です。心理学的な表現を使うと、幸せな人生を築くための最善の道は、幸せな1日を築くことなのです。

◎感情面での支援を求める：現代社会はますます孤立化しています。インターネットやビデオゲームが問題を加速させる以前もこの状況は存在していました。感情的な絆に取って代わるものはありません。また幸福を研究するとほとんどいつも1つの結論に集約されるのですが、最も幸せな人というのは1日のうち1時間、もしくはもっと長い時間、最も大切な人々である家族や友人と対面、もしくは電話などで接しているということです。

◎必要であれば逃げる：逃げることが最善の選択であると明らかになった後もストレスのかかる状況を我慢する人が多いように、これは概して多くの人にとって最も難しい選択です。家庭内暴力のような深刻化した状況は、急性のストレス要因です。離婚や転職など人生に大きな変化を起こす場合、多くの要素を考慮に入れなくてはなりません。しかし日常の基盤において「激化したいさかい」「悪意に満ちた悪口」「失礼なメール」「絶え間なく文句を言う人」「必要以上に心配性な人」「あなたのことをあからさまに批判する人」などから逃げる【自由】を自分に与えるべきなのです。

結局のところ交感神経が高ぶる状況から逃れられる人はなかなかいませんが、あなたができる最も重要な1つの決断だといえるでしょう。なぜなら全システムにもたらす効果は生涯にわたるものになるのです。

06

癒やすべき唯一最大のこと

私たちは「心と体は1つである」という大胆な宣言をするにあたって、全システム的アプローチという証拠をすでに十分に提示してきました。人生でたった1つだけ癒やすとしたら、それは心と体の分離であるべきです。今、私たちのほとんどが自分の人生を生きていますが、私たちが「自分」と呼んでいる自己は「治癒する自己」の役割を完全には果たしていません。その主な理由は「全体性」が失われているからです。私たちは体を心と分離したものとしてみなすよう教えられてきました。それは単にそう信じられているからにすぎません。鏡をのぞくと、そこに何が見えますか？　何のためらいもなく「自分の顔」と答える人がいるでしょう。しかし実際のところ鏡に映ったあなたの姿とは、あなたがただ見ている何かだけではありません――あなたはそれを読み取っているのです。

どんな気分でいるか、爽快《そうかい》な気分なのか疲れているのか、年齢はどのぐらいか、年月によって何があなたに刻み込まれているか、などを示しているものをあなたは読み取っているのです。人生や人間関係がどのようなものになるかについて目に見えない地図のようなものを誰もが心の中に抱いているということはすでに述べました。しかし目に見える地図として、あなたの顔（そしてあなたの体全体）は同様のものを象徴しています。あなたのストーリーが変われば、地図も変わります。医学の格言に「昨日考えていたことを知りたければ、今日の体を見よ」というのがあります。明日の体がどのようになるか知りたければ、今日の思考を見ればいいのです。

「ホリスティック（全体的）」という言葉はウェルネス・ムーブメントにおいて不可欠なものになりましたが、段階によっては分離して生きるほうが楽だったりします。あなたは、体の働きから自分自身を切り離すことができるのです。悲しい例としては、病気に精神的な要素が関わっている可能性を提示された患者の中には「病気になったのは私のせいだと言うのですか?」と涙ながらに訴える人もいます。そういう人々にとってセルフヒーリングとは「病気になったのは自分のせいだ」という批判として受け止めることになるわけです。しかし心身を途方もない高みにまで引き上げられる人もいるわけで、いずれの場合においても、すべての人に適用される新たな可能性が開かれるのです。

途方もない可能性

もしも何年もの間、毎朝まったく同じ時刻に目が覚めるとしたらどうでしょう？　アメリカの先駆的心理学者ウィリアム・ジェイムズの場合がそうでした（無意識の能力ではありましたが）。

もしも一瞬にしてアレルギーを治すことができたらどうでしょう？　そのような技は、多重人格障害にかかった患者の記録が残っています。多重人格障害においては、ある1つの人格がアレルギーだとしても、別の人格が現れるとアレルギーが消えます。ある子どものケースでは、オレンジジュースを飲んでいる瞬間に、アレルギーのある人格が現れるとじんましんが出ますが、別の人格のときにはアレルギー症状は出ませんでした。

もしも絹のローブしかまとわずに凍えるほど寒い洞窟《どうくつ》に座って一夜を過ごしたらどうなるでしょうか？　ツモという瞑想法を修得したチベット仏教の僧侶は、通常は不随意の体温を、意識的に制御できるようになります。1つの極端な例として医療検査を受けているオランダ人ヴィム・ホフという人がいるのですが、彼は夏用の短パンだけを穿《は》いて猛吹雪の中を山頂までハイキングをしたり、氷で埋め尽くされた水の中に首まで浸かって座ったり、といった体温調整をしてみせる人物です。

ホフは、なぜこのようなことができるようになったのかについて次のように説明しています。

「私は、自律神経系はもはや自律的なものではなくなるだろうと考えたのです」。この主張の問題点は、標準的な医学的理解において「自律神経系は自分の意志の影響を受けることはできない」とされていることです。しかしオランダでは、その見解に真正面から挑戦する研究がおこなわれ、ホフの考え方に賛同しています。

2014年に『プロシーディングス・オブ・ナショナル・アカデミー・オブ・サイエンス』誌に掲載された研究では、自律神経系と関連する1つの活動、つまり免疫反応の自発的な活性化の証拠が提示されています。ボランティアで健康な被験者たちが、10日間にわたって瞑想（第3の眼の瞑想）、呼吸テクニック（cyclic hyperventilation followed by breath retention）、寒さに身をさらすという訓練をおこなったそうです。対照群は訓練を受けませんでした。そして、両グループに大腸菌株の毒素を注射しました。大腸菌は通常は大腸に住み着き、無害ですが、たとえば食中毒の原因となるような病原株も存在します。

毒素を投入された後、訓練を受けたグループは自発的なテクニックに従い、一方で対照群グループは何もしませんでした。血液サンプルがとられ、その結果、訓練を受けたグループは炎症を促進する化学物質の放出の低下が見られました。研究者は、この結果を炎症を軽減することで知られるアドレナリンというホルモンが急増したことと関連付けました。そのオランダの研究結果は、ヴィム・ホフが並外れた身体コントロールと自律神経系との間の関連性を把握していたことを示したのに加え、理論的には特に自己免疫疾患など、持続する炎症に苦しむ人々に対して利用することができるものでした。

こうした例は非常に風変わりなものに見えるかもしれませんが、ほぼどんな人でも簡単なバイオフィードバック（訳注：自発的に制御できない生理活動を工学的に測定して知覚可能な情報として生体に伝達し、それを手がかりとして学習・訓練を繰り返し自己制御を達成する方法）のシステムを使って、手の甲に赤色斑《せきしょくはん》を生じさせたり、手のひらを温かくしたりすることはできます。ウェアラブル・デバイスの時代においては、やはり簡単なバイオフィードバック・システムを用いて、私たちが潜在的な病気の兆候やストレスを自分で正常なバランスに戻すことができるよう、医療器具の発明者たちは腕にはめたデバイスを通して監視する方法を追求しています。

大きな疑問は「生命が心身に構築したのはどのようなもので、それはウェルビーイングにおいて量子的飛躍を生み出すかどうか」ということです。私たちは、次に述べるある女性の驚くべきストーリーがすでに示しているように、それは可能だと考えます。

タオの場合：平和と情熱

自己治癒するヒーリング・ライフを送った人間の好例として、タオ以上の人は望めないでしょう。彼女はフランス人の父とインド人の母を持ち、アーモンド色の肌に黒髪という、人目を引く外見をしています。しかしさらにきわだっていたのはその個人的な存在感で、タオの98歳という年齢に到達する頃には誰もがそうありたいと望むような、微笑みを浮かべた、一種の穏やかさがありました。彼女はまた、ギネスブックに認定された世界最高齢のヨガティーチャーです。タオはいまだにニューヨークの都心で週に6~8時間ヨガを教えています。

彼女にとってのヨガの定義とは？　と聞かれると、タオはすぐに答えます。

「統合、ワンネスです」

引退することを考えたことがあるかと尋ねられると、笑ってこう答えます。

「私は呼吸することができる限り、ヨガを教えるわよ」

彼女の人生における事実を寄せ集めると、あまりに独特で類《たぐい》まれなものであるため、真似ることとは不可能に思えます。1918年生まれのタオ・ポーションはインド南西沿岸のフランス領、ポンディシェリーの裕福な家庭出身でした。母親は出産の際に亡くなり、タオは叔父と叔母のもとで育てられました。8歳のとき家の中のある部屋に入っていくと、訪問客や家族たちが床に座る1人の男の足に触れていました。それはインドでは伝統的に尊敬を表す行為でした。

タオは、明瞭《めいりょう》ではきはきとした声でこれまでにしてきたあらゆる経験について話してくれます。

「私はその部屋から追い払われました。そしてある夜、叔父が私を早くに起こしました。『これから旅に出るよ』。叔父はささやきました。『叔母さんには内緒だぞ。心配するからな』。叔父が私をどこへ連れて行こうとしているのか見当もつきませんでしたが、やがて後に2度参加することになるマハトマ・ガンジーとのデモ行進に初めて加わることになるのだということがわかりました。皆がその足に触れていた男性こそ、ガンジーだったのです」

この特異な出来事がきっかけで、タオは平和がテーマとなる人生を歩み始めることになったのでした。浜辺でヨガをおこなう若き修行者たちの姿を見て、1920年代の当時はほぼ絶対的に男性だけのものと考えられていたヨガに「自分もやってみたい」と興味が芽生えました。タオは、スピリチュアルな環境の中で育ちました。そして当時のインド南西部で最も高名なグルであり、その名声を世界中にとどろかせていたシュリ・オーロビンド・ゴーシュのような精神的指導者の導きのもと、タオは自身の意識的な人生哲学を創りあげました。それは基本的に「心」に中心を置き、「愛」をあらゆるかたちの分離を癒やすことのできる普遍的な力としてみなすものでした。

タオは自分の内へと入って行き、心の声に耳を傾けることを強く信じていました。しかし同時に、瞑想とヨガの人生とは対照をなしているように見える別の道にも足を踏み入れています。「あなたにはできないことなど何もない」という軸となる信念に従い、タオは自身の内的人生を、一連の外的な達成へと変容させたのです。そのすべてを挙げるとなると、信ぴょう性が失われかねないほどです。タオは、マーティン・ルーサー・キング牧師とともにデモ行進をおこなった平和活動家でした。第二次世界大戦時にはロンドンのキャバレーで歌い、1950年代にはハリウッドでのキャリアも含め、舞台の芝居の仕事もしました。しかし他に彼女のキャリアの横糸を占めるものはいろいろありました。タオ・ポーション・リンチという妻としての役割（1982年に寡婦となり、子どもはいませんでした）もあり、社交ダンスでタンゴ専門のダンサーとしては何百回も1位を勝ち取り、そしておそらく最も意外なものとしては、ワイン専門家と作家としての顔も持っていることでしょう。

彼女がほとんど興味を持っていないことの1つが長生きすることです。「年齢のことに注目しないで」。彼女はわずかに苛立ちを見せながら言います。「年齢など存在しないのです」

タオについて語り始めたらきりがありませんが、私たちは彼女を並外れた達成者であるとか、平和と情熱とともに人生を送ったすばらしい例として紹介したいわけでもありません。彼女の成し遂げたことは、他の誰にも真似できないことで、映画女優、作家、活動家、政治的指導者に非常に近い状態で費やした彼女の時間が戻ってくることはありません。そのことはタオを「独自の存在」にしているのではなく、彼女を「誰もが真似できる例」にしているのです。タオの独自な部分を剥ぎ取ってしまえば、彼女は意識的に自分の人生を形作りながら、ほぼ1世紀を生きている人物なのです。その結果、彼女の地球上での長い人生でどの1日をスナップ写真で撮ったとしても、そこには次のような人物が映り込んでいることでしょう。

・内的人生を優先させている
・自分の感情や直感を信頼している
・常に再生し続ける源としての「今」に価値を置いている
・古い傷や挫折《ざせつ》に縛られず、感情的レジリエンス（折れない心）を育んでいる
・核となる信念を活性化させて、自分のビジョンを行動へと変えている
・毎日、愛とスピリチュアルな成長を信頼している

これをヒーリング・ライフスタイルのひな形と呼ぶことにしましょう。タオにもそれなりの苦労はありました。母親の死に始まり、夫との死別もあり、身体的には3度の人工股関節置換手術を受けました。しかしこうした経験を苦しみに転換するのではなく、彼女は意識的に反対のことをしました——さらにもっと活動的で回復力のある人間になったのです。タオにとっての経験は、たった2種類しかなかったといえるかもしれません。それは【よい経験・悪い経験】【快い瞬間・苦しい瞬間】といったものではなく「祝福できる経験」と「癒やすことのできる経験」という2種類のことです。あなたも同じように自分の人生を生きることができるのです。

思考の材料

心と体が分離していると、日常的な問題に現実的に取り組むことがいかに困難になるかの例を挙げてみましょう。それは体重コントロールの問題です。何百万という人が流行のダイエット法に気軽に手を出し、さらに多くの人がもう何年も減量をし続けようと躍起になっています。次のようなセリフを耳にしたり、もしかしたらあなた自身も言ったり心の中で思っているのではないでしょうか？

「鏡に映る自分の姿がすごく嫌だ」

「離婚後あっという間に5キロも増えてしまった」

「ありとあらゆることを試したけれど体重が落ちない」

「少しは体重が減ったけれど、それ以上はもう無理」

こうしたセリフはアメリカのように肥満が蔓延し、ダイエットがうまくいかない社会ならではのものです。ダイエットをしている人のうち、少なくとも2キロの減量に成功して、それを2年間保てる人は2％に満たないのです。雑誌編集者らは、表紙に新しいダイエット法を掲載することで売り上げを伸ばすことができるとわかっています。今度こそ、どれほど楽に減量できるかを期待させ、大衆が皆夢中になるような幻想をあおるのです。しかし減量にまつわる不安、イライラ、希望的観測のただ中で、体と心を「心身」へと統合することがなぜ違いを生み出すことになるのでしょうか？

それは、内在する問題は体重ではないからです。右に挙げた典型的な発言を見返してみると、そこに共通するのは「私」は「体」に対して不満を持っているということで、そのために食べるという正常な行為が、心がしようとしていることと体が実際にやっていることとの間で葛藤《かっとう》が起きてしまっているのです。ダイエット中の人の心の中では、一般に次のようなことが起こっています。

・どのぐらい減量できるか空想する
・あともう1回だけやってみればうまくいくと信じる
・自分の体の外見をひどく嫌っている
・もっと意志力があればと必死になっている
・〝完璧な〟体を持つ人をうらやましく思う
・太りすぎていることに罪悪感を持ち、恥ずかしさを感じている
・明日はもっとよくやろうと誓う
・変化を拒む悪い食習慣にとらわれていると感じている

最終的には失敗に終わることが運命づけられているプロジェクト（2キロ減量し、それを保つこと）に打ち込むことは、途方もない精神力が要求される活動です。こうした活動のすべては無駄なことです。なぜなら体と心のつながりが無視されているか、弱められているからです。次のような、体が実際におこなっていることから心が切り離されてしまっているのです。

・体が必要とするより多くのカロリーを処理している
・体が脂肪と砂糖の摂りすぎに何とか対応している
・体が食物、空気、水の中に含まれる毒素に順応している
・体がファストフード等によって悪化した、低レベルの炎症を処理している
・体が日中の不規則な食事の変動に直面している

心と体の分離は珍しいことでも無害でもありません。それこそ、なぜダイエットがうまくいかないかという核の部分なのです。これは完全に不要な状況です。私たち一人ひとり

には「心身」として体と心の両方が本当にしたいこと、つまり空腹と満腹のシグナルに従って正しく食べる能力が自然に備わっているのです。

レプチンとグレリンという2つのホルモンは自然な生体リズムの中で分泌されます。胃が空っぽのとき胃の細胞はグレリンを分泌して、空腹を感じているというメッセージを脳に送ります。満腹感は脂肪細胞から分泌されたレプチンからのメッセージの結果です。レプチンは、空腹と満腹のリズムのバランスをとります。

実際、肥満とレプチンはともにアルツハイマー病のリスクに関与しています。疫学研究によるとレプチンの血中濃度が高いとアルツハイマー病のリスクが軽減される一方、すでにアルツハイマー病を発症している患者のレプチンの濃度が低いことが示されました。レプチン受容体は短期記憶を司る脳内の海馬において高度に発現しますが、アルツハイマー病によって破壊されます。マウスを使ったアルツハイマー病研究では、レプチンを補給することで実際に脳のこの部位における病状緩和が見られました。これは、腸と脳の間の連関を強めるさらなる証拠となります。

体重増加：悪いのはあなたの体ではない

初期の頃の減量手術がうまくいかなかった1つの理由は、胃バイパス手術、もしくはラップバンド手術がおこなわれた際、常に食べる量を劇的に減らすために胃のほんのごく一部だけをせばめ、後はそのまま残しておいたことでした。フライドポテト付ダブルチーズバーガーというフルメニューを食べる代わりに、その3分の1の量で満足できるようになる――もしくは満足できるようになるはずだったのです。しかし患者は小さくなった胃袋がいっぱいになったときでさえ極度の空腹感を感じることが報告されており、その理由は胃全体としてはまだレプチンとグレリンの全量を分泌しているからでした。

ここでの教訓は、胃がいっぱいでも満腹を感じていないということです。あなたの脳が、とりわけ視床下部という部位が満腹だというときに満腹を感じられるのです。しかし心と体が分離すると、あなたの体は脳より優位になるか、脳との関係性が歪んでしまいます。空腹と満腹を制御する自然の生体リズムに耳を傾ける代わりに自身の行動を押し付けます。あなたには自由意志があるので、こうしたことは実際に可能です。しかし今日の社会規範がすでに歪んでいるため脳がそれに適応し、生涯続くことになる習慣が子どもたちに定着してしまっていることに気づくことでしょう。

・満腹になっても食べ続ける
・砂糖と脂肪を摂りすぎる
・四六時中だらだらと食べ続ける
・自分の〝感情〟を食べる
・規則正しい食事時間を無視する
・バランスが悪く、非常に偏った食事（野菜や食物繊維が極端に少ない食事など）をする
・ダイエットとの闘いに敗れ、もはやどうでもよくなり過食を続ける

皮肉にも、問題の責任はたいてい体が負うことになります。体重が増えて体形が崩れれば崩れるほど「協力しなかった」ということで体が非難される場合が多くなります。しかし、

この協力の欠如はもっと別のところ、つまり心と体の関係の弱体化によって引き起こされたものなのです。もう少し深い見方をしてみましょう。すでに述べたように、レプチンとグレリンという2つのホルモンが空腹と満腹を制御しています。1994年に分子遺伝学者ジェフリー・フリードマン率いる研究グループが、動物のレプチンを最初に発見したとき『ニューヨーク・タイムズ』紙は興奮した調子でそのニュースを伝えました。「動物そしておそらく人間の食べる量を減らし、もっと運動させるホルモンが存在するなどとは信じられないほど出来すぎた話である。しかし研究者によれば、彼らが発見したのはまさにそんなホルモンなのだ」。製薬会社は、レプチン値を増加させて食欲を抑え、身体活動を増加させる信号が脳に送られるような薬を生産しようと最初から躍起になっていました。

しかし、その話はすぐに複雑な様相を呈するようになりました。そもそも太っている人々は、すでにレプチン値が高いのです。なぜなら彼らは正常体重の人より脂肪細胞が多いからです。ではどうしてレプチンは食欲を抑えないのでしょうか？　それはまだわかっていません。関連要因としては、レプチン抵抗性が挙げられます。レプチン抵抗性とはこのホルモンの受容体が過重負担になっていることです——これはインシュリンの過剰生産によって、インシュリンの効き目が少なくなってしまうのとよく似ています。レプチンとグレリンはまた、神経ペプチドとして知られる脳内化学物質でもあります。脳の受容体部位は、おそらく慢性の過食による影響を受けていますが、ここで話は複雑になってきます。なぜならこうした受容体を含んでいる脳の同じ部位、つまり視床下部もまた全体の代謝のバランスをとり、どれぐらいの燃料が体全体に割り当てられるか制御することが求められているからです。

別の手がかりとして不十分なレプチンが血液脳関門を通り抜ける可能性とともに、レプチンを受け取った後の視床下部から導かれる経路の問題が提示されています。これに遺伝的要因が加わります。コロンビア大学で２００４年までおこなわれたマウスの研究によると人生の早い時期におけるレプチン値は脳の回路を変えうるもので、大人になってからの食べる量に影響を与えるということがわかりました。このことは、食べ物を与えられすぎた幼児は将来肥満になるリスクが高くなるという発見と相関関係を持っているように見えます。まだ確実なことではありませんが、レプチンの回路を変えることによって、食欲に変化をもたらすよう脳を訓練することができるかもしれません。それができたとしても、たくさん食べると空腹を感じるか、食べていないから空腹を感じるか、どちらか極端に陥ることになりかねません。

レプチンがこのような作用を持つことは興味深いことですが、あなたが脳を訓練する力はさらにもっと強力です。なぜなら、あなたはそれを意識的におこなうことができるからです。もしも、食べ方で心と体のギャップを埋めたいと思うなら、次のようにシンプルなマインドフルネスの実験をしてみてください。

マインドフルな食べ方の練習

食べることも含めて何かを意識的におこなう場合、脳の初期設定を覆し、意識的な思考と行動を司る高次の脳と直接やりとりすることになります。私たちは無意識のうちに、今自分がしていることの結果について考えたり評価したりせずに食べることがよくありますが、シンプルなマインドフルネスの練習でそんな状況を変えることができるのです。

次に何かを食べる際に、それが食事であろうとおやつであろうと、次のことをおこなってください。

ステップ1：最初の一口を食べる前に一息つき、深呼吸する
ステップ2：「なぜ私はこれを食べているのだろう？」と自問する
ステップ3：どんな答えでも、それを心に留める。できればきちんと書き出すことが望ましい（マインドフルな食事日記を始めてもよいでしょう）
ステップ4：食べるか、食べないか、意識的な選択をする

やるべきことはこれだけですが、このシンプルな練習は大きな恩恵をもたらします。目標は、空腹と満腹の正常な生体リズムに戻すことです。選択するために一呼吸置くとき、あなたが食べる理由は「お腹が減っているから」であるべきです。しかし私たちが食べ物に手を伸ばす理由は他にもたくさんあるのです。それは次のようなものです。

「退屈している」
「食べずにはいられない」
「慰めが必要」

「食べ物を残すともったいない」
「ストレスがある」
「食べたくてたまらない」
「気分が落ち込んでいる」
「不安だ」
「理由はわからない」
「寂しい」
「ダイエットにうんざりしている」
「一緒にいる人が食べている」
「あと少しだから、全部食べたほうがいい」
「お祝いしたい気分」

なぜ食べているのかを自問すると、こうした理由が関わっていることが多いでしょう。それをいけないことだと思わないでください。そして罪悪感から食べ物を拒絶するよう自分を強制しないでください。マインドフルネスとは意識的な状態です。それ以上でもそれ以下でもありません。この状態にあるとき、あなたは自己認識していて、それが鍵なのです。自己認識しているときは他のどんな状態にあるときよりも、楽に変化が起こります。無意識に食べるのをやめるだけでも、体重の問題を（特にその問題が軽度から中等度である場合は）好転させるに十分です。

おわかりのように、ダイエットを超えたところに希望があり、「あらゆることを試したけれど、どれも効果がなかった」と嘆く人々にとって前進する方法があるのです。減量への全システム的アプローチは、闘いを終わらせてくれます。もはやあなたの体は敵でなくなり、あなたも犠牲者ではなくなるのです。

意識的にダイエットをする人

もちろん私たちは、消化機能についての研究価値も考慮に入れています。レプチンのようなたった1つのホルモンの研究に全キャリアを捧げることもありえますが（すでにそうしている人もいます）、それでもレプチンの減量効果への期待はいまだ見通しが立ってはいません（製薬業界は、いわゆる脂肪燃焼サプリから食欲抑制剤まで店頭販売できるダイエット薬や処方箋によるダイエット薬をたくさん提供していますが、それらは効果が証明されていないか、効果がないか、副作用が多いか、臨床的に取るに足らないかです）。

同時に、多くの自滅的な信念があなた支配することがなくなるでしょう。過食の心理においては悪循環が働くものです。苦しい信念は言い訳になります。たとえば「私はずっと体重のことで苦しんできたので、生まれつきそう決まっていたに違いない」という信念です。これ以上自滅的な考え方はありません。また、この信念をさらに強固にするための科学も存在します。太りやすい人がいるという遺伝的指標が実際に存在するのです。

たとえばレプチンの生成量を調節する特定の遺伝子を知ることには、計り知れない価値があります。なぜなら肥満者の中には、こうした遺伝子の変異がレプチン欠乏を引き起こし、体重増加を制御できなくなってしまっている場合があるからです。レプチンの話は一般の人たちの肥満の話と絡み合っているので、いかなる手がかりも追究する価値があります。しかし私たちはレプチンに対する当初の期待がいかに誤解を招きやすいものであったか、そして同様に1つの「肥満遺伝子」を探すこと自体が無駄なことであることを提示します。あなたの遺伝子は、太りすぎている理由のほんのわずかな部分を占めるにすぎません――心理状態、食習慣、子ども時代に家族から伝えられた考え方といった、変化させられるような他の要因が働いているのです。こうした要因は、あなたが変化の起こし方を覚えると自由意志に従うようになります。幸いなことに変化が起きるとあなたの遺伝子は反応し、この問題を癒やす方向へと行動を変えるのです。

他にも多くの信念が、罪悪感を言い訳にして悪循環を続けます。次の信念の中で、不本意ながら受け入れているものはいくつありますか？

・悲しいときには食べ物が幸せにしてくれるという信念
・満腹感は、充足した状態であるという信念
・よく知られた危険因子（高脂肪、砂糖、塩）も自分には適用しない――自分は魔法のような思考で守られているという信念
・食べたことを覚えていない、つまり無意識のうちに食べてしまったものはカウントし

ないという信念
・自分の体重がどのぐらいあるかあまり気にしないという信念
・他の人々が自分のことをどう思うか気にしないという信念

こうした信念はどれも、二重苦をもたらします。頼りたくなるような言い訳も、結局のところ失敗をあおります。言い訳がうまければうまいほど、その失敗はひどいものになるのです。私たちのアプローチでは「現実的である」ということは幻想を現実に変えることで悪循環を断ち切ることを意味します。自分の体重の問題を見つめ、自分自身に向き合う痛み(鏡の中の姿を見つめることはもう十分に苦しいことなのです)を恐れる人は多いですが、私たちは現実主義のポジティブな影響に期待しています。

時間はかかりますが、意識はそれ自体が恩恵です。たとえば、私たち自身の瞑想経験において、楽に正常な体重に戻る人々を見てきました。生きている喜び、覚醒している喜びが食べることに取って代わり、それが起こると全システムは正常化し始めるのです。自分自身を二元性から解放して初めて、自分の体と闘うことの無益さに気づくのです。あなたは、思考、感覚、願望、希望を楽しむためにここにいます。私たちが体重の問題を取り上げたのは非常に多くの人にとってインパクトがあるからであり、また減量を個人的成長の心地よい一部にすることができるとは、ほとんどのダイエット実践者が最も考えそうもないことだからです。しかしもっと長期的な見地に立てば「意識的に生きること」が目標なのです。心と体の分離を癒やすことがいかに重要であるかが証明された今、日々を意識的に生きることから得られる計り知れない充足感について明らかにしていきましょう。

07

マインドフル？　それともマインドレス？

私たちが前回ハーバード大学のエレン・ランガー教授に会ったとき、彼女は70歳の男性たちをタイムカプセルに入れることで見た目を若返らせ、心理学の世界を驚愕させていました。しかしタイムトラベルは、日常生活に応用できるものではありません。ランガー教授は型破りな方法で自分の論点を証明し、「マインドフルネス」というより大きな主張を取り上げました。私たちも、マインドフルであることが東洋のスピリチュアルな修練とのつながりを超越したところにどうやって到達するかを示しつつ、この「マインドフルネス」という言葉を用いています。ランガー教授は次のような定義をもって、マインドフルネスを全面的に西洋化しました。医大の聴衆の前に「マインドフルネスとは、新しいことに積極的に気づいて先入観を手放し、新たな観察をもとに行動するプロセスです」と述べました。ヒーリング・ライフスタイルを展開するという、私たちの目的も同様のことを含んでいるのです。

ランガー教授は非常に単刀直入でした。日々の行動は、ほとんどの時間においてマインドレスです。お気に入りの例の1つは個人的な経験に由来するものだと彼女は言っています。「私は買い物に行き、レジ係にクレジットカードを渡したところ、彼女はカードにサインがないことに気づきました」。ランガー教授は言われたとおりにカードにサインをして、レジ係はそれを機械に通しました。彼女はランガー教授に、レシートにサインをするよう言いました。「そのレジ係は、その2つのサインが同一人物によるものかどうか見比べたのです」。ランガー教授はそこで一呼吸置きます。そして聴衆は意味を悟り、笑い始めました。同一人物がサインするのを目撃したばかりなのに、なぜ2つのサインは見比べられる必要があるのでしょうか？　マインドレスな行動というささいな出来事は私たちを過去とつなぎ、今この瞬間を生きている可能性を阻害するのです。実際、ランガー教授はマインドフルネスを追求することを「可能性の心理学」と呼んでいます。

私たちは本書で「常に意識的である」究極の可能性へと大きく飛躍します。しかし締め切り、請求書、子どもの教育といったことでいっぱいになっているとき、それは実現可能なのでしょうか？　さまざまな方向から私たちに向かって投げられるストレスや緊張が多すぎて、注意力は鈍ってしまいます。私たちは、注意深いというよりはむしろ何かが起きてから対応するようになります。このようにして最善の意図を持っているにもかかわらず、マインドフルネスは失われるのです。しかし一呼吸を置き、あなたの1日がどのようなものだったか内観してみてください。もしほとんどの人と同様ならば、注意を払って今起きていることにマインドフルであるよりは、何かが起きてから対応するといった時間を長く過ごしていることに気づくでしょう。その結果、無意識に生きながらそれが普通であると受け入れることになるのです。次のうち、あなたに当てはまるのはどれでしょうか？

意識的ではない1日の過ごし方

・不規則に、もしくはあわただしく食事をする
・加工食品やファストフードを食べる
・自分の体や体重を不愉快に思う。昨日もそう感じ、明日もそう感じるだろう
・あわただしく、プレッシャーを感じて行動する

・配偶者や子どもの話を聞き流す
・なぜそれが必要なのか、正しいのかよく考えず、相手にネガティブに反応する
・1日中、美しいものに気づかない
・解決する計画もないまま、長引く問題を不安に思っている
・未来を懐疑的に捉える癖がついている
・過去のつらい出来事にとらわれている
・不安を感じている
・孤独である
・考えもなしに友人を厳しく批判する
・被害者ぶる
・自力で生きていけない
・他人の言いなりにふるまう――うまくやっていくために相手に従う

どれほど多くの無意識的な反応や行動が、普通だと捉えられているかには驚きます。つ

まり、マインドレスな状態が正常化されているということです。このことを理解しておくだけで、あなたは変わり始めることができるのです。無意識下のネガティブな出来事に支配されることはやめると決断すると、自己治癒への大きなシフトが起こります。次は、可能性の範囲をシンプルな図で示したものです。

意識的 ⇕ 無意識的

これは、充足と災難を、中立的な観点から表したものです。下端は最も意識的ではないライフスタイルを表し、癒やされる必要があることすべてが放置され、最終的には災難を引き起こします。上端は完全に意識的なライフスタイルを表し、あらゆる潜在的な問題に注意が行き届き、完全な充足を実現するための余地を作ります。極端な上端、もしくは下端、つまり完全な天国や地獄に生きている人はほとんどいません。私たちは中間地帯のどこかに位置しているのです。時には無意識的なふるまいをすることもあり、時には自己認識したうえで行動することもあります。時間とともに引き起こされるダメージが現実化することなく、このグレーゾーンは普通かつ無難なものになるのです。

ブレンダの場合：グレーゾーンからの話

数年前の冬、ある女性が風邪をひきました。仮にその女性のことをブレンダと呼びましょう。風邪はすぐには治らず、何度もぶり返しました。彼女は止まらない空咳《からぜき》に悩まされつつも我慢していました。そして突然、熱が出始めたのです。ブレンダはそれも放置していましたが、ある晩とうとう根負けしました。

「私はベッドに座ったまま、汗をかいて衰弱していました。夫はとても面倒見のよい人で、私を抱きしめて『大丈夫だから』と安心させてくれました。でも私は自分が重症だとわかっていました。友人がチキンスープを持って立ち寄ってくれました。彼女はたまたま看護師だったので、私を一目見てすぐにＥＲ（救急救命室）に行くようにと言ったのです」。ブレンダは思い出します。

おそらく、そのおかげでブレンダの命は救われました。なぜならＥＲの医師は彼女の両肺ともが肺炎を起こしていて、呼吸困難であると告げたからです。実際ブレンダは呼吸不全を起こす寸前の状態で、人工呼吸器を着けなくてはなりませんでした。一般的には抗生物質を使った治療で感染を不活性化させられるのですが、血液検査の結果、本人は知らなかったのですがブレンダは糖尿病だったのです。彼女は若い頃から体重のことで悩んでおり、2型糖尿病は肥満に非常に多い病気です。人工呼吸器を取ろうとするのを防ぐため、医師たちは彼女を意識のない状態にしました。それはバリウム大量投与で誘発された昏睡《こんすい》状態でした。極端な方法ではありましたが、治療を注意深く管理し、監視する必要があったのです。

「私は茫然《ぼうぜん》としていました。2日前にはただの風邪だったのに今では死ぬかもしれないと告げられ、私の人生は一夜にして悪夢となったわけです」

そこから19日間は、予断を許さない状態でした。完全にダウンした状態が、かすかに覚醒した状態によって時々中断されました。医師たちは彼女が医学的にどのような状態であるかを確認するために昏睡状態にしたのですが、ブレンダはこうしたエピソードを恐ろしいことだと思いました。

「目が覚めると、今にも死んでしまうのではないかと思って不安に襲われました。私はもはや自分の体をコントロールすることができず、点滴の針やチューブ、ピーピー音を出すモニターとともにベッドに横たえられていました。これまでに自分に起こったことの中で最悪の出来事でした」

ブレンダは、あまりにつらいすべての出来事に対して心の準備ができていませんでした。そして、肺炎が治って危機を脱したと医師に告げられても、まだ不安を感じながら帰宅しました。友人らに自分が死にかけたことを繰り返し話し、内なる不安とコントロール喪失の感覚を強めました。ある意味、まだ危機状態の中にとどまっていたのです。そしてそれはまったく彼女らしくないことでした。

ブレンダは53歳で、成功を目指して常に努力を惜しまない人生を過ごしてきた強い女性だと自分で考えていました。貧しい労働者階級の家庭に生まれて高校にも行けませんでしたが、自分は家族とは違うと心の中でわかっていました。彼女は人生が何を与えてくれるかに気づいており、確固たる決意を持って18歳のときに自分のストーリーを描き始めたのです。

「自分と同じぐらいの年齢の女の子たちが、早すぎる妊娠をしたり、望まない結婚をしたり、もしくは望んで結婚しているのを目にしました。男たちは将来性のない仕事に就き、テレビを観ながらビールを飲んでほとんどの時間を過ごしていました。そういうもの一切を捨てることは、私にとっては難しいことではありませんでした」。彼女は言います。

ブレンダは世に出て、ひとかどの人間になっていました。心の中でブレンダは強い自己制御をしていました。彼女は助けを必要とする人なら誰にでも手をさしのべました。ホームレスへの食事を作る奉仕を始め、地域の支援グループのリーダーでした。家を出てから中年になるまで何十年もの間、彼女の人生に意識的な側面は欠けていませんでした。しかし肺炎になった後、すべてのことが明らかになったように思えました。ブレンダは絶望を感じ、友人たちと前ほど会わなくなりました。料理するのが大好きでよく開催していたディナーパーティーも以前ほどしなくなりました。医療面では毎日インシュリン注射をすることで血糖値は抑えられていましたが、糖尿病によってすでに引き起こされたダメージは、場合によっては回復できないと医師たちに告げられました。

「私は週に3人の専門医のところへ通っていました。網膜へのダメージによって視力が影響を受けていました。腸のひどい痛みも出始め、憩室症《けいしつしょう》であると告げられました。足が冷たいのは、四肢への血流減少のためでした」。ブレンダはつっけんどんに笑います。「私は壊れてしまったのです。それは信じられないことでした」

生活の質は一見、突然低下しましたが、それは突然ではありませんでした――すべてに病歴があったのです。最も長い病歴は肥満でした。肥満から、血糖値上昇が始まり、血行、消化、視力も損なわれ、すべて病歴となりました。ブレンダは同情され気遣われるに値する人間です――彼女はその両方を求め、また得ていました――なぜなら彼女の人生の無意識の側面が報いを求めているからです。彼女の危機は苦しいものでしたが、これまでどおりの浮き沈みある普通の人生を送っていました。しかし、もしそれを現実的な目で見れば、彼女はグレーゾーンの深みにいたのです。

「1本の釘《くぎ》の不足が蹄鉄《ていてつ》をだめにした」という古いことわざがあります。これは自動車が馬に取って代わる以前の、昔の子どもなら誰でも知っていた童謡からの一節です。

1本の釘がなくて、蹄鉄がだめになった
1つの蹄鉄がなくて、馬がだめになった

1頭の馬がいなくて、騎手がだめになった
1人の騎手がいなくて、伝言が伝わらなかった
1つの伝言が伝わらなくて、戦いに負けた
1つの戦いに負けて、王国は失われた
そして、すべては蹄鉄の釘がなかったことから始まった

では、ブレンダや他の多くの人々が失った釘とは何だったのでしょうか？　彼らが失ったのは、体とのつながり、自然とのつながり、そして自分自身とのつながりだったのです。これらはすべて、つながっているのです。あなたの体は、あなたがどう自然とつながっているかであり、この関係性がほころびると、あなたは自分であることをやめてしまうのです。あなたが今日考える思考と、そうした思考や感情から生まれる行動がリアルタイムで体に影響を与えているという認識が高まれば高まるほど、あなたの人生はあらゆるレベルで変容します。「レベル」という言葉は誤解を招きます。なぜなら心身は、あなたが誰で、あなたにどんなことが起きているかというたった1つの意識と、すべてのものを融合させ

るからです。「過去はもう過ぎたこと」という言葉を耳にしたことがある人は多いでしょう。しかしあなたの今の状態は、あなたの過去の結果なのです。多くの意味で、今と過去という2つのものは切り離すことができません。私たちは過去を変えることはできませんが、現在を変えることはできるのです。

懐疑主義者なら手を挙げ、異議を申し立てるかもしれません。ブレンダの話は、彼女には癒やす力がなかったという医療的な問題に関するものです。「意識」は高尚な目的としてはよいのですが、誰もが治療を必要とする医学的問題を抱えています。ブレンダの苦境の中、どうすれば実際に患者になる前に彼女を救うことができたのでしょうか？

これは、無礼で押しが強くなりがちな懐疑的議論をやんわり放棄したものです。薬と手術だけが〝本当の〟医学であるという神話はなかなかなくなりません。私たちは皆、さまざまな理由で結局は病院を訪れることになります。それは治癒する自己を否定することにはなりませんが、対処しなくてはならない別の分野が増えるだけです。

不安と免疫システム

先に述べたように、主流医学とは「心は脳の中だけに存在するに違いない」と信じる生物学的なものです。実際に医師だけでなく、その問題について考える科学者たちも「脳＝心」だと断言するでしょう。私たちはこの仮定（「脳＝心」というのは仮定であり、事実ではありません）の正当性を、心身によって示された知性を指摘することで着実に取り壊してきました。心身間の情報の超高速道路は神経細胞と同じ化学物質を用いて、あらゆる細胞とメッセージのやりとりをしているのです。

これが示唆するのは、細胞は私たちよりもマインドフルだということです。免疫システムを例にとってみましょう。何らかの理由で破壊されない限り、免疫システムは決してマインドレスになることはありません。しかし、もしあなたがマインドレスな行動をすれば、その影響は広範囲に及び、免疫細胞の知性を損ないかねません。免疫システムと精神活動の関連性を研究する精神神経免疫学（ＰＮＩ）という成長分野を紹介し、この相関関係についてもっと詳細に見ていきましょう。精神神経免疫学は、身体的疾患と心理的疾患の間の伝統的区別を区分化しない数少ない分野の1つです。私たちはすでに死別がどれほど長期にわたって病気を回避する能力と健康を損なうことになるかについて触れました（ルディは父親が心臓発作で突然早逝した後、悲しみに打ちひしがれていた半年の間、治りにくい風邪をずっとひいていたことを覚えています。当時のルディは、悲しみによって免疫が損なわれるといった心身のつながりについて知りませんでした）。悲しみから受けるダメージの影響は、かなり急激なものにもなりえます。最近配偶者を失った10万人を調査したところ、喪に服した最初の週の死亡率は2倍になることがわかりました。

心はいたるところに存在し、またあらゆる細胞に染み込んでいるため、精神神経免疫学が免疫システムに作用するように潜在的にどんな精神状態にも適用されます。私たちは誰もが知っている精神活動である「心配」に自分自身を閉じ込めてしまうものです。心配とは、多くの意味で、マインドレスな状態であり、心を執拗《しつよう》に占有し、ストレスがかかる不安状態に人を閉じ込めるのです。心配は問題に対する合理的な解決を阻害し、それ自体は解決法を生み出すために何もしません。無用なものであるにもかかわらず、心配は社会に蔓延しています。たとえば2016年の大統領選挙の後、ギャラップ調査によると心配の度合いが急激に上昇したといいます。しかし一般的に荒れ狂う政治と大統領選は、大衆を心配な気持ちにさせるものなのです。すべての心配を象徴するのが、未来に対する不安です。

心配が役に立つこともあります。私たちは心配のおかげで最悪に備え、来るべき挑戦や脅威に立ち向かう準備をする気になれるのです。これはおそらく、心配が進化の特質として保持されてきた理由になるでしょう。しかし心配が常態となり、制御不能になると、慢性的な心配状態は健康に大きな害をもたらしかねません。特に精神神経免疫学の研究により、過度な心配は免疫システムを損ない、心臓病からアルツハイマー病まで多くの疾患の原因になりうることがわかりました。心配という言葉は「un-ease」という単語に基づいており、「dis-ease（病気）」という単語と非常に似ています。

心配を希望に代えることこそ必要だと考える人にとって、何か悪いことが起こるかどうか心配することの反対が、何かよいことが起こるよう願うことではないと気づくことは大事です。いずれの場合も未来についての潜在的不確定性と不安感があり、そこには心配が伴うのです。しかし希望が楽観主義や受容のようなポジティブな感情とつながっている限り、バランスは非常に有利なほうに傾きます。慢性的なネガティブな感情は文字どおり「殺す」ものであり、一方ポジティブな見通しはがんやエイズのようなさまざまな病気の経過をよいものにする可能性があります。ぜんそくや乾癬《かんせん》、湿疹《しっしん》といった状態はポジティブな感情で改善され、ストレス、絶望、心配で悪化されうるのです。

ポジティブなものもネガティブなものも含め、こうした影響は実際どのようなメカニズムによって働いているのでしょうか？　これこそ精神神経免疫学のメインテーマなのです。精神神経免疫学は、その原点をロチェスター大学精神神経免疫学センター元所長の心理学者ロバート・エイダーの研究にたどることができます。１９７４年エイダーと研究仲間らは実験用マウスにサッカリンで甘みをつけた水を与え、続いて免疫システムを抑えて吐き気を催させるシトキサンという化学物質を投与しました。その後、実験者がマウスにサッカリンを無理やり食べさせると、たとえどんなに少量でもマウスは後に死にました。エイダーは、十分な条件付けをすればサッカリンの味だけでも免疫システムを抑えるのに十分で、直接的に免疫反応を弱め、マウスが通常なら撃退できるような細菌感染やウイルス感染を致命的なものにしてしまうと結論付けました。脳と免疫システムの間の密接な関係が初めて発見され、エイダーが名付けた精神神経免疫学という分野が誕生したのです。免疫システムは完全に自律的であるという概念は根底から異議を申し立てられ、以来、同様の研究結果がたくさん出始めることになりました。

1981年、当時インディアナ大学医学部に属した後にロチェスター大学に移った神経科学者デイヴィッド・フェルテンは、胸腺《きょうせん》の神経と脾臓を直接的に免疫システムと結びつけることによって、もう1つの大きな発見をしました。1985年、まもなく世に知られることになる神経科学者で薬理学者のキャンディス・パートは、神経システム内に神経ペプチドと呼ばれる特殊な小型タンパク質を発見したことで新たな扉を開きました。神経ペプチドは、脳内のニューロンと免疫細胞と相互作用するものです。その効果は長く持続するもので、神経ペプチドはシナプスを強化し、神経細胞と免疫細胞の両方の遺伝子発現を変化させるのです。パートの画期的な研究は体の情報伝達ネットワークがどのように働くかを理解するための根源的なものでしたが、神経ペプチドは免疫反応だけでなく、さらに社会的行動から生殖にいたるまでさまざまな領域の活動と関わっていることを実証しました。

おそらく精神神経免疫学の中でストレスの影響ほど研究されているものはないでしょう。

ストレスの影響は、人が治癒していく過程のそれぞれ異なるすべての局面において表れます。免疫との関連においては、慢性ストレスは感染を迅速に撃退する際に必要な免疫（先天性免疫）、もしくは侵入する細菌を防ぐ抗体を作るための免疫（適応免疫）を抑制します。慢性ストレスは、頻繁に起きる重症感染症や、がんや心臓病やエイズの予後の悪さと関連しています。心配は恐怖と結びついて自ら作り出すストレスの1つのかたちで、本書PART2にはストレス軽減についての長い項目を設けています。

心と体のつながりの仕組みを突き止めた精神神経免疫学の発見は非常に興味深いものですが、そのつながりが持つパワーについては、いまだ正当に評価されていません。適切な例として、長期にわたる『サタデー・レビュー』誌の編集人で平和活動家、後年には心と体の自己治癒に関して非常に影響力ある作家としても活動したノーマン・カズンズのケースがあります。笑いには癒やす力があるというのは、カズンズが自然な流れで発見したものので、かつては広く話題になりましたが、ラーフター（お笑い）・オンライン・ユニバーシティのウェブサイトで詳細に説明されているように、その詳細については繰り返し述べる価値があります。

非常にストレスの多かったロシアへの旅を経て、1964年、カズンズは強直性脊椎炎《せきついえん》（コラーゲン破壊を引き起こす変性疾患）という診断を受けました。この病気により、ほぼ常に痛みが生じて数か月のうちに死ぬだろうと医師に告げられました。カズンズはそれを受け入れられず、もしストレスが病気に何らかの関わりを持っているなら（ロシアの旅に出る前は病気ではなかったので）、ポジティブな感情が回復の助けになるはずだと考えました。

彼は医師の同意を得つつ自分の意思で退院し、病院の向かいのホテルでビタミンCの大量投与を始める一方で、次々と喜劇映画や同様の「お笑い」を浴びるように見続けました。彼はモルヒネさえも効かないときに、10分間、腹の皮がよじれるほど笑うことで痛みから解放された眠りを2時間得られたと後に述べました。病状は着実に快方に向かい、徐々に手足も動くようになっていきました。半年もすると元気を取り戻し、2年のうちに『サタデー・レビュー』誌でのフルタイムの仕事に戻ることができました。彼の話は科学界を震《しん》撼《かん》させ、また多くの研究プロジェクトにインスピレーションを与えました。

カズンズは、自分の驚くべき回復とそれが医学に与えた影響について広く知らしめるという個人的な活動を始めました。一般的には大きな話題になりましたが、エイダーによるサッカリンの味で死ぬマウスの実験がおこなわれるのはまだ10年先の話だった医学界からは強い反発を受けました。カズンズの話はプラシーボ効果やノシーボ効果（訳注：偽薬による望まない副作用が表れること）に最も近いものでした。50年経った今でも、心と体のつながりから自己治癒へ導く方法を解明することは、科学というよりは神秘です。しかしおそらく、最も単純な教訓とはカズンズが最初の時点で学んだこと、つまり心配や不安を笑いに変えることこそ状況を一変させるということです。

診察室にて：自らの擁護者でいよう

カズンズの自己治癒から学ぶべきさらに大きな教訓があります。それは医療を受動的に受け入れないことと関係しています。カズンズはラジオのインタビュアーに次のように話しています。

「私は医師に、完全に回復する見込みについて尋ねました。医師は腹を割って話してくれたのですが、専門医の1人が言うには、私が治る見込みは500分の1の確率であるということでした。その専門医はまた、このような広範囲にわたる症状からの回復を目にしたことは個人的に一度もないと言ったそうです。こうしたすべてが私に多くのことを考えさせました。そのときまで、私は多かれ少なかれ医師に私の状態を心配してもらいたいと思っていたのです。でも今や私は行動したいという衝動に駆られていました。もしも私がその500分の1の人間になるのなら、受け身な観察者以上の何者かになる必要があることは明らかでした」

普通の人は、病院に行ったり、ERでお世話になったり、または入院したりすると、次に起きることをコントロールできる可能性は最小限になります。自らを医療機器の管理下に置くわけですが、現実には医師、看護師、医療助手などの個人を頼っています。人間の行動には誤りがつきもので、こうした誤りは医療においては深刻化し、患者のカルテを読み間違えたり、特定の症状に気づけなかったりすることが生死に関わる問題になりうるのです。遺伝子治療や抗がん剤治療のような先端技術医療の危険度は劇的に上昇します。なぜなら治療の複雑さが増せば、誤りの幅も広くなるからです。公平性を保つために言うと、

1世代前なら死ぬしかなかったような患者を救うために医師は最善を尽くしています。しかし成功する確率はたった1%です。

リスクにミスはつきものですが、一般の人々はその気がかりな事実については限られた知識しか持っていません。

・医療ミスは米国内の病院だけでも年間44万件の死因となっていると見積もられていますが、この数字はかなり不正確なものであると広く考えられています。なぜなら報告されていないミスは数えきれないほどあるからです——死亡報告からは直接的な原因しかわかりませんし、多くの医師は自身や病院の評判を守るために団結するものです
・医療ミスとして知られる「有害事象」の直接経費の合計は、年間何千億ドルにものぼります
・時期尚早の死亡や、不要な病気による経済的生産性の喪失のような間接的経費は、年間1兆ドルを超えます

統計では、医療ミスが起きているのではないかと考える患者側の恐怖についてはほとんど言及されていません。どんな患者も十二分に気づいているのは医師の診察があっという間に終わるということです。２００７年の分析によると、最適な１次医療時間は平均して16分間ということでした。１～５分は患者が訴える症状について費やされます。他の調査によれば医師や医療提供者との実際の対面時間は、現実的には平均して７分間ということから考えると、この16分という時間は最大限の長さだといえます。医師はこうした状況を、診断書や細かい保険請求の記入といった業務が多いせいにします。医師はお金を払ってくれる顧客をできるだけ多く詰め込みたがっているか、または人間としての患者のことなど大事に思ってくれていないのだと、患者は信じる傾向にあります。

同様に、２０１６年には著名な心臓外科医のジョン・レヴィンソン博士とカレブ・ガードナー博士が「コンピュータの電源を切り、患者の声に耳を傾けよ」というタイトルの論説を『ウォールストリート・ジャーナル』紙に寄稿しました。今では医療制度や政府によって定められた医療記録の電子化導入は「臨床医と患者の関係を悪化」させ「アメリカの医療制度の企業化――そして非プロ化」の一因となったというのが彼らの主張でした。このような憂慮する医師たちは、ボストンにある医療のプロ意識と思いやりの感覚の回復に取り組む非営利団体ローン・インスティテュートを支援しています。医師たちは医療の電子化は正当であると信じる一方で、患者と話をするよりも診断書を書くほうに時間を長く費やさなくてはならないことが多いのです。

その結果、診察室で患者に付き添う個人的代弁者のような人を提供する新しい運動が進行中です。その代弁者は基本的に、いかなる医療状況においても患者の最善の利益を代表する人です。高齢の患者に現状を理解してもらうよう手伝ったり、処方箋の受け取りや医療費の手配をしたりといった付き添いは、善意ある親族かもしれません。しかし医師と患者の間で費やされる時間が短くなる一方の医療システムにおいて、高まるリスクの緩和を専門的に訓練された代弁者の必要性がますます高まっているのです。ブレンダの状況に話を戻せば、代弁者の不在が多くの点で危機をもたらしたといえます。第一に肥満と2型糖尿病との関連について彼女は知らされていませんでした。もし何年も前から知らされていたならば、症状の急激な悪化は防ぐことができたかもしれません。ブレンダは具合が悪くなってから何度も医師のもとを訪れていましたが、彼女がしてもらったことは、その週に出ていた症状のみを見た診断に基づく治療でした。全体像を組み立てられる人はいなかったのです。最も複雑な症例というわけではなかったにもかかわらずです。では何が起きていたのでしょうか？

それを見つけるのが代弁者なのです。そして言うまでもなく、一部の医師からの敵意を買いました。自分の領域を絶対的権力で支配することに慣れているため、質問をしたり、自分の意見をさしはさんだり、ひょっとすると非難したりする監督のような人が部屋にいることを求める医師などほとんどいないでしょう。最悪の場合、医療過誤訴訟が起きる可能性もあるわけです。プロの代弁者を立てる活動は始まったばかりですが、患者の最善の利益を追求することは有益なことだとの主張に、医療従事者は疑問を抱いています。

少なくとも今の段階での結論は、代弁者を必要とする患者も、その役割を自分でおこなわなくてはならないということです。その問題の核心には、受動性があります。私たちが医療に身を委ねるとき、それが開業医の診察室であろうと、ＥＲであろうと、または大病院であろうと、すべてを委ねるべきではありません。体を突かれたり、刺されたりするのは煩わしいことです。さまざまな検査を受けることもストレスです。部屋に足を踏み入れた瞬間、私たちは匿名の存在になります——人間ではなく、歩く症状となるのです。こうしたネガティブな影響を深刻に捉え、人間的な接触をはかる医師や看護師もいます。人間味のない効率性にフォーカスした仕組みにおいて、彼らの人間的な慈悲は敬意を払うに値します。

あなたは主治医が好きで、よく面倒を見てくれると感じているかもしれませんが、だからといって自分自身の代弁者にならなくてよいわけではありません。むしろその反対で、医療に内在するストレスこそ、あなたが反撃したいと思っているものなのです。最初に表れるのが心配や不安のストレスで、白衣症候群として一般的に知られています。私たちは皆、子どものときにお医者さんから注射されることがいかに恐ろしかったか、または歯医者さんの椅子に座ることが、ドリルのスイッチが入る前からどれほど恐ろしいものであったかを覚えています。ストレスの多い状況を予期することは、実際にストレスを受けるのと同じぐらい大きなストレス反応を引き起こしうることが研究によって証明されました。ある研究では被験者が2つのグループに分けられ、1つのグループは人前でスピーチをおこない、もう1つのグループでは、人前でスピーチをおこなうよう言われましたが、実際はおこなわれませんでした。両グループともストレスを受けたわけですが、どれほどうまくストレスから回復したかを計測したいと研究者らは考えました。

ストレスからの回復には「不安」のような感情的反応の低下とともに「心拍数」と「呼吸」が正常に戻るという3点を含みます。回復は両グループともに同様で、予期したけれど経験しなかったストレスは、実際のストレス要因と同じぐらいのダメージを潜在的に与えうるということが明らかになりました。また回復の過程でどのように感情の状態が変化したかは、心臓と呼吸の状態を予測するためのよい判断材料でした。言い換えると、もし感情的にストレスを感じるなら、あなたの体もストレスを感じているということです――この点については何ら驚くことではありません。

このことを、どうすれば診察室で適用できるでしょうか? すでに述べたように実際に経験するストレスだけでなく、まず「①ストレスの見込み」というものが存在します。次に人は「②ストレスがあると精神的に混乱して集中力がなくなる」ということがあります。そしてあなたが明晰《めいせき》さを保つ必要があるその瞬間「③ストレスは医師や看護師が部屋に入ってくるとき最高潮に達する可能性が高い」ということです。あなたは自分自身の代弁者として、どんな時点においてもストレスに屈したくはないでしょう。目標は正しい質問をすることであり、役に立つ答えを得ることであり、未来に待ち受けていることを理解することです（診察室を出て、尋ねるつもりだったのに聞き忘れたか、もしくはあまりのストレスで言い出せなかったりしたすべてのことを突然思い出す際に感じるフラストレーションは誰もが経験していることでしょう）。

医療のストレスを克服するための1つの大きな秘訣とは、医療が自分に影響を及ぼしているということと、どのように影響しているかを認識することです。どんなストレスでもさらに悪化させる主な要素、つまり「繰り返し」「予測不可能性」「制御不能」といったことに意識的になってください。医師の診察を受けに行く、もしくは入院するという観点からすると「繰り返し」とは7つの試験を連続で受けるとか、いろいろな人から同じ質問を繰り返しされるといった、ストレスがかかる出来事の後にまた別のストレスがかかる出来事が生じるという意味です。「予測不可能性」とは、医師がどんな人物か、また検査がどのようなものかわからないことを意味します。「制御不能」とは、あなたの身に起こるあらゆることが外的な力によって決定されるということです。それではこれらの要因に、1

つずつ向き合ってみましょう。

繰り返し：医療現場では、あなたは自分がベルトコンベヤーに乗せられてどんどん運ばれていくもののように感じるかもしれません。そして各地点でストレスを繰り返し受けるのです。一連の検査がおこなわれ、何度も同じ質問をされることは避けられません。最悪の繰り返しとは、おそらく同じ病気や治療のために、診察や入院を何度もしなくてはならないことでしょう。1つの解決法としては、精神的にベルトコンベヤーから降りてしまうことです。それはたとえあなたが馴染みのない場所にいるとしても、いつもの生活の感覚に戻ることによって可能になります。他の人とおしゃべりしたり、瞑想したり、読書したり、オーディオブックを聴いたり、事務仕事をしたり、友人とメールしたりといった、言ってみれば「自分の心地よい領域にいることと結びつく日々の活動」という単純な手段によって、いつもどおりの世界にとどまることが可能になるわけです

予測不可能性：インターネットの時代において、医療はかつてのように予測不可能で未知

な世界である必要はなくなりました。病気や健康のあらゆる側面についての情報は山のようにあり、今ではその情報を何百万という人が利用しています。情報の最善の利用法は、自分の問題点がわかるまで待つということです。最悪なのは自分の症状、もしくは「あると思いこんでいる症状」をもとに、手探り状態で心配そうに情報を利用することです。主治医の診察室や病院で、次のステップでは何があるのか誰かに聞いてみてください。受け身で予測できない出来事を待つのは、ストレスがたまる原因です（歯科医は診察椅子に横たわる患者の不安を敏感に察するものですが、今では事前に手順の説明をおこない安心させるのが普通です。また、生じる痛みや不快さの度合いについても率直に伝えようとします。なぜなら治療のこうした側面を隠せば信頼を失いますし、隠されていること自体がストレスの一形態だからです）

制御不能：自らを見知らぬ人の世話に委ねることは非常に大きなストレスですが、医療においてそれは必須です。自分がそのような状況に置かれることを理解すれば、もっと制御できているように感じられる方法はたくさんあります

・自分の病気について情報を得ること。どこが悪いのかを正確に見つけ出す機会を逃さないことです。これは医師に挑戦しろという意味ではありません。もしも主治医にオンラインで見たことについて知らせる必要があると感じるなら、それは決して挑戦的な態度ではありませんし、今ではたいていの医師が博識な患者に慣れています
・もし病気が一時的なものでなく深刻なものだとしたら、あなたと同じ病気の診断を受け、同じ治療を経験している人と連絡をとってください。オンライン上にたくさん存在するサポートグループでもいいですし、待合室や病院の他の患者とただおしゃべりするだけでもよいでしょう
・病気が長引くようであれば、地元、もしくはオンラインのサポートグループに参加してください
・健康面の課題や回復に向けての進歩についての記録をつけてください
・親身になって進んで助けてくれる友人から感情的な支援を受けてください（言い換えれば、いやいや世話をしてくれるような人に頼らないということです）

・あなたの治療に参加している誰か（看護師や医療助手は声をかけやすいですし、医師よりも時間があります）と個人的なつながりを持ってください。理想的には、このつながりはあなたとその人が共有する何か（家族、子ども、趣味、病気以外の関心ごと）をもとにしたものであるべきです

・黙って独りで苦しもうという誘惑に抵抗してください。孤独は、誤ったコントロールの感覚をもたらします。本当に効果があるのは、できる限り平常どおりの生活と社会的つながりを維持することなのです

こうしたステップをとれば、いつでも患者の最善の利益となる「患者の代弁」という目標を達成するのにとても効果があるでしょう。しかし厄介な未知の世界「医療ミス」の可能性が残っています。研究によれば、有害な事象は長時間にわたる過酷な業務による看護師やインターンや研修医の疲労といった、あなたが患者としてコントロールできない要因とつながっていることがわかりました。病院の業務のあわただしさの中で、そっけなくされたり、見落とされたり、不当に扱われたりする患者が出てくるのは必然なのです。

2009年の『ジャーナル・オブ・アメリカン・メディカル・アソシエーション』で、テイト・シャナフェルト博士は次のように書いています。「ほぼすべての医療分野をカバーする多くの世界的研究によれば、医師の3人のうち約1人が常時極度の疲労を経験しているということが示されています」。ダイク・ドラモンド博士は医師の極度の疲労を軽減するためのウェブサイト「The Happy MD」に、その問題を理解するためには一種の銀行口座のようなところから、身体的エネルギー（前に進んでいくために単純に必要なもの）、感情的エネルギー（熱中し、慈悲心を保つためのもの）、スピリチュアル・エネルギー（自分の目的となぜ医師としての仕事をしているのかを思い出すため）という3つのかたちでエネルギーを引き出すように考えるべきだと投稿しています。どんな患者に対しても、このエネルギー銀行の口座からエネルギーを引き出すのです。次の患者のために口座残高を十分に残しておくことが大切です。

患者としては、より情報に通じて探求心旺盛《おうせい》であればあるほど望ましいのです。何が起きるか知っていれば、何かがおかしいときにそれを指摘できる立場にいられます。しかし医療ミスの全体像は悲惨なものであり、また最も避けたいのは自分をケアしてくれる人々と敵対関係になることです。次に患者として「すべきこと」「すべきでないこと」の概略を挙げてみます。

☆患者として「すべきこと」

- 自分の治療に参加する
- 自分も治療に参加したい旨を医師や看護師に伝える
- 必要なときは追加情報を求める
- 自分に合うかわからない薬など疑問が残る点は医師の確認を求める
- 自分の心地よい領域を超えたら誰かに伝える
- 右記のすべてにおいて常に礼儀正しさを忘れない
- 必要なら医師や看護師を褒めること。感謝の表明は状況を改善する

☆患者として「すべきでないこと」

- 敵対的、疑い深い、要求が多すぎるようなふるまいをしない

・医師や看護師の能力に挑戦したり抗議したりしない
・どれほど心配でも医療従事者に対して文句や愚痴を言わない。こうした感情は家族、友人、支援グループのメンバーに言うためにとっておく
・治療してくれる人と同レベル、または自分のほうがよく知っているふりをしない
・入院中は何度もコールボタンを押したりナースステーションに駆け込んだりしない。彼らの業務を信頼すること。患者が看護師を呼ぶ主な理由は、本当の必要性よりも不安からだということに気づく
・犠牲者を演じない。つらい状況にあっても安全、コントロール、元気という平常時の感覚を維持していることを介護人に示す

おそらく医療ミスにまつわる最も重要な発見は、それがコミュニケーションの欠如によってしばしば引き起こされるという点です。医師と他の医療スタッフとの間のコミュニケーションの断絶は、ほとんどの場合、指示が明確でなかったり、イライラした状態で述べられたり、不十分だったり、もしくは指示を受けた側の解釈によって意味が違ってしま

うことで起こります。前述したように、自分の病気や治療についてよく知っていれば、あなたは伝達ミスに最も気づける立場にいます。しかし現実的に、これは患者にどうこうできる分野ではありませんし、また医療従事者はそうした問題に対処したり、それがどれほど深刻なことになっているのか見極めたりするのを非常に嫌がります。

ここで大切なのは、社会的カテゴリーです。医療ミスは、あるグループがすでに不利な状況にあるという条件下で起こることが多いのです。もしあなたが高齢で貧しくて学がない、もしくは人種的に少数派の場合、若くて白人で教育レベルが高くて裕福な人とは同じ立場にはありません。特権は特権を呼ぶのです。しかしたとえそうだとしても、私たち一人ひとりが、患者が誤解を最小限にするために実際にできることに対して責任を持つべきなのです。つまりは次のようなことです。

- 自分の症状をどう説明するか、明確にしておくこと
- 自分が期待していることを現実的に述べること。自分が望んでいるのは痛みの緩和なのか、薬なのか、回復の兆しなのか、最悪は避けられたという安心感なのか。患者に

よってその期待も異なり、そして自分はどんな期待をしているのか、医師や介護人がわかるように明確にしておく必要がある

・自分の状況について不明な点があるなら率直に言うこと

・処方された薬の副作用について尋ねること

・質問の答えが得られなかったら、恐れずに誰かに知らせること

この件については詳細に述べてきましたが、それは病院に行くより重要なことだからです。自分の代弁者になっているとき、あなたは無意識的な状態から意識的な状態になっており、少なくとも他者からの介護とセルフケアを同等に評価することになり、セルフケアに対してこのような姿勢でいれば、あなたはヒーラーであるということなのです。

患者の代弁者を立てる活動に対しては、医師の間で警戒心が強まっています。なぜなら患者の世話は医師に完全に任されているというお決まりの業務が崩されるからです。変化とは、組織的な抵抗に遭いつつ、ゆっくり起こるものです。同様に、もしあなたが自分はヒーラーであると医師に告げれば、医師の反応はおそらくポジティブなものではないでしょう。

どちらかといえば、おそらく医師の役割を侵害しているとみなされるでしょう。しかし本書をここまで読み進めた今なら、そのような挑戦をしかけてはいけないとおわかりでしょう。私たちの体は、すでに自分をヒーラーにしています。私たちが自己治癒反応に役立っているのか、害になっているのかは、私たちの選択が意識的か無意識的かということ次第なのです。

すべての中で最も基本的な選択は「マインドレス」ではなく「マインドフル」になることです。この判断に関しては、医療従事者への攻撃を表しているわけではまったくありません。もしあなたが自分の治療に参加することで医師や介護人が気分を害したとしたら、彼らはすでに医療ミスを犯しているのです。よい医師は、患者が自ら治療に参加するだけでなく自立と医師への信頼をともに持ち合わせることを喜んで受け入れます。その2つの姿勢は互いに排除し合うものではありません。なぜなら結局、医師と患者は「できるだけ治癒反応を促進する」という同じ活動に参加していることになるからです。

08

信念に潜むパワー

ＡＩ（人工知能）が着実に発展を遂げるなか、コンピュータが決して獲得できないものとは、人間の知性の主要な特徴の1つである「信念」です。コンピュータの現実は、完全に1と0から成るデジタル言語に変換される事実に基づいています。もし冷徹な計算が私たちの理性と感情が乱雑に混ざり合ったものよりも優れた思考を意味するのなら、そのこと自体がＡＩ擁護者は信じ、懐疑主義者は信じない1つの仮定なのです。信念は私たちをより人間らしくします（この心の特質を持つ生き物は他にはいないのです）が、信念が実際にどのように作用するかはいまだにわかっていないのです。

「自分の目で見たものを信じるだろう」「信じれば、見えるだろう」。これら2つのどちらがより真実に近いでしょうか？　実はどちらも真実ではありません。なぜなら両者は反対の意味を持つにもかかわらず、それぞれが中途半端な真実にすぎないからです。どんな医師でも、自分の診断や宣告が原因で患者が亡くなるという現象を経験したことがあります。これは悪いニュースを聞くことがどれほどトラウマになるかを示しており、患者は自分の根本的な疾患が治療可能であったとしても、もしくは少なくともあと数か月や数年は生きられるとしても、あっという間に意気消沈してしまいます。こうした場合、見ること＝信じることではないのです。肺がん宣告を受けた2人の患者が本質的に同じレントゲン写真を見せられたとしても彼らの生存を予測することはできませんし、腫瘍《しゅよう》専門医はこの2人に対してまったく同じ予測をするわけでもありません。

医大ならではの古いジョークがあります。年1回の健康診断を受けに来た女性が、医師に「私はがんではないかと思うのです」と告げました。医師は一連の検査をおこなった結果、よい知らせを伝えます。彼女は完全に健康で、何らがんの兆候がありませんでした。翌年も健診を受けに来て、再び医師に自分はがんではないかと思うと告げ、また検査結果はまったくがんの兆候を示しませんでした。こんな調子が何十年も続き、その女性は75歳になっていました。医師は「残念ですが、がんです」と告げると、「言ったとおりでしょう！」と女性は勝利の叫び声をあげました。

私たちは、自分の信念をどのようにして体に反映させるのでしょうか? 多くの医師は免疫システム、もしくは脳における変化を指摘し、完全に身体的な説明をするでしょう。しかし、私たちの生理機能におけるそうした変化は、心身が何をおこなっているかということの証拠なのです。信念というものを扱い始めると「なぜ」という、捉えどころのない言葉を避けることはできません。たとえば解雇されたり、愛する人を失ったりといった、ひどくショッキングで心に痛手を残すような出来事が、人の免疫反応を低下させることは十分に立証されています。また脳自体が、頑固に嘘を「信じる」こともわかりました。これは「幻肢《げんし》」として知られていますが、腕や足が切断されても、患者はまだその存在を感じ続けるという現象です。この幻は、痛みや不快さをしばしば伴います。たとえ心は真実を知っていても、脳の「信念」が身体的なかたちを信じ続けているのです。

自分の体が、自分の好まないことをおこなうことは非常によくありますが、そんなとき「なぜ」という疑問は「なぜこんなことが自分に起こっているのだろう?」という、より個人的なものになります。純粋に身体的な理由だけに基づいた答えは信頼できません。ごく単純な日常的な場合においてさえ、全システム的アプローチは必要です。たとえば冬に風邪をひくのは、風邪のウイルス（ライノウイルス）にさらされているというだけのことではありません。たとえライノウイルスを直接鼻に投与したとしても、それを防御する「感情的免疫」を持つ人々もいます。

それはまさに、カーネギーメロン大学とピッツバーグ大学のチームが276人の大人の被験者を対象におこなったことです。ウイルスは血流に入り、ほぼ全員に感染しました。しかし、風邪の症状が実際に出たのはある一定数の人のみでした。なぜでしょう？　研究者らは、その違いは人間関係によって生じると考えました。これは正しいことが判明し、またそれだけでなく、その影響を数値化することもできました。被験者は、家族や友人からクラブ、学友、教会、ボランティア活動にいたる合計12のカテゴリーにわたってどれぐらいの社会的関係を持っているかを尋ねられました。被験者が直接、もしくは電話で少なくとも2週間に1度は接触した場合、それぞれの人間関係に1点がつけられ、最大スコアは12点となるわけです。

重要な発見は、1～3種類の人間関係しか持たないと申告した人は、6種類以上の人間関係を持つ人よりも4倍ほど風邪の症状が出やすくなりました。共感と温かいスープを与えてくれる愛情深い母親がいる人が、独り身の寡夫よりも優れた免疫力を持っていたとしても何ら驚きではないでしょう。しかしこの研究にはやや不可解な点もありました。なぜなら重視されたのは人間関係の多様性と数であり、親密度合いではなかったからです。たとえ喫煙、抗体、運動、睡眠といった身体的リスク要因があるときでさえ広い社会的ネットワークに組み込まれていることで、感情的免疫が生まれたのです。

すでに述べたように、心身間に起こる現象の証拠を見つけるのは難しいことではありません。それは心で生まれ、明らかにされる必要のある「なぜ」という疑問なのです。まずはほとんど誰もが知っている言葉でありながら、長年の試みにもかかわらずいまだにきちんと説明されていないプラシーボ効果から始めるのが最適でしょう。

自らのプラシーボとなる

医学の発展は「効果があるもの」と「効果がないもの」を確実に知ることによって遂げられます。効かない薬やサプリなど、誰も飲みたいとは思いません。もしかしたらあなたは処方箋なしで買えるホメオパシー製品をイメージしているかもしれません。それはあなたに効くのでしょうか？　もしほんの数％の人だけに効くとしたら、受け入れられるでしょうか？　これは基本的な疑問点ですが、考慮すべき未知の要因があるのです。もしホメオパシー製品を飲んで効果を感じるとしたら、おそらくそれは物理的製品そのものが改善を引き起こしているのではなく、効くだろうと信じる気持ちが引き起こしているのです。

事実とは「あなたが信じていること」「子ども時代からの条件付け」「両親から受け継いだ遺伝子」でさえも未知の要因だということです。ホメオパシー薬、もしくは他のどんな薬やサプリも、あなたの体が治療にどう反応するかを部分的にしか決定付けません。プラシーボ効果とは実際の医学的要因がまったくないのに治癒が起きることですが、非常に魅力的なものです。もしあなたが自分自身のプラシーボになることができたら、最も安全なかたちの治療を自由自在に扱えるようになるでしょう。あなたの体の全細胞は、まさに何を必要としているかわかっており、必要なもの以外は何も取り入れません。心身全体にもこれは当てはまるのでしょうか？　もし当てはまるとしたら私たちにただ必要なのは、細胞が必要とすることを意識的に提供し、細胞を完全にサポートするような自分の中の階層にアクセスすることでしょう。

それが現実的な可能性であるかどうか決める前に、現象の全体像をもっとじっくり見てみましょう。医師の間では、プラシーボ効果は魅力あるテーマでありながら、理解しづらく、そして同時にもどかしい存在でした。臨床において、本物の薬の代わりに偽薬を使ってあえて治療をしようとする医師はほとんどいないでしょう。しかし薬の臨床試験においては、プラシーボ効果は排除されなくてはなりません。さもなければ薬の効能を知ることはできません。

「プラシーボ」という言葉は「喜ばせる」という意味を持ち、「プラシーボ　ドミノ」とは「私は神を喜ばせる」という意味で、かつては祈りの際に使われていました。宗教的なつながりは今日にも残っています。なぜならプラシーボ効果には、診察室か病院という環境下で、白衣を着た医師によって投薬を受けるという「儀式」から生じるものもあるからです。18世紀になるまで、「プラシーボ」という言葉は「おとり薬」という意味で使われていました。現代医学においては、先駆的なアメリカ人麻酔専門医ヘンリー・ノウルズ・ビーチャーが1950年代にプラシーボ効果の最も初期の研究をいくつかおこないました。

ビーチャーは、第二次世界大戦時に軍医として前線で働いていました。そこで彼は、重傷を負った兵士の中には明らかに痛みを感じず、鎮痛剤を必要としなかった人々がいるのを目にしました。ビーチャーは後にハーバード大学とマサチューセッツ総合病院を基盤として、痛みの「知覚」はけがや病気の重症度によって決まるわけではないという影響力の大きい論文を1955年に発表しました。今日この原理は広く受け入れられています――痛みの度合いを測るための信頼に足る唯一の方法は、患者に痛みの査定をしてもらうことなのです。1～10の範囲で10が極度の痛みだとすると、ある人には10に思える痛みが、別の患者にとっては7以下の低い値で査定されるかもしれません。

ビーチャーは、プラシーボ効果に関しても痛みの知覚はその人の信念や期待によって影響されうるかどうかを問いました。彼は自分の仮説を検証するために一連の臨床研究を続け、成功した治療の約35％でプラシーボ効果が見られたという結論にいたりました。この発見は当時の医学界を揺り動かし、その衝撃波はそれから数十年の間にさらに広がりました。後の研究でプラシーボ効果に関する検証はさらに広まり、治療効果の60％にいたるまでがプラシーボだということが発見されました。たとえば有名な抗うつ薬（化学的にはフルオキセチン、セルトラリン、パロキセチンとして知られています）の研究において、ポジティブな結果の50％がプラシーボ効果によるもので、薬自体の効果によるものはたったの27％でした。

ビーチャーの発見はまた、医療従事者に対して間接的な影響を与えました。たとえば次の半世紀にわたって、患者に真実を告げることに関する医師の姿勢は大きく変わりました。有害無益であるとして、患者には不治の病の診断結果は告知しないというのがそれまでの慣習でした。１９８７年9月に日本の昭和天皇が十二指腸のがんと診断されたとき、侍医には病気を知らされず、それから1年以上経った１９８９年1月に亡くなるまでご自分の病気について知らないままでした。今日では、私たちは真実を告知される時代に生きています。そしてどんな患者も診断結果を告知されることが当然だと思っています。しかしプラシーボ効果の別の側面としてのノシーボ効果というものも存在するのです。つまり悪い結果になるだろうという信念は、それ自体が強い影響を及ぼすのです。

ノシーボ効果は、自ら誘発するものです。２０１７年に非セリアック・グルテン過敏症という診断を受けた患者１３００人を調査したところ、実際にグルテンを摂取しているか否か患者には知らせないという盲検臨床試験をしてみると、40％がグルテンに対する過敏症ではなかったことがわかりました。以前の診断検査にもかかわらず、本当にグルテン過敏症だったのはたった16％でした。グルテンを摂取した後に症状を示さなかった40％の人は、調査前の日常で症状が出たときはノシーボ効果を経験していたわけです。

奇妙で致命的なかたちでのノシーボ効果は、１９８０年代に睡眠中の死亡が蔓延したときに起こりました。このケースでは、何十人という東南アジアからの移民の男性が30代前半で亡くなり始め、それはいつも睡眠中で故郷から何千マイルも離れた所で起こりました。この不思議な出来事は、ラオスから中国に分布する山岳民族のモン族の男性に多く起こりました。ここで彼らに共通していたことは、ラオス出身者であったということです。この医学上の謎は、「原因不明の夜間突然死症候群」（ＳＵＮＤＳ）と名付けられました。

ヒアリング調査によって、モン族の男性は霊的世界に対する信念のせいで亡くなったということが後に明らかになりました。遺族の証言によると、彼らは文字どおり「死ぬほど怖がっていた」睡眠中に心臓発作で死んでいました。共通する医学的特徴は「深い睡眠中に四肢が動かなくなる」という、誰にでも起こり無害な自然現象である「睡眠麻痺《まひ》」でした。

しかしここでの「麻痺」とは明晰夢《めいせきむ》（訳注：睡眠中に見る夢のうち、自分で夢であると自覚しながら見ている夢のこと)、もしくは白日夢の一部なのですが、夢の中では眠っていない状態で、自分の手足が動かないことにぞっとして気づくのです。睡眠麻痺は、多くの文化において夜の悪魔と結びつけられてきました。インドネシアでは、それはdigeunton(圧迫すること)と呼ばれ、中国ではbei gui ya(幽霊にとらわれる)と呼ばれます。「nightmare(悪夢)」という言葉はオランダ語の「nachtmerrie」に由来し、そこでは「mare」は夢見る人の胸の上に横たわり、窒息させる超自然的存在の女性です。欧米の多くの地域では「Old Hag syndrome(金縛り)」(訳注:横たわっている体の胸の上に醜い老婆(hag)が乗って動けないようにするという迷信からきた言葉)と呼ばれています。動けないという恐怖は、この状態は邪悪な存在と関与しているという、元々持っていた文化的信念と結びつき、モン族の男性の間に心不全を誘発するに十分だったというわけです。

プラシーボは諸刃《もろは》の剣《つるぎ》なので、さまざまな問題が生じます。たとえばプラシーボは最終的に逆効果となり、患者に害をもたらすこともありうるのでしょうか? うつ病治療の成功例の75%がプラシーボ効果によるものであったことを示唆し、抗うつ剤の有効性の限界に挑むことになった1つの研究について考えてみましょう。世間は「抗うつ剤は効かない」という見出しにひどく反応しました。効いてほしいと思っている薬への信頼が壊されるからです。実はだまされていたのだと告げられることで、多くの人が見捨てられたと感じ、孤独と、うつ病に対する無力さを感じさせられました。しかし、この疾患における薬への依存率はかなり高いままです。プロザック（抗うつ剤）がプラシーボに取って代わられるにはまだ早すぎました――そして実際に取って代わられることもありませんでしたし、最も人気のあるプロザックの市場が拡大しただけでした。

プラシーボ効果を生み出すのに薬は必要ありません。過敏性腸症候群の患者が、実際には鍼《はり》が皮膚を刺していないという偽の鍼治療を受けたとき、被験者の44％に消化の問題や過敏性腸症候群などの痛みを伴う症状に改善が見られたことが研究者によって明らかにされました。そのうえ偽の鍼の治療中に鍼灸師《しんきゅうし》からポジティブな元気付けや励ましがあると、被験者の62％に改善が報告されました。

長い間プラシーボ効果について説明することは、ブラックボックス（原因と結果を結びつけられない現象を表す科学用語）の中に入るようなものでした。つまりプラシーボをおこない、後にその効果が出るか出ないかを観察するにいたる間に何が起きているか誰にもわからないのです。医学は比較できないものを比較するという考え方によって阻まれました。なぜなら砂糖粒の物理的本質は、その粒がどんな働きをしているにしても、その作用の心理学的本質と合致しなかったからです。全システム的アプローチをすれば、私たちはこのジレンマを抱え込まずにすみます。なぜならブラックボックスは存在しないからです。プラシーボ効果は心と体の間の人工的な境界を越えるから、実際に作用するのです。これがその仕組みを示す図です。

プラシーボ→解釈→結果

プラシーボ効果は計り知れないところで勝手に起こっているわけではなく、むしろその反対なのです。どんな経験も、解釈された後に何らかの効果が表れます。古典的なプラシーボの実験では、慢性の吐き気に苦しむ患者に吐き気がなくなると聞かされた薬が与えられ、約30％の人の吐き気が治まりました。彼らが知らされていなかったのは、その薬が実際は吐き気を起こすものだということでした。よって解釈のパワーは、効能がないまま症状を改善した砂糖粒を越えたというわけです。つまり実験者は、薬の物理的作用に反した改善を目撃したのです。ビーチャーの最初の発見と同じぐらい衝撃的なことでしたが、この新機軸は医療従事者たちにいまだそれほど影響を与えていません。

どれも似たような結果で延々と繰り返されている多くのプラシーボとノシーボの実験すべてを明らかにする必要はありませんが、その効果がいかに明白で全体的な影響を持つものであるかを示したいと思います。プラシーボ効果は偽薬を越えて「偽手術」のような劇的な治療にまで及ぶものなのです。そして全システムは潜在的に、痛みに関する初期診断よりもはるかにプラシーボ効果の影響を受けやすいのです。次にいくつかの研究の主要部分を少し挙げてみます。

・2009年の治験で、患者は骨粗しょう症の痛みを軽減する治療を受けました。骨セメントを注入し、損傷した椎骨《ついこつ》を修復する治療です。プラシーボのグループは注射の代わりに、医師が患者に医療セメントのにおいを嗅《か》がせながら脊椎に圧をかけました。

どちらのグループも同程度の痛みの軽減を報告しました。最終的にプラシーボの結果は、実際の治療の有効性を無効にしてしまう結果となりました。というのも有効性を示すには、偽治療よりも優れたものでなくてはならないからです（これはプラシーボ効果によって痛みを完全に取り除くことにどれほど価値があるかということを表しています）。しかしプラシーボが効いた人々が、単に治療の可能性を信じる心があったために恩恵を受けていたとしたらどうなのでしょうか？

・ルディは、第一線のアルツハイマー病研究者としてのキャリアにおいて、アルツハイマー病患者の脳に蓄積して神経細胞を破壊する「老人斑」に有効な治療法を発見するため、遺伝子レベルでこの病気を追跡しました。ルディは老人斑の蓄積を止める薬の開発という差し迫ったミッションに積極的に参加するなかで、オーストラリアで開発された、既存の老人斑を消し去る目的のＰＢＴ２という有望な新薬に対して小規模な治験をおこないました

プラシーボとして被験者は不活性の赤い錠剤を与えられ、脳画像を用いた治療の前後にプラーク値が調べられました。ＰＢＴ２を与えられた被験者は、薬を摂った後に

平均してプラーク値が減りましたが、偽薬を与えられたプラシーボグループも、その度合いは減ったものの同様の結果を示したのです。残念ながら、これは試薬の失敗を決定付けるに十分でした。しかしもっと広い視野で捉えると、プラシーボが「痛みと不快さの軽減」という患者の主観的感覚だけでなく、実際の生理的変化を起こしうるというのは驚くべきことです。もし信念や期待が脳を変化させることができるとしたら、その影響力はどれほど広く及ぶのでしょうか？

・プラシーボ効果において信念はきわめて重要であるため、患者がこれから飲む薬を信頼させるためには、だますことが必要です。しかしプラシーボ分野の第一線の研究者であるハーバードのテッド・カプチャクは「だます」という要素を排除する可能性について研究しています。カプチャクはプラシーボ薬を飲むことになると患者にあらかじめ知らせますが、プラシーボがどれほど強力で効果があるかについても伝えておきます。過敏性腸症候群患者の治験において、あらかじめ知らせておいたうえでプラシーボ治療を受けた人のうち約59％が改善したと報告しており、何の治療も受けなかった対抗グループのうち改善したのは35％でした。その結果はささやかなものに見えるかもしれませんが、医学界でプラシーボ薬を与えることにいまだ偏見が根強く残っているなかで、何もしないことと決して同じではないということを示しています

解釈をどう変えるか

プラシーボ効果を引き起こしている実際の原因はわかっていませんが、「信念」「期待」「知覚」が重要な役割を果たしていることについては疑う余地がありません。1949年まで遡りますが、先駆的な研究者だったスチュアート・ウルフはプラシーボ効果が個人的な知覚の影響を大いに受けていることを提示し、「体のメカニズムは直接的な身体的・化学的刺激だけでなく、個人にとって何らかの特別な意味を持った言葉や出来事などの象徴的な刺激に対しても反応することができる」と書いています。

私たちは概して「象徴」が自分の現実感を形作っているとは考えていませんし、ましてや自分の体を形作るなどとは考えるわけもありません。しかし子どもの頃に病気でベッドに寝ていたとき「きっと元気になれる」と期待して小さな白い錠剤を飲むことで、あなたは象徴の世界に足を踏み入れていたのです。錠剤が何でできているか知らなくても「元気

になること」を象徴的に意味しており、またさらなる象徴があなたの頭の中で地図を描き始めたのです。少し立ち止まって、医者についての次の主張に「賛成」か「反対」か、考えてみてください。

賛成／反対　ずっと健康でいたければ医者には近づかない

賛成／反対　医者が関わると医療費は高くつく

賛成／反対　医者は自分たちのことを信頼しろと言うが、ある医学研究ではAと言い、次の研究ではAと反対のことを言ったりするので信頼するのは難しい

賛成／反対　医者は大きな製薬会社の意のままになっている

賛成／反対　たいていの医者は、できるだけ早く患者を診察室から出したがる

論理的にはこうした主張の一つ一つに対して事実であるかどうか確認することができま

すが、たいていの人は他の基準（医療にかかった際のよい経験や悪い経験、メディアから得た話、友人や家族から得た偏見、高所得者に対するよい感情や悪い感情など）に基づいて、即座に賛成、もしくは反対するでしょう。私たちはどのような個人的な理由があって即座に判断するのか紐解《ひもと》こうとは滅多にしませんし、さまざまな事実が実際に集められても自分の判断を撤回したがらないものです。医者に関するこうしたネガティブな主張によって、医者のイメージが「強欲」「無能」「身勝手」「冷淡」「完全な詐欺」といった悪い個人的特徴を持つ象徴へと変えられてしまいます。

象徴は非常にパワフルなので、理性的な心でもなかなか沈静化させられません。即断の確実さや単純さと比べて、同様のネガティブな主張に対する反論は退屈でためらいがちなものです。たとえば次のようなものがあります。

・すべての医者が、ひとくくりの描写に当てはめられるわけではない
・実際にどれほどの医者がこうした悪い特徴を示すのか検証するには、統計調査が必要になるだろう

・そのような調査は信頼できないものである可能性が高い。なぜなら判断というのは非常に主観的なものだからである

・医者の行為のうち、批判されている悪いことの一つ一つについて、医者は自分の言い分について話をする権利がある

私たちは医者を「プロ意識」「教育」「介護」「貢献」「慈悲」「無私無欲」などのポジティブな象徴へと変えるような、ポジティブな主張を提示することもできたはずです。フロリダで薬を大量処方するという詐欺を働いた悪質な医療ケア不正者が象徴するものは、西アフリカでエボラ流行と闘う国境なき医師団のメンバーが象徴するものとは非常に異なります。あなたが子ども時代からどのような反応をしてきたかによって、こうした象徴はあなたの中で「信念」「習慣」「条件付け」「恐怖」「先入観」としてしっかり根付いています。あらゆるものが、非常にポジティブなものと非常にネガティブなものとの間で変動しながら存在しています。したがってプラシーボもノシーボも、通常の定義をはるかに超えたところへと拡張するのです。一見、非常に抽象的で理解しがたいものである象徴が、生理機

能においてどのようにして変化を生み出すことができるのか、厳然と言える人などいません。しかしプラシーボ効果を巡る私たちの議論は、食べ物や空気や水が代謝されるように、個人的な経験も代謝されるという事実について疑う余地がないと考えています。理論的には、ブロッコリーひとかけらの中のすべての分子が、体のどこに最終的にたどり着くのかを知るためにずっと追跡することは可能です。しかしそれは経験については当てはまりません。なぜなら心と体のつながりはそもそも目に見えませんし、化学反応の後の段階になって初めて身体的影響を引き起こすものだからです。

2017年、治癒の非身体的側面に関してさらに探求する研究を指揮したスタンフォード大学の心理学者アリア・クラムは、その問題を完璧なかたちに要約しました。「私たちはずっとプラシーボ効果を神秘化していましたが、プラシーボ効果は砂糖粒に対する不可思議な反応というわけではありません。それは体に元々備わっている治癒能力、患者の考え方、社会環境や状況という3つの要素の、持続的で測定可能な効果なのです。プラシーボ効果をあるがままに捉えれば医学的に不適切だとして無視することもなくなり、それが内在する要素を医療の改善に慎重に利用できるようになるのです」

自分をごまかさなくてはならないとしたら、自分が自分のプラシーボになることは明らかに不可能でしょう。だますという要素を排除するカプチャクの戦略は異なるアプローチへの扉を開きますが、そこでさえプラシーボは強力な薬だと告げる医師の象徴的な効果は役に立つのです。砂糖粒を飲むことで片頭痛や腰痛が治るかもしれないと自分自身に言い聞かせても意味がありません（その場合、砂糖粒ではなくコップ1杯の水を飲んだほうがよさそうです）。しかし「治る」というポジティブな信念を引き起こすような何かを植え付けることで、プラシーボ効果を活性化させることは可能なのです。

治癒効果のある信念の特質

- 自信がわき起こるに足る説得力があること
- ネガティブな信念を一掃すること
- 自分にとって個人的な意味があること
- ポジティブな結果をもたらすこと
- その効果は信頼でき、繰り返されるものであること信仰療法、サイキックヒーリング、およびブードゥーなど土着カルトのような現象の強力な効果は先に挙げたすべての基準と密接に関連していると主張する人はいますが、そのどれもが現実的であり、神秘的なものではありません。信仰療法に対して異論はありませんが、私たちは自分自身を信じるパワーを支持します。これこそ、治癒反応のコントロールの源なのです。しかし「信念」が植え付けることのできる「自信」にはさまざまなレベルがあります。友人から「きっと元気になるよ」と言われることは、名高い医師に同じことを言われるのと比べたら、ほとんど効果はありません。しかし自分自身の信念システムを築くほどパワフルなことはなく、またすべての人の信念システムは動的で、急激な変化を起こすことが可能だと知ることが最も重要なのです。友人の招待を受けてパーティーに行くことを想像してみてください。そしてまったく予備知識もなく、パーティーに向かう途中でそこには誰が来るのか尋ねると、あなたの友人は答えます。

「会社の退屈な人たちよ」

「ブロードウェイの『ハミルトン』に出演している人よ」

「人権活動家のグループよ」

「刑務所から出たばかりで、再出発したがっている受刑者たちよ」


こうした答えは、あなたがそのパーティーを楽しめるかどうかという信念に対し、きわめて異なる影響を与えるでしょう。そして「期待」「知覚」「象徴」を含む、プラシーボ効果について私たちが述べてきたことのすべてが引き起こされます。私たちは、経験というデータを実際の経験に変換するプロセスを「解釈」という言葉でひとまとめにしています。解釈は、一連のフィルターとして捉えることができます。あなたが何かに焦点を定めたり、言葉を聞いたり、もしくは日々の状況に直面するとき、あなたのフィルターはこう尋ねます。


「この経験をしたい？　それとも遮断すべき？」

「これがどの程度あれば、気分がよくなる？　どの程度で気分が悪くなる？」

「以前ここに来たことがある？　もしあればどう反応した？」

「これは今、自分が注意を向ける必要のあるものか？」

「自分は何か言ったり、したりする必要があるか？」

「気にかけることだろうか？」

解釈のプロセスに意識的になれば、どんな側面であろうと変えることができるようになります。その対極では、親がどれだけなだめすかしてもほうれん草が大嫌いな子どものように、怠慢な反応でマインドレスにふるまうこともできるのです。本項のポイントは、あなたの細胞はあなたの解釈に耳を傾けており、細胞自体の経験としてそれに反応するということです。「ほうれん草嫌い」によって、咽頭反射《いんとうはんしゃ》（もしくは咽頭反射があるふり）が起こりえますし、それに伴い両親の血圧が上がるかもしれません。

ですから、あなたの信念と解釈のあらゆる要素は常に身体的反応を活性化させているということを受け入れましょう。どんな状況でも治癒的なものにするのは、あなたの信念を始めとする意識的な選択なのです。最も治癒効果のある信念には次のようなものが含まれます。

・自分は幸福で元気になる

・自分を自分でコントロールできている
・自分はどんなことに直面しても、自分はその挑戦を乗り切れる
・自分は安全に感じ、恐れない
・自分は家族や友人に支えられている
・自分は愛され、愛している
・自分をありのままに受け入れる

最初の信念「自分は幸福で元気になる」だけが唯一健康に触れており、しかも暗に示唆されているだけです。その他の信念は、自分自身との関係についてですね。本書の主要なポイントは、すべては自己に帰着するということです。大部分において、あなたの「自己」とは信念体系なのです。信念とは、脱いだり着たりできるコートのようなものではありません。むしろあなたという人間を形作っている、目に見えない遺伝子コードのかけらのようなものです。

治癒を妨げる信念のうち、ほとんどすべてが治癒効果のある信念の正反対になっていま

す。

・自分は不幸で、他の人よりも病気になりやすい
・自分の人生をコントロールできていない――多くのことが、私のコントロールできる範囲を超えた人や環境によって決まる
・多くの挑戦はつらすぎて耐えられないものだ
・自分は不安になりがちで、自分に起こりうる悪いことについて心配する
・自分は非常に孤独で、他人からの助けなしで自分の面倒を見なくてはならない
・自分の人生にはほとんど愛がない
・自分で自分を批判する

ポジティブなものもネガティブなものも、これらの主張が「私は○○を信じている」というかたちで表現されていないことにお気づきでしょうか。しかしそこに表されている感傷を剥ぎ取れば、事実の主張のように見えるもの（「自分をありのままに受け入れる」や

「自分は不安になりがち」）でさえ、遡れば仮面をかぶった信念なのです。たとえば「自分は不安になりがち」は「この世界は安全な場所ではない」「恐れることだけに意味がある」「恐怖は自分を用心深く、隙《すき》のない状態にしてくれる」「自分は生まれつきこういう性格だ」といった信念を隠しているかもしれません。

あなたの信念を治癒の方向へ変容させるプロセスは神秘でも何でもありません。それはただ、ネガティブな信念を少しずつ打ち壊していくだけのことです。

1. ネガティブなことを言ったり考えたりしている自分に気づいたら「これは本当にそうだろうか？」と自問してください。無意識の反射を理性的な問いにさらすことは、それを手放すための重要なステップです
2. 浮かんできたネガティブな信念を分析し始めたら「この信念は自分の役に立っているだろうか？」と自問してください
3. 他人のネガティブな信念から離れてください――間接的な影響も多いのです
4. ネガティブな信念が露呈するたびに、ポジティブな信念を2つ加えてください

5. 自己分析の旅を記録してください。あなたの信念システムにおいて今まさに起きている、もしくは起きてほしい変化について書き留めてください
6. あなたの支えになり、愛情深く、啓発してくれる、概してポジティブな人々ともっと長い時間を過ごしてください。それとは反対のタイプの人々を避けてください
7. セルフケアとあなたのウェルビーイング状態を高めてくれる、このプロジェクト全体を大切にしてください

とりわけ「ネガティブな信念が露呈するたびに、ポジティブな信念を2つ加える」というステップ4を強くお勧めしたいと思います。これは自分の信念システムの創造者になるためのパワフルな方法です。もし自分が創造者にならなければ、これからもあなたを支配し続けることになる、受け売りで効果も立証されていないようなあらゆる種類の信念を受動的に受け入れることになるでしょう。書き留めることによって、新しい信念を創り出してみてください。そしてランダムでも抽象的な可能性でもない、あなたが自信を持てる信念を選ぶために時間をさいてください。次に例を挙げてみましょう。

ネガティブな信念：自分は最悪のシナリオを予測できる。そしてその最悪のシナリオは現実になる運命なのだ

新しい信念：私には未来を見ることなどできない。最悪のシナリオについてくよくよ思い悩んでも何の役にも立たない。もし他の可能性を進んで取り入れれば、よりよい結果を見つけやすくなるだろう。最悪のシナリオが展開することを何度も考えたことがあるが、結局そうはならなかった

ネガティブな信念：自分は危機に弱い

新しい信念：助けを求めることは自分の弱さを意味するわけではない。同様の危機を乗り越えた人に相談することでこの危機に対処する方法を学ぶことができる。1人で乗り越えろと言う人などいない。自分はこれまでも多くのことを乗り越えてきた。危機は機会でもある。どんな問題も十分深く考えれば、必ず解決法がある

こうした信念の一つ一つがネガティブでもそうでなくても、事実であろうとなかろうと、それ自身が達成に向かう予言への変容という摩訶不思議《まかふしぎ》な特質を持つのです。現実は信念が導く方向に進みます。ではどのようにすればよいのでしょう？　医療研究者たちにとって、その問いかけはプラシーボ効果とノシーボ効果を受ける傾向に強く作用する遺伝子へと帰着するかもしれません。プラシーボの恩恵を受けやすいのはどのような人かを予測することは、新薬の臨床試験にとって潜在的に非常に重要です。遺伝子的関連性の研究において、一連の遺伝子はすでに「ゲノム」という用語と「マイクロバイオーム」のようなさらに最近分派した言葉を踏まえて「プラセボーム」と名付けられています。プラセボームの識別や特徴付けに関してはまだ初期段階ですが、説得力を持つ手がかりがすでに明らかになっています。リスク負担や報償と結びつく脳内の神経伝達物質ドーパミンに関与する遺伝子に加えて、鎮静剤や鎮痛剤やカンナビノイド（脳が作り出すマリファナ有効成分に類似した物質）までもが関与する他の遺伝子も関わっていました。プラシーボ効果の全システム的特徴を考えると、複雑に絡むプロセスが作用して、遺伝子レベルにまで行きわたっている可能性が高いでしょう。

遺伝子がどのような道をたどっているのかは誰にもわかりません。その間ヒーリング・ライフスタイルを送る人たちは、ネガティブな信念は、それ自身が達成されてしまう前に、白日のもとにさらされなければなりません。【意識的】という感覚に私たちが当てはめる「用心深い」「警戒している」「自己認識している」という言葉が、私たちの細胞にも当てはまることが明らかになるのは非常に興味深いことです。次の項で見ていくように、あなたは自然からの最大の恵みである体の叡智を拡張しているのだということを一度認識すれば、ヒーラーの役割を担うことはずっと容易になります。

09

賢いヒーラー

体（ボディ）と心（マインド）は1つの「心身」として考えるべきであり、そうすることで分離の状態が癒やされると認識することは大きな進歩です。しかし私たちはさらに一歩先を行き、癒やしのさらに深いレベルに到達することができます。ただ深いだけでなく、最も簡単でさらに自然なレベルへと到達できるのです。この一歩は体の叡智に関わっていますが、あまりにも多くの人が体の叡智を無視しているか信じていません。もしあなたの心と体が法律事務所のパートナー同士だとしたら、その看板には「心」のほうが先に書かれることでしょう。なぜならシニア・パートナーに値するのは心であると一般的に合意されているからです。

対照的に、体はおそらく何も理解していないでしょう。創世記で土の塊からアダムを創り出す神というイメージは、塊というのが今や細胞の塊ではあるけれど、ずっと広範囲に及ぶ影響力を持ってきました。少し立ち止まって、次の質問に答えてみましょう。

・体と心はどちらがより賢いでしょうか？
・体と心はどちらがより創造的でしょうか？
・体と心はどちらがより分別があるでしょうか？
・今あなたは体と心のどちらをより誇りに思っていますか？

まさに今この瞬間、もしあなたが体より心を大事に思うなら（55歳以上の人は共感するでしょう）再考が必要な古い信念を受け入れているということになります。体の知性は理性的な心より何百万年も古く、ずっと深遠なものです。体は、心身のパートナーシップにおいて平等な立場です。この認識がもたらす実際的な結果は、賢いヒーラーになることです。

宿主によるコントロール

体の叡智はいたるところに存在しています。科学者も普通の人々も、知性が存在する唯一の場としての地位を脳に与えてきました。体の情報の超高速道路がどのような仕組みで働くかを見てきた今、情報伝達とは50兆の全細胞が関わるプロセスであるということがわかりました。しかし、だからといって脳に向けられてきた敬意のようなものを排除するわけではありません。結局のところ、1つの肝臓細胞がベートーヴェンの第五交響曲を作ることができるでしょうか？　1つの腎臓《じんぞう》細胞が$E = mc^2$を理解することができるでしょうか？　実はこの2つの例を圧倒するような知性のなせる技を、体はやってのけているのです。

本書ではヒーリングというテーマを扱っているため、体を害から守る際に中心的役割を果たす免疫システムに注目しましょう。医学では「宿主によるコントロール」と言いますが、それは病原菌が体内に入った後に感染が起きるのはほんの限られた割合の人々だけであり、またさらに一握りの人々にのみ症状が表れるということを意味します。すべての人が病気になるわけではない理由は、体内で起こっているあらゆることをコントロールするために体が重層的な防衛をおこなうからです。宿主によるコントロールは、何千万年も前から存在している一連の身体的防御で始まる自然現象です。開いた傷口を空気にさらすと病原菌が侵入する高いリスクに見舞われますが、ちょっと考えてみればあなたの肺は開いた傷口と同様に空気にさらされているわけです。

その違いは、呼吸器系が侵入してくる埃や細菌をハエ捕り紙のようにつかまえる粘液で覆われているという点です。加えて、呼吸するたびに酸素が二酸化炭素と交換される場であるデリケートな膜組織に到達するまで、長い入り組んだ経路をたどらなくてはならず、そして経路全体がさらに多くの侵入者を阻害したり、捕えたりするのです。

頭蓋骨《ずがいこつ》や脊椎の椎骨は手ごわい要塞です。なぜなら、骨を通り抜けられる病原菌はほとんど存在しないからです。皮膚はもっとやわらかい障壁ですが、あなたが考えるよりもずっと防御力があります。というのも皮膚の表面の乾燥や汗からの塩分は、病原菌が増殖するには悪い環境となるからです。皮膚にある自然な開口部には、目からの分泌物を流す涙や、膣分泌物の酸のような他の防衛手段があります。涙、唾、鼻汁にはリゾチームという細菌の細胞壁を分解する酵素が含まれています。

この防御の最前線が不十分になってしまうのは必然的です。なぜなら防御メカニズムを創り出すのと同じ進化のプロセスが、その防御メカニズムを通過する態勢がより整った侵入者を創り出すからです。たいていは細菌やウイルスとして病原菌が体内に侵入すると、至近距離で闘うことが必要になります。白血球が侵入者に近づき、取り囲み、食べ尽くす映像を思い浮かべるかもしれません。これを司る免疫細胞が、マクロファージ(「大食い」という意味)です。獲物をまるごと飲み込むボア・コンストリクター(訳注:ヘビの一種)のように荒々しく見えるプロセスの背後には、非常に複雑な化学的メッセージが存在しています。免疫反応を知的と呼ぶのも決して大げさではないことを示すために、ある1つの側面について深く考察しましょう。

一番シンプルな例は、風邪をひくことです。風邪をひくのは身体的なプロセスであると誰もが考えます。人が風邪ウイルスにさらされると、たいていは息を吸うことでウイルスが血流に入り込み、増殖するにつれてウイルスと体の免疫システムの間で闘いが起こります。健康な子どもや大人の場合、免疫システムが勝ちます。そのあと数日間、血流にはウイルスの死骸とウイルスを飲み込んだ白血球の死骸の残余とともに、ウイルスからの毒素が散らばります。約1週間で侵入者は体から一掃され、同じウイルスが再びこっそり侵入しようとするのを防御するために新たな抗体が形成され、こうして再び元気になるのです。

全体として完全に身体的なものに見えますが、たとえば肌寒い日に下校中の子どもに吸い込まれた1つの風邪ウイルスが、体の免疫システムの歩兵である1つのマクロファージと至近距離で向き合う地点にまで降りてみてください。闘いがまさに起きようとしていますが、その前にそれぞれの情報パッケージがまず衝突します。1つの情報パッケージは風邪ウイルスのDNAに組み込まれたもので、もう1つは子どものDNAに組み込まれています。それらが出会ったとき、それぞれが情報を交換し合います。もし地球上で最も変異スピードが速い有機体である風邪ウイルスが何か新しいものを持ち込んだら、マクロファージはすっかり困惑してしまいます。何をすべきかわからないのです。

したがって、当面の間、風邪ウイルスの優勢な情報が思いのままにふるまい、それは血流中で膨大な数に増殖する引き金になります。しかし体の治癒システムは風邪ウイルスより何百万倍も賢く、ウイルスが変異するよりもさらにずっと速いスピードで変化に適応することができるのです。免疫の中枢——血流とは別に、独自の経路を持つリンパ系——に、緊急メッセージが届きます。マクロファージは免疫システムに、その阻止することのできない新たな化学物質がどのようなものかを詳細に伝えます。それはたいていタンパク質であることが多いです。

ここでB細胞として知られる特定の白血球が活性化して「超変異」を起こし、風邪ウイルスに体の防御を通過させてしまう狡猾《こうかつ》なタンパク質を阻止するようコード化された、単独の抗体を迅速に作ります。こうした微細なプロセス（これにはキラーT細胞、ヘルパーT細胞およびその他の細胞も関与しています）を医学研究によって解明して説明するのに何十年もかかりましたが、キーポイントは「体とは結局情報であり、その情報をいかに使うか」ということです。体の叡智は現実に存在しますが、目には見えません。その叡智を、哲学者や聖者や科学者の叡智と切り離す理由はありません。結局こうした免疫細胞は未知のものを見分け、目的を持って行動して新たな防御を発明し、メッセージを読んで受信し、そのメッセージを正確に解釈するのです。たとえばアルツハイマー病患者の脳内でさえ、病的な老人斑は単に致命的な化学物質のゴミではなく、脳をウイルス感染から防御する目的があることをルディと同僚たちは発見しました。こうしたすべてが「意識的」でないとしたら、他にどんな言葉を使えばよいというのでしょう？

医学研究は、体を顕微鏡レベルで調査することによってすばらしい役割を果たしました。

なぜなら私たちが日常生活において気づくのは、主に汗をかいたり、呼吸が激しくなったり、心拍数が速まるといった、スポーツジムで運動中に経験するような、マクロレベルで起きる反応だからです。酸素を筋肉細胞に運んだり、老廃物を運び出したりするプロセスの活性化といったミクロレベルでの適応もあり、これもまた運動中に起こります。医学において、それぞれの適応を詳細に理解するために何千時間という研究時間が費やされてきました。しかし全システム的アプローチは、さらに大きな謎に関わっています。それは体は何をすべきかをどのようにして「知る」のか、という謎です。

あなたの体はバランス、強さ、防御、効率性、協調性を保ち、そして何兆個もの細胞で起こっていることをすべて把握するために重層的な知性を同時に働かせています。宿主によるコントロールには、こうしたすべてが含まれています。そのうえ1日24時間、それぞれの要素が他のあらゆる要素と同調するように処理されているのです。理性的な心は、体の叡智に合わせるようにはできていません。体の邪魔をせず、体を弱体化させないために、最低限必要とされていることについて考えてみてください。

協力的なチームワークの精神で体の叡智をサポートする選択

・ストレスを軽減する
・低レベルの慢性炎症と闘う
・毎日身体的な活動をする
・汚染された大気、食物、水を避ける
・無農薬の自然食品を食べる
・毎晩良質な睡眠をとる
・機嫌がよい状態でいる
・1人で静かに過ごす時間を毎日作る
・過度に気を散らさず、自分の中心に居続ける
・交感神経が過剰にならないようにする（「05　高速回転しすぎの状態から抜け出す」参照）
・リラックスした覚醒状態で、日々のチャレンジ事項に対応する

ここには何ら意外なものはありませんが、2つの重要なポイントを述べたいと思います。まず体の適応機構はこうした一つ一つの行動をあらかじめ初期設定してあるということです。あなたが右記のような行動に協力的になれば、あらゆる面で心身の状態を高めることになります。つまりあなたが何もしないでいると、あらゆる面で心身の状態が弱体化するのです。夜によく眠れることと、風邪への免疫、筋反応の迅速さ、食べるリズムと満腹感、体重を増やさないといったこととは関係ないように見えます。しかしホリスティックな原理では、夜によく眠れることはこうしたすべてのことに影響するのです。

2つ目の重要ポイントは、先ほどのリストから1つを選んでそれをしばらくおこない、次のことに移行するという方法ではダメだということです。あなたの体は、常に全方位で働いています。有機栽培のほうれん草を買いにスーパーに行くか、スポーツジムに行くかに注意を向けている間、あなたが注意を向けていないどんなことも、細胞レベルにおいては処理されていなくてはなりません。

こうしたすべてに対して「一度に全部はできない」と思うのが当然の反応です。確かにそうです。そしてそれこそが、ホリスティックな健康の大きな弱点でした――心身全体を本当に包含《ほうがん》できる人などいないのです。1つのことをおこなえば、同時に別のことは除外されているわけです。この障害を乗り越えることこそ、よい意図を羅列した長いリストを作ることによってではなく、真にホリスティックな体の叡智を高める方法によって、心の叡智が参入しなくてはならないところなのです。

ブリットの場合：叡智の始まり

ブリットは金髪の美しいスウェーデン人女性で、48歳という実際の年齢よりずいぶん若く見えます。数年前までは、その生活を垣間見《かいまみ》た人なら誰もが、彼女のことをすばらしく幸運な人だと思ったことでしょう。身体的な魅力に加え、20代のときにアメリカに移住して成功を収めた個人投資家のポールと結婚し、充実した家族生活を送っていました（ポールはアメリカに住んでいるときにブリットと恋に落ち、彼女と一緒になるために最初の妻と離婚していました）。大きな子どもが3人いて今は家を出ていますが、皆教養を身につけ充実した人生が送れるよう頑張っていました。ポールはよい父親で、ハイティーンの2

人の子どもも学校生活を楽しみ、よい成績を収めていました。

5年前、感謝祭で家族全員が揃《そろ》ったときに、何の前触れもなくポールが家を出ていくと宣言しました。「私はもう君たちの母親を愛していないんだ」。彼は率直に言いました。「われわれが別れるほうが家族全員のためになると思う」

それは単にショッキングなだけでなく、ブリットを絶望の淵《ふち》に追いやりました。「彼は私と2人だけのときではなく、子どもたちの前で宣言したんです。しかもとても冷静に確信を持って」

涙と口論が後に続きました。子どもたちは意見が分かれ、2人の娘はパパを幸せにできなかったブリットを責め、息子はブリットを擁護しました。それでもポールは一歩も譲りませんでした。すでに近所にアパートを借りており、ブリットが心底驚いたのは、これまでどおりに家族揃ってすべてのことをともにおこない、ただ彼だけが別の所で暮らすことをポールが提案したことです。

最初の1、2か月、ブリットはそれに従いました。彼女はPR会社で働いており、独力でうまくやっていました。「私はすべてを放り出して、ぼろぼろになることはできなかったのです」。ブリットは言いました。だからポールは思いどおりにふるまいました。家を出ていった後も、夕食を食べたかったり、子どもたちに会いたかったりするといつでも立ち寄りました。ブリットは彼の態度が変わった理由を説明してほしいと求めると、ブリットに不信感を持ち始めたからだと言いました。数年前の出張の際、夜遅い時間に彼女がホテルの部屋の電話に出なかったことがあったのです。ポールは彼女の浮気を確信しました。

ぼろぼろにはなるまいという決意にもかかわらず、ブリットはだんだん不安を感じ始めました。そして彼女の不安の最大の引き金は「孤独になる」という非常に基本的なことでした。最終的には眠ることができなくなり、夜が怖くなり、どうすべきかわからなくなり、心理セラピストに相談しました。セラピストは鎮静剤の処方を手配してくれ、同時に孤独になることがどうしてそこまで彼女を不安にさせるのか考えてみるよう言いました。ブリットはうなずき、さらなるセッションを受けることに同意しました——薬を飲むことが解決にならないこともわかっていました。

次の数か月間で1つのパターンが明らかになりました。ブリットは20年間、完璧な妻であり母であり職業人であろうと自分を犠牲にしてきました。スーパーウーマンであろうとする重荷がつらいわけではありませんでした。実際、彼女は自分の成功を誇りに思っていました。しかしセラピストは衝撃的な指摘をしました。

「あなたは頑張りすぎていたのです」。彼は言いました。

「それはどういう意味ですか?」

「他のみんなの要望を自分よりも優先させることで、自分自身を明け渡してしまったのです」。彼は答えました。

ブリットはもう少しでこう言うところでした。「だって、それこそ女性がすべきことでしょう」。しかしそう言う代わりに、しばらくじっくり考えました。「私がしたことのすべてが、愛すべき家族を創り上げた。クリスマスや私の誕生日には、みんなが私に言ったものだわ。みんなを導く星のように、私を中心に、みんながまわりを回転していたと」

彼女は泣き始めました。無理もありません。ポールは家族生活の中心に彼女を位置付けていたのに、もう愛していないと告げることで彼女の安全な感覚を傷つけたのです。それによって、彼女の役割は空虚なものになりました。

「あなたは他者に合わせていたのです」。セラピストは言いました。「それはどんな結婚にも起こっていますし、また起こるべきです。でも一方通行だったのです。あなたのご主人はものごとの流れを支配していて、全権力を握っており、きわめて重要な決定をしました。すべてを完全にコントロールできていると感じ、あなたが負けるとわかったうえで出ていったのです」

ブリットが長年にわたって放棄してきた自尊心や威厳、自分自身で決断を下す権利などについて、さらに話し合いが続きました。彼女のケースは、衝撃的な別離を通して自分の人生を取り戻す女性についての話かもしれません。しかしある日、彼女はセラピストに重要な問いを投げかけました。それは、放棄した自分自身をどうやって取り戻すかということでした。

セラピストは驚いて、「あなたは本気でそのことに関して興味があるのですか？」と尋ねました。離婚をする夫婦のカウンセリングでは、互いへの復讐《ふくしゅう》や、裏切りや苦しみの感情の克服、感情的回復に焦点が当てられるのが普通でした。こうしたことは時間がかかり、誰もが感情的によいかたちで回復プロセスを乗り切るわけではありません。

「あなたは、私が自分自身を放棄してしまっていると言いましたよね」。ブリットは主張します。「私は、自分自身を取り戻したいのです」
ブリットは自分のパワー、自尊心、そして自分の意見や信念を持つ自由を放棄することにならないような内的人生を取り戻すために、もっと完全になりたかったのです。彼女は自己というレベルでのヒーリングを求めていました。しかしそれはどの自己のことでしょう？　あなたが自分だと思える自己は何種類もあり、あなたの人生がどのように展開するかは、どの自己を強化するかによります。「私」というのは、たいていの人が認識しているよりもずっと捉えがたいものなのです。4つの選択肢を見てみましょう。

表面的な自己：これは、お金やキャリア、理想的な地区に素敵な家といった社会的に認められているものに焦点が当てられている場合、あなたが認識している社会的ペルソナです。「私」には、そうしたものに関わるレッテルが貼《は》られ、「WASP（訳注：ホワイト・アングロサクソン・サバーバン［郊外居住者層］・プロテスタント…白人エリート支配層の保守派）の医師で、パーク・アベニューで開業し、資産家令嬢を妻にし、一流銘柄を揃えた金融商品を持つ」人の「自己」は、「ラテン系の労働者階級シングルマザーで、食糧配給券の受給を受ける」人の「自己」とはまったく定義が違ってくるわけです。

個人的な自己：これは、人には見せない秘密の自分の姿です。個人的な自己は、感覚や関係性と同一です。最も重要な価値には、幸せな結婚、満足した性生活、誇りに思える愛すべき子どもたちなどが含まれます。否定的側面としては、どんな人生にもある私的な試練や苦悩があります。「私」は、日々の生活の希望や恐怖と結びつけられ、それはある人々にとっては、逃れられないように思える不安や心配や絶望の存在と打ち砕かれた希望などを意味します。

無意識の自己：これは覚醒した人の人生においては知りえない自己です。たいていの人が明るみに出したくないと感じる本能や衝動に支配されています。無意識の自己は、最も危険なかたちをとったものが「影」で、怒り、暴力、嫉妬、復讐、根深い実存的恐怖といった人間の最も悪い特質が存在する場所です。影的な自己が関わると、隠れた無意識の自己の暗い側面を保とうとしたり、もしくはそれを光に転換しようとしたりするでしょう。芸術家、音楽家、詩人などは後者にあたります。彼らは無意識の自己に対して「恐ろしい領域」としてではなく、生まれ出るのを待っている創造性の源として向き合います。

高次の自己（ハイヤーセルフ）：これは、日々の葛藤や混乱から超然としていることを志向する自己です。私たちは「自己」の異なるバージョン（表面的な自己、個人的な自己、無意識な自己）が常に葛藤状態にあることは経験から知っています。フロイトの言葉を使えば、だから文明には非常に不満があるものなのです。無意識から生じるものが戦争、犯罪、暴力をもたらします。私的な苦悩は、周知の成功に影を落とします。芸術は創造性の大きな可能性を提示するものですが、その可能性を生かすことのできる人はほとんどいません。世界の叡智の伝統においては、非常に多くの対立をめぐる葛藤も、葛藤のレベルでは勝利はありえません。「私」は意識のより高い状態を求めるために、公私を問わず、エゴのいかなる主張も手放さなければなりません。

ブリットが葛藤から抜け出せないでいる自分に気づいたという点においては、決して珍しいケースではありませんでした。夫に投げ込まれた危機は混乱と葛藤を生み出しますが、日常生活は同様の矛盾した状態を覆い隠します。ブリットが下した決断も、珍しいケースだったわけではありません。外的世界においては完璧に見える表面的な自己と引き換えに、個人的な自己、無意識の自己および高次の自己をコントロールする力を放棄したのです。異例なのは、夫が出ていった後で、これほどまでに迅速に、こうした認識にいたった点です。

彼女のセラピストはずいぶん励ましてくれました。「あなたが放棄したものが何であれ、取り戻すことはできるのですよ」。彼は言いました。「それは、これまでに落としてきたものを拾う帰路のようなものです」

世界の叡智の伝統は、私たちが「高次の意識の伝統」と定義しているものですが、このことと一致しています。叡智は、心身とは単に細胞や組織や器官ではなく、思考や感情や感覚でもないと認識するところから始まります。心身とは、体と心とスピリットを統合することなのです。もしあなたが恋に落ちたら、それに伴う愛の生態現象があなたの体内で創り出されます。同様に、不安、絶望、幸福の生態現象もあるわけです。全システム的アプローチはこの事実に基盤を置いていますが、全体像を完全に把握することは困難です。あらゆる瞬間のニーズを満たすために変容する生態現象が存在するのです。あなたの細胞はどんな状況にあっても何をすべきかわかっており、それは自然の叡智の最も驚くべき次元であると考えられます。

あなたが自分だと思っている「私」とは、太陽の光を1つの地点に集める虫眼鏡のようなものです。あなたの「私」は、あらゆる経験を解釈し、それを個人的なものにします。「私」は、希望、恐怖、願望、夢が束になったようなものです。「私」は、他の誰も持っていないような記憶を包括していて、その記憶の区画の中には習慣、信念、トラウマ、過去の条件付けが蓄積されています。この多様性は驚くべきもので、だから「汝《なんじ》を知れ」という教えは生きることと同義になるわけです。「私」がどこから来たのかを知るまで、あなたは自分が本当は何者なのかを見出すことはできないのです。

ブリットは「帰路」を真剣に受け止めました。外的生活はとてもうまくいっていたにもかかわらず、ブリットは最も基本的なこと、つまり1人でいることができなかったのです。常に忙しくして皆の世話をするという生活がなければ、「私」というのは彼女にとってゾッとするようなものだったのです。これは悪魔が潜んでいるだけでなく「傷ついた子ども」でもある無意識へのヒーリングを大いに示唆するものです。次の5年間にわたるブリットの旅は、だいたい次のような段階を経て進んでいきました。

FREE!

『宇宙のパワーであなたの
心と体はよみがえる』

読者無料プレゼント

特典1 チョプラ氏が本書の神髄を語る
動画の日本語オーディオブック

特典2 本書Part2「1週間の行動プラン」
リマインダー＆アドバイス 音声ファイル

特典1 ディーパック・チョプラ氏が原著の発売前夜に語った20分間の動画『The Healing Self（治癒する自己）の本当の意味』を、渡邊愛子氏が翻訳および朗読した音声ファイル

特典2 本書Part2「1週間の行動プラン」に、ウェルビーイングを促進する渡邊愛子氏が自身の実践を踏まえたアドバイスを加えた音声ファイル

**この無料プレゼントを入手するには
コチラへアクセスしてください**

http://frstp.jp/7days

※特典は、ウェブサイト上で公開するものであり、冊子やCD・DVDなどをお送りするものではありません。

※上記無料プレゼントのご提供は予告なく終了となる場合がございます。あらかじめご了承ください。

ディーパック・チョプラ氏の直弟子であり、
日本初の認定ティーチャー渡邊愛子が教える、
人気講座のオンライン版にDVD付きも発売！

原《げん》初《しょ》音《おん》瞑想講座「オンライン版」

DVD付きも！

チョプラ氏が推奨する原初音瞑想講座の
対面のグループレッスンと全く同じ内容を
パソコンやスマートフォンで受講可能！
あなたのお好きなタイミングで学べます。

洞察力 決断力 集中力 創造力 直感力 平常心 が備わる

ビジネスマン・個人事業主・主婦・学生…誰でも簡単に実践できる！

講座内容

第一回（87分）

・原初音瞑想の起源
・ストレスマネジメント
・魂のしくみ
・瞑想の基礎
・生命のレイヤー
・マントラ選定のプロセス

第二回（60分）

・マントラ授与の前の説明
・チャンティング（詠唱）
・個別のマントラ授与
・マントラの使い方
・瞑想の実践方法ガイダンス
・30分の瞑想

第三回（103分）

・瞑想に関する経験のシェア
・原初音瞑想の基本的な原理
・よくある質問
・７つの意識階層について

● **原初音瞑想講座「オンライン版」**（視聴期限１年間）
（マントラCD、原初音瞑想CD、テキスト付）

※ 通常2時間×3回、都内の教室に通わないと受けられなかった講座が、お好きなタイミングで合計約４時間で修了できます。
※ 上記講座のご提供は予告なく終了となる場合がございます。あらかじめご了承ください。

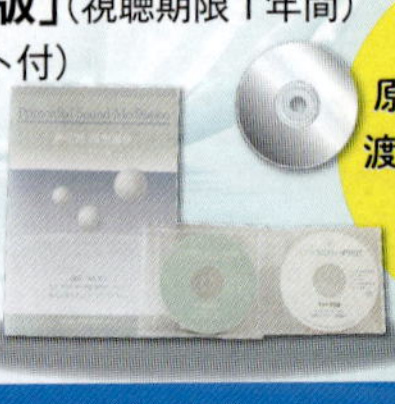

あなただけの
原初音（マントラ）を
渡邊愛子が録音した
CD付き！

お申込み・詳細はこちら →http://frstp.jp/meisou

不安の克服：ブリットは最初のうち鎮静剤に依存していましたが、セラピーを通して、そしてさらに重要なことに瞑想とヨガを始めたことで薬を断ちました。

自立の学び：ブリットは「これまでどおりの家族生活を送っているふりをして家に来るのはもうやめてほしい」とポールに告げました（ほどなくして、ポールにはひそかに恋人がいることがわかりました）。独自に自分のペースで離婚話を進め、自立する準備が整ったと感じるまでにたっぷり2年をかけました。

関係性の回復：ブリットは異性とデートをし始めました。25年間デートをしていなかった彼女にとって、それは未知の経験でした。ブリットは、自分はまた幸せになりたいと思っていることに気づき、その段階で10代の頃から大好きだったダンスを始め、ポールと共通の知り合いの夫婦たち以外の友人を着実に増やしていきました。

スピリチュアルな道の発見：ブリットは、ストレスの問題、リラクゼーション、健康のはるか先を見据え、瞑想をますます真剣におこなうようになりました。自分自身を放棄してしまうと何が起きるか、それは意識的ではなくなってしまうことなのですが、その教訓を深く理解しました。1人になるという不安のもとには一種の無感覚があります。ブリットの、活動的で忙しく、成功した人生は、すべてのエネルギーを消費してしまっていました。そして深い所では何も動いていなかったのです。内なる女性性は行き詰まり、そんな状態が何年も続いていたのです。

私たちは皆、ブリットに似ています。それは彼女の話の細部についてではなく、癒やされたいならたどらなくてはならない帰路という点において似ているのです。「私」は、生き生きとした存在としての可能性を再び呼び起こさなくてはならず、そこでは意識の光が真のヒーラーとなるのです。あなたが意識的な人生を送ると、次のような経験が現実に起こりうるようになり、またそれはいつでも実現可能になります。

意識的に生きることの豊かさ：あなたが今日持ちうる可能性のすべて

・誰かに助けの手をさしのべる
・何かしら美しいものに気づく
・親切なことを言ったり、おこなったりする

・困っている人の役に立てるよう身を捧げる
・感謝の気持ちを持って微笑む
・他者の無礼を許す
・誰かを笑わせる
・新しいアイデアを持つ
・問題の解決法を見つける
・他者との密な絆を感じる
・瞑想する
・1人の時間を作り、自分の私的な時間を大事にする
・人を元気づける
・遊び心に満ち、時間を作って遊ぶ
・自然の中を歩き、爽《さわ》やかな気分になる
・元気になるような身体的活動をする
・他者の境界線を察して尊重する

・気持ちが軽やかである
・精神的に高められた感覚がある
・純粋な喜びの瞬間がある
・相手を大事にする

なぜこのような経験が望ましいのか、説明の必要はありません。一人ひとりが幸福の瞬間を創り出すことに疑いの余地はないのです。本当の課題は、そうした経験をどのようにして創り出すかということです。自己の4つのバージョンは、それぞれ異なる視点と目標を持っています。

表面的な自己は、心の内側を見ません。なぜなら表面的な自己の目標は、外向きの成功とお金や所有や地位などの蓄積で幸せを得ることだからです。個人的な自己は感情の起伏を感じながらも、心の内側へと向かいます。苦しみよりも快楽を多く持つことで幸福を得たいと思っているのです。完璧な幸福とは、常に楽しい状態にあることかもしれません。

これは非現実的なことであり、決して手に入れることはできないということは誰もが知っています。しかしたいていの人は、ポジティブとネガティブをどう定義しているにせよ、人生においてネガティブなものよりもポジティブなものをよりたくさん持とうとし、そのためにできることをするのに多くの時間とエネルギーを費やします。

個人的な自己は、意識的な人生の豊かさをいくらかは経験することができます。なぜなら、たとえば愛情あふれる人間であるよう、もしくは親切であるよう努力することは私たちの感情的生活に根付いていることが多いからです。親切で愛情あふれる人間でいるのはよいことだと感じられます。よって、ほとんどの人はそのような経験を楽しみます。しかし、そこには限界があります。個人的な自己は、自分勝手で不安定です。自分の幸せと他人の幸せのどちらかを選ぶとなれば、自分の幸せを選びます。ポールがブリットに対しておこなったように、もし最愛の人が愛を反故《ほご》にしたら、個人的な自己は喪失と苦しみの感覚を経験します。心地よい存在を持つ見込みは、少なくともしばらくの間は、なくなるのです。

無意識の自己は、精神のミステリアスな部分、つまりたいていの人が恐れを抱く、隠された領域です。その目的が何なのかは誰にもわかりません。現代の心理学における最大の矛盾はこの問題にあるのです。ジグムント・フロイトは、無意識とは自然のままの原初的なエネルギーであるイドの領域であると考えるようになりました。イドは罪悪感や羞恥《しゅうち》心《しん》によって怖気《おじけ》づくこともなく、社会規範にもとらわれません。生鮮食料品店でかんしゃくを起こしている2歳児は、純粋なイドが出現しているよい例かもしれません。その子は怒りを表すことに何の制限も感じておらず、自分が誰かを傷つけたり、困らせたりしているかどうかも気にしません。かんしゃくの爆発は、概してイドと同様に不道徳ではありませんし、自分勝手でさえありません。イドはただ野放しの状態で、フロイトが憎しみ、敵意、性欲、死や暴力への誘惑といった暗い力のすべてを無意識に起因するものとしたように、私たちはイドの放縦《ほうじゅう》さを時に恐れます。

しかし、フロイトの最も有名な弟子であるスイスの心理学者カール・ユングはこれに強く反対し、最終的にフロイトと完全に袂《たもと》を分かちました。彼らの不一致は複雑なものでしたが、根本的な問題の1つは、無意識は単に暗い力を持つだけのものではないとユングが主張したことでした。無意識は、ユングが元型《げんけい》と名付けた多くのパターンやテンプレートを持っており、人間はこうしたパターンを集合的無意識の中で共有していると主張したのです。その証拠に、どんな社会にも英雄、神話、神、光を求める旅、冒険、女性性と男性性の固定モデルなどがあることを指摘しました。無意識は戦いや暴力を暴発させうると認めたものの、ユングにとって、これは1つの元型（ローマ神話の軍神マルスのような）の表出でした。しかし元型のスキームにおいては、ローマ神話の愛の女神ウェヌスもいるのです。

ユングは1907〜1913年までフロイトと親密な関係にありましたが、やがて2人の間には徐々に溝ができ始めます。フロイトと決別した後、ユングは『赤の書』の執筆を始めました。多くの人に傑作だと考えられているこの本は主に、ユングがスイス軍の将校であった時代に毎夜のように見た、鮮明で、しばしば心をかき乱されるような夢に基づいて書かれたものです。美しい筆書きによる文体と高品質かつ詳細な図解で、人々はユングが明晰夢を経験していたと信じています。ユングは夢が自分の無意識の背景活動を見るための窓であると信じ、16年間にわたって記録しました。

1961年に亡くなる前、ユングはインタビュアーに次のように述べています。「内なるイメージを追求していた頃が、私の人生で最も重要な時間でした。結局、その他すべてのことがこの頃に由来するのかもしれません。私の全人生が、無意識から生じて不思議な流れのようにどっと押し寄せ、私を破壊しようと脅したものについて詳細に述べることで成り立っていました。それは、ただ一度の人生ではまかないきれない素材でした。その後のすべては単に外的な分類で、科学的精緻化《せいちか》で、人生への統合にすぎませんでした。しかしあらゆるものを含んだ崇高な始まりは、そのときだったのです」

手書きで綴《つづ》られた革表紙の『赤の書』は、1915〜1930年にかけて書かれていますが、出版されたのは2000年になってからでした（ユングの精巧な挿絵を含む、無料の複製がPDF形式にてオンラインで見つけられます）（訳注：「Jung red book pdf」で検索か、もしくは https://www.holybooks.com/wp-content/uploads/The-Red-Book-Jung.pdf）。翻訳者ソヌ・シャムダサーニを含むさまざまな解説者は、この本のことをユングが「深遠の精神」と呼んだ「無意識」との内なる対話を通して、魂を救済するための苦難に満ちた探求として捉えています。『赤の書』は、フロイトと決別後のユングの精神崩壊の結果であると主張されることがあります。共感的な支持者らは、ユングは夢を通じて精神の奥深くにあるものに向き合い、またそうするためにさらに強くなり、さらに全体性を追究し、自分の精神病に正面から堂々と立ち向かったと考えています。

フロイトのイドとユングの元型を巡る本質的な不一致は何十年も心理学の分野に大きな影響力を持っており、今日にいたってもまだ解決していません。おそらく解決することはないのでしょうが、日常生活における個々人にとっても、誰もが経験したくないような混乱を引き起こす欲望、食欲、怒り、暴力への衝動といったさまざまな経験が存在します。表面的な自己は、無意識の自己を抑圧することによって多くのパワーを得ます。仕事に行くたびに、まわりのすべての人と同様、あなたは表面的な自己をまといます。セクシャルハラスメントやあからさまな敵意のような、受け入れがたい選択肢はできるかぎり抑えられます。かなり前置きが長くなりましたが、結論としては、無意識の自己は普通の生活でさらされることはないということです。もしユングが言うように私たちが自分の無意識を探求することによって、美しく満足のいくものを見出せるとしても、あえてそのドアを開けようとする人はほとんどいません。

　それでは私たちには何が残されているのでしょう？　「高次の自己」だけが、私たちが「意識的な人生」と呼ぶ豊かな経験へと導いてくれます。そのゴールは気づきの光の中で生きることですが、それはずっと心地よい状態にいるということと同じではありません。気づきとは、偏見がなく自由なことです。気づきの状態はあらゆる経験に対して開かれていますが、それは盲信を象徴します。しかし世界の聖人、聖者、あらゆる文化におけるスピリチュアルな師を含め、大きな飛躍を経験した人々は、高次の自己はリアルなものである（実際、それこそが唯一の本当の自己である）と断言しています。それ以外の自己は信頼に足らないものなのです。そうした自己は、嘘の約束をし、不安感に苦しみ、制御がきかないことを恐れ、隠れた悪魔をかくまい、究極的には幸福が永続する状態に到達できません。

　ブリットは、個人的な危機を経験することでこのことに気づきました。彼女は、それまでと異なる道を歩み、「高次の自己」を自分のために発見することを選んだ無数の人々の中の1人なのです。彼女は癒やしの旅路を進んでいます。なぜなら、その旅路こそ危機が展開した際に、自分自身を見出した場所だからです。しかしこの旅を始めるためには危機が必要なわけではありません。どんな日でも私たちがそれなくしては生きられないもの、つまり「自己」というものは姿を変えるもので、信頼できないものなのです。私たちはそのことに気づいていないかもしれません。しかしどの自己に忠誠であるかは常に変わっているのです。表面的な自己は、仕事をしたり、パーティーで楽しんだり、新しい家を買うことを私たちに求めます。個人的な自己は、心に関する問題、絶望や不安のある時間、家族生活の中にいることを要求します。無意識の自己は、したいことを何でもやります。また、どれほど寄せ付けないようにしても、性欲や激しい怒り、そして悪夢（おそらく悪夢は無意識の暗黒面を最も純粋に垣間見せてくれることでしょう）の経験は誰も避けては通れないのです。

私たちが当然のものと捉えている「私」という自己の不安定さと予測不可能性は、ヒーリングにとっての最後の砦《とりで》なのです。非常にシンプルに見えるもの――心身が自らを癒やすことができるよう、あるがままに任せること――が非常に難しいことであるとわかりました。体の叡智はすばらしいものですが、日々の生活のストレスや予測不可能性のために弱ってしまっているのです。自己との健全な関係を持つ代わりに、私たちは常に自分は何者なのかを問いかけます。私たちは、対処できない状況と隠れた軋轢《あつれき》に満ちた人間関係の中にどっぷり浸かっています。自分をコントロールしようという試みも一時的なもので、部分的に効果があるだけです。もし完璧なコントロールが可能になったとしたら、その代償は私たちが見えないところに押しやっているネガティブな感情によって支払うことになります。

つまり、状況は混乱しているのです。賢いヒーラーになるには、「私」と「私」の多くの問題によって作られた困難な状況を解決しなくてはなりません。しかし「私」はあまりに多くの害悪の源であるというのに、いったいどうしたら解決の一部となれるのでしょうか？　自己に自らを癒やすよう求めることは、医師に自分の盲腸を取り除くために外科用メスを使うよう求めるようなものです。言うまでもなく、この矛盾を解決する人はほとんどいません――たいていの人は、できるだけうまくやっていける「私」と一緒にずっと生きていくことになるのです。経験は移り変わります。ある日よいことが起きれば、翌日悪いことが起きるといった具合です。結局人々は、ほとんどわけのわからない健康やウェルビーイングの状態にたどり着くのです。彼らは自分たちが直面した問題で立ち往生してしまうのです。

次の項では、この行き当たりばったりの状態が変化しうるのかどうかを見てみましょう。もっとよい方法があるべきですし、実際そのような方法は存在するのです。

10 苦しみの終わり

治癒する自己によって苦しみを終わらせることができたら、奇跡のように思えるでしょう。どんな人生にもある程度の痛みはつきものですし、痛みには精神的側面である苦しみが伴います。表面的にはどれだけ幸福な人生であっても、精神面における内なるドラマから逃れられる人はいません（前項ではユングがどのようにして自分の内なるドラマを率直に受け入れたかについて述べました）。私たちは全システム的アプローチの基盤を、「意識」を第一に考えるヒーリング・ライフスタイルを送ることに置いています。本質的に、あなたが気づいていないことを癒やすことはできません。陪審員団は痛みや苦しみに対して大きな同情を寄せることが多いですが、痛みと苦しみは同じものではありません。体に鋭い痛みが生じたら、それに心理的に適応することで、適応できない人よりも、苦しみの度合いを減らすことになるのです。

未来の悪い出来事を予測することで、心身にかなりのストレスを生み出し、それは身体的な痛みを作ることになります（たとえば、あなたの業績について話し合う上司との重要な会議は、胸の痛み、頭痛、腰痛、消化不良を引き起こすかもしれません）。こうした症状が表れるとき、恐怖や不安、絶望といった精神的な苦しみを感じる人もいるでしょう。しかし感じない人もいるわけです。言い換えれば「苦しみ」は誰もが気づく身体的な痛みよりも、さらに個人的で捉えどころのないものなのです。苦しんでいることを認めない人と比べて、苦しんでいると認識しているからこそ悪影響があるとわかっても、何の助けにもなりません。残念ながら、これが一般的通念なのです。「知らなければ傷つかない」ということも、長い目で見ればそれ自身が傷を創ります。恐怖は、潜在意識に記憶された過去の痛みや苦しみによって引き起こされることがよくあります。そうした記憶は、未来においてさらなる苦しみを生じさせるかもしれません。

たいていの人にとって「苦しみ」は簡単に語れないトピックですが、幸福についてのよいデータは世界中に存在していて、それは苦しみの度合いと相関関係があります。世論調査で有名なギャラップ社は、幸福度に関する世界規模のデータを収集しています。これは回答者にどのぐらい幸福か自己評価してもらうか、「インタビューの前の晩に、その人はたくさん笑い、微笑んだか？」というシンプルな質問をするかの、2つのうちどちらかの方法でおこなわれます。ギャラップ社が設定した幸福度の最高ランクは「繁栄している」という表現で、アメリカの場合、現在の見積もりによると「繁栄している」と答えたのはたったの51％で、ギャラップ社が調査した142か国中14位でした。「苦しんでいる」と答えたアメリカ人はたったの4％であった一方、45％の人が「必死になっている」と答えました（対照的に、幸福度が127位のインドでは「繁栄している」と答えたのはたった8％で、28％が「苦しんでいる」と答え、残りの大多数は「必死になっている」でした）。

人間は、不幸の隠れた原因、もしくは言葉には表れない原因について考える場合、自分の幸福を過大評価するものかもしれないと考える専門家もいます。約5人に1人のアメリカ人は、人生で一時的に深刻なうつ病にかかります。家庭内暴力が実際よりかなり少なく報告されていることでは悪名高く、西洋医学では取り組まれていない要素の1つなのです。世界で最も幸福な2つの国、デンマークとノルウェーでは、68％の人が「繁栄している」と答え、30％の人が「必死になっている」と答えました。そこから読み取れることは、アメリカには虐待的関係を終わらせることであろうと、病気になるような仕事を辞めることであろうと、苦しみから緊急に逃れる必要がある人が何百万人もいるということです。

前項の終わりで、私たちは最大限に意識を拡大する「高次の自己」という新しい可能性を提示しました。「高次の」という言葉はスピリチュアルな含みを持つため、話を進める前に説明する必要があります。体と心の分離は人為的なもので、医学はその2つを心身として1つに融合させる支援を積極的におこなっているという程度には定着しているようです。「高次の」意識は、医学とは無関係な「神」「スピリット」「魂」の領域との境界線を越えていくように見えるでしょう。アメリカではどんな病院にも牧師はいますが、手術室の中で医師のそばに立つことはありません。

もし治癒する自己が苦しみを終わらせることになるのなら、もう1つの境界線が崩れ落ちなければなりません。なぜなら、今では完全に受け入れられるようになった分野である「瞑想」の研究では、スピリチュアルな実践を採用しているからです。ドクター・オズやドクター・フィルといった人気テレビ番組のパーソナリティーに「ドクター・ブッダ」が加わったら奇妙に思えるかもしれませんが、それはまったくありうることなのです。ブッダは、神やスピリットや魂に訴えるのではなく「意識」に基づいて苦しみを終わらせる道を示しました。瞑想は、意識に基づいた医学です。瞑想中（もしくは祈り、ヨガ、マインドフルネスなどの実践中）にどんなことが起きようとも、それはまず脳内で起きていて、それから体中へ広がり、細胞の活動に刻印されるのです。

このことは、シンプルですがパワフルな結論を導きます。つまり、苦しみの終焉《しゅうえん》は、「意識の問題」に対する「意識の解決」ということなのです。痛みがあるから苦しいのではありません。苦しみとは、私たちがこれまで述べてきた「信念」「習慣」「古い条件付け」「マインドフルな行動とマインドレスな行動の間の葛藤」といったすべてのことに基づく解釈なのです。解釈を変えれば、苦しみの度合いも変わります。高次の自己は「私は誰？」という次元における大きな変化を象徴しています。自分を「高次の自己」と同一化するとき、苦しみから脱出する道を見出せるのです。なぜならあなたは、次のことが真実であるということを自分自身の中に見出すからです。

・苦しみを経験することのない意識レベルが存在する。つらい経験は検知されるが、苦

しみとして長く残存することはない
・身体的な痛みは感覚として存在するが、これは治癒を発動させるサインであり、害悪の元凶ではない

苦しみの源は、治癒の源と同じです。それはあなたの気づきの状態です。私たちは痛みの研究から得られる恩恵や、身体的痛みを取り除く必要性を否定しているわけではありません。医師はまず「どこが痛みますか？」と患者に尋ねます。医師側も患者側も、目的は「痛み」のない状態になることです。本項での私たちの目的は「苦しみ」のない状態になることであり、それは意識のレベルにおいてのみ起こりうるのです（ドクター・ブッダも同じことを言うでしょう）。

痛みのパラドックス

正確な意味においては「痛み」を専門とする医師はほとんどいません。医師にとっては通常、痛みとは取り除くべきものであり、理解すべきものではないのです。しかし、もし

身体的な痛みがどのように作り出されるかについての理解を試みるなら、その仕組みは単純なものではありません。痛みは時に、すぐに取り出せば不快感はなくなるような靴の中の石ころのようなものだったり、もしくは歯医者に駆け込まなくてはならないような歯痛だったりします。身体的痛みは、すぐに治らなかったり簡単には治らなかったりするときもあります。事実、体のどこかが長期にわたる深刻なダメージを受けていることを知らせる痛みは、最後の最後で症状として表れることが多いのです。心臓病やがんといった、広く蔓延し、医学がいまだに治せないでいる疾患の多くは、何年間も痛みのシグナルを出さないまま過ぎていき、そうしているうちに予防の可能性がとうに過ぎ去ってしまうのです。

老化について考えてみましょう。老化には通常痛みがつきものです。しかし「痛み」は必ずしも「苦しみ」の状態へと変換される必要はありませんし、変換されるなら、その基軸となるのは個人的信念なのです。苦しみは、たいていの人が対峙《たいじ》したがらない難しいテーマである一方で、鎮痛剤に何十億ドルも費やされる社会においては、信念が隠されたパワーを発揮します。典型的な論理の鎖は次のようなものでしょう。

・痛みは苦しみを生み出す
・痛みが強くなればなるほど、苦しみは大きくなる
・年を取るにつれ、体の鈍い痛みや鋭い痛みが増すと思っている
・したがって、老化により苦しみは増す

これらの信念は必ず現実になるというわけではないのですが、もしあなたがそれに強くこだわり続けるなら、心身はその信念をあなたの「現実」へと変換します。第一に、痛みと苦しみは一致するという信念を見直す必要があります。痛み自体は、乗り切ることも気づかないふりをすることもできるものである場合が多いのです。スポーツにおける「痛みなくして得るものなし」という精神は、その最たるものです。マラソンランナーは勝利というより大きなゴールに到達するために、自ら進んでかなりの痛みを経験します。勝ちたいという願望はきわめて重要になりうるため、ボクシングやサッカー、ラグビーでの度重なる脳損傷から、子どもの将来の健康が危険にさらされるようなジュニアリーグにいたるまで、深刻で命を脅かすほどの状態も我慢されているのです。

痛みを悪者にしようとする社会のパニック状態の中で、自分の痛みや不快感に耳を傾けることは（耳を傾けてもらうために体は痛みの信号を送るわけですが）、二の次になるか、もしくはまったくおこなわれません。これは、私たちが何を優先すべきか混乱していることを示しています。体の痛みの信号がない人生は、幸運とはかけ離れたものであると判明しています。痛みの感覚が失われてしまう遺伝子疾患があり、その疾患を持つ人々にとっては、日々の生活が非常に危険なものになるのです。

CIP（先天性無痛症）として知られるこの遺伝子疾患を持って生まれてきた1人の患者を、仮にジェイソン・ブレックと呼びましょう。この疾患はきわめて珍しいもので、医学文献にもたった20例しか症例が記録されていません。ブレックの両親は、息子が幼少時に自分の舌の半分をかみ切ったときに、その病気に気づきました。ブレックは大人になってからインタビューをされた際に、こう答えています。「覚えている1つの出来事は、誕生日に自分の足を折ったことです。腫《は》れてあざになっていたので足にダクトテープを貼ってブーツを履き、そのまま普通に過ごしました」。しばらくの間、そのような病気が存在することは疑問視されていましたが、今では先天性無痛症は1つの遺伝子（SCN9A）

の変異に起因することが知られており、さらに驚くべきことは、その1つの分子が痛みのコントロールを司っているというのです。そのメカニズムは、SCN9Aが痛みの感覚を引き起こす神経細胞にあるという事実と関連しています。一般的には温度にも無感覚なため、先天性無痛症の人々は、普通は経験しないような危険に囲まれているのです。「深刻なけがをしないように、日々の暮らしにおいて過度に注意深くしていないといけないのです」。ブレックは言います。痛みのシグナルがなかったら、けがをしたことを伝えるために、他の方法が作られる必要があります。触れる感触はたいてい損なわれていないので、圧力や突然ぶつかる感覚が手がかりの役割を果たします。しかしこれもまた危険をもたらします。ブレックは幼い頃、振動を感じるのが楽しくて、壁に頭を打ちつけるのが好きでした。よって先天性無痛症の子どもは、こうした危険な行動を避けるためにヘルメットを着用する必要があるのです（ブレックの場合、温度を感じることはできますが、においの感覚はありませんでした。これは別の危険であり、たとえば家が火事になっても煙のにおいに気づけないというわけです）。

ブレックが病気になったのはSCN9Aの変異を父親と母親の両方から受け継いだこと

によるため、遺伝の確率はきわめて低いのです。その遺伝の鍵は、強力な鎮痛剤にもなりうる可能性があるでしょう。もし正常なSCN9Aからのシグナルが手術やひどいけがの後などに一時的に阻害されうるとしたら、疼痛《とうつう》緩和は、うまくいけば副作用なしで完全なものになるでしょう。幇助《ほうじょ》自殺を望むような末期患者の多くには、言うまでもなく最も強い麻酔薬も効かないような耐えがたい慢性の痛みがあります。彼らにとって遺伝子治療は唯一の望みかもしれません。

しかしさらに視野を広げて見てみると、この例が意味するのは、痛みのパラドックス（逆説・矛盾）です。痛みは私たちを生き残らせるための感覚として進化したものの、同時に害になりうるため人生において最も扱いにくいものの1つなのです。痛みだけが苦しみを引き起こすわけではないという事実は不可避で、ここではあなたの信念だけが問題になるわけではありません。アントワーヌ・ルッツと研究仲間は2013年の研究において、痛みの経験にオープンである（言い換えればマインドフルである）ことが、痛みを避けたり、痛みが起きる前に不安を感じたりというお決まりの反応よりも効果があるかどうかを確かめようとしました。

彼らの記録では、マインドフルネスが痛みに関わる脳の活動にどのように影響を及ぼすかはほとんどわかっていません。被験者として選ばれたのは1万時間以上瞑想をおこなってきた「瞑想の熟練者」たちで、痛みを予測する、痛みを経験する、痛みに慣れるという状態に関与する脳の活動を調べるためにfMRI脳スキャンを用いました。疼痛性刺激にさらされると、瞑想の熟練者らは瞑想初心者と同じ強さの痛みを感じましたが、不快さは少なかった——つまり苦しみが少なかったということが報告されています。瞑想熟練者の脳内で起きていることとしては、この違いは、前頭の背面部と中帯状皮質前方部での活動、いわゆるサリエンス・ネットワークが活性することに関与していると研究者たちは論じました。神経科学において「サリエンシー」というのは、あるものが、まわりのものと比べてどれほど突出しているかという意味があります。

しかし、なぜ生涯にわたって瞑想をおこなっている人々は痛みにより早く気づくにもかかわらず、痛みから生じる苦しみは少ないのでしょうか？　その鍵とは、彼らの痛みに対する基準値が対照グループよりも低かったということです。彼らは「痛いのではないか」という予測や、それに伴う不安を持ちませんでした。そして痛みを感じたら、それをすぐに検知して迅速にそれに慣れるのです。これは脳スキャンによって判明した、かなり専門的な話です。しかしこれは「落ち着き」「ゆるぎなさ」「平和」を感じるという瞑想者の主観的な報告と一致するものです。

こうした発見に対する私たちの考えはシンプルです。たとえ身体的な痛みの度合いが変わらないときでさえ、「意識」は苦しみの軽減に介入することができるということです。このことから、どんなことがわかるのでしょうか？　治癒するということは苦しみから解放されるということであり、もしこの理想が簡単には達成されないとしても、私たち一人ひとりはできるだけその理想に近づくようにすべきなのです。その目標に到達することを目指した人について見ていきましょう。

ダレンの場合：変化と再生

ダレンはコロラド州在住の45歳の既婚者で、自分のアイデンティティの改革を目指していたわけではなかったのですが、どういうわけかそれを目指すことになってしまい、その結果がドラマティックなものになったのです——彼を知る大学のクラスメイトたちは、その変貌《へんぼう》ぶりを見て驚きました。

「私は経歴がお粗末でも、家庭環境に恵まれなかったわけでもありませんでした」。ダレンは言います。「自分はまったく普通の人間だと感じていました——気が強くて負けず嫌いの子どもで、弁護士か医師を目指していました。給料のよい仕事に就きたかったのです」

このような漠然とした目標を心に抱き、ダレンは自分には成功する能力が十分にあると感じていました。しかし陰では、押しが強すぎるとか、傲慢《ごうまん》であるとか言われていました。クラスメイトたちは彼のやりたいようにさせていましたが、それは必ずしも彼らがダレンのことを好きだったからではなく、誰かが反論しても、彼は一歩も譲らないか仕返しをしたからです。

彼は後悔の微笑みを浮かべました。「私はひどい人間だったとわかっています。そして誰もが予測できるように、それは変わらないはずでした」

しかしそんなとき、家族に悲劇が起こったのです。彼の弟が軍隊に入隊し、戦いのために外国へ派遣され、帰らぬ人となったのです。

「私は両親と一緒にいようと思い、急いで家に戻りました。2人はあまりに打ちひしがれていましたが、私は何も感じず、泣くことさえできませんでした。ある日、2人の兵士が死後に贈られるメダルを持ってきて、玄関口で弟の勇敢さを称《たた》えたのです。父はほとんど言葉を発することもできませんでしたが、彼らが立ち去ると箱を開けて言いました。『おまえの弟が何のために死んだかよく見てみなさい』」

おそらくダレンの人生でこの大きな混乱が起きたとき、彼は20歳でまだ従順だったということは、非常に重要な意味があったことでしょう。たいていの若者がアイデンティティの危機を経験する時期に、ダレンはひどい衝撃以上のものを受けたのでした。

「私は自分のことが大嫌いになり始めました――そんな生やさしい言葉では足りないぐらいです。私は大酒を飲んで午前3時までビデオゲームをするようになりましたが、罪悪感を忘れていられたのも数時間ぐらいです。私は弟を守るべきだったのに、彼のことをほとんど気にも留めていなかったのです。私は毎晩、横になっても寝られずに自分は弟が入隊するのを止めることができたのではないかと考えました。そして彼の入隊動機さえ知らなかったことに気づいたのです。選択の余地はなかったのだろうか？　愛国心を抱いていたのだろうか？」

自己分析の期間が始まりました。ダレンは法律専門学校か医科大学にそのまま進学する代わりに休みをとって、家のペンキ塗りのような日雇いの仕事で生計を立てました。彼は親密で安定した関係を築ける女性を見つけることもなく、1~2年経つとデートをするのもやめました。

「私は何かがわかったのです。もし自分のすべきことに取り組まなかったら、たった2つの選択肢しか残されませんでした。耐えがたい感情的重荷にとらわれるか、もしくは、大丈夫だというふりを自分に対してするか、そのどちらかでした――それ以外に何があったでしょう?」

その後5年間、ダレンは自分の内側を見つめてそこにとどまり、自分は何者かをじっくり考えるという特殊な方法をとりました。「私は自分自身の精神分析をする資格はありませんでしたが、それは精神分析ではありませんでした。ただもう一度、自分自身でいることを正しいと感じられるようになりたかったのです。そうなるためには、決してなりたくなかったようなタイプの人間――ただ愚かなだけでなく、精神性のない人間になってしまっていたという事実に向き合わなくてはなりませんでした」

ダレンの決意は特別なものではありません――何百もの理由から、社会から離れ、内なる道を歩む決意をした人は数限りなくいます。彼らがこれを「スピリチュアルな道」、もしくは「癒やしの道」だと思っていてもいなくても、内的な道を歩むには、まだほとんどの人が準備できていないような新しいタイプの気づきが必要とされます。あなたは「古い記憶」「習慣」「心の傷」「条件づけ」が散らばるなか、内的生活をどのように立て直すのでしょうか？　「ここ」にあるすべては目には見えないものです。危機の際には恐怖や絶望といった望まれない感情が縦横無尽にうごめきます。

こうした困難にもかかわらず、ダレンは「自己再生」という1つの動機によって突き動かされていました。「私は、自分が20年後のクラス会に参加したときに皆に『まったく変わっていないな』と言われるような完成品だという考えを受け入れたくありませんでした。私にとって、それはひどい結果なのです」

自己再生を追求することは意識的な決断です。そしてそれは1回限りのことでは決してありません。細胞レベルでの再生は常に起こっている自動的なプロセスなので、だからこそ「自己再生」なのです。著名なスピリチュアルの師ジッドゥ・クリシュナムルティはかって、瞑想について挑発的な発言をしていました。「人は、瞑想するために1日のうちのある時間を確保するが、真の瞑想とは1日のうち24時間であることに彼らは気づいていない」と述べたのです。治癒にも同じことが当てはまります。細胞は、この24時間体制の任務を障害とはみなしていません。

しかし個人的なレベルでは、24時間体制で癒やすことなど不可能に思えます。しかしさらに詳細に見ると、1日24時間癒やすことは、1日24時間テレビを見たり、バスケットボールを弾ませたりといったことを選ぶのとは違います。治癒とはむしろ呼吸のようなもので、自律的に働くけれども強めることも可能な（たとえばヨガの呼吸法によって）生命維持プロセスなのです。治癒は自律的なプロセスであるため、あなたはすでにその中に完全に身を浸しているのです。それでは、ダレンは本当は何をすることを選んでいたのでしょうか？自分自身を変えるというプロジェクトがそもそも役に立つかどうか、どのように知ることができたのでしょうか？

彼は、誰もが信じる必要がある信念を持つことから始めました。その信念とは次のようなものです。「固定された『私』、もしくは自己など存在しない。今この瞬間のあなたとまったく同じあなたは、決して存在することはない。したがって嵐の海に浮かぶいかだのような『私』にしがみつくのは無駄なことである。『私』という自己こそが嵐なのだ。誰もが、あらゆる種類の外的かつ内的な力によって翻弄《ほんろう》されている。そしてこうしたあらゆる混乱が騒々しく動き回るなか、心身は変化の波に柔軟に対応する。あなたの意識的な心に、この混乱を把握することはとうていできない。私たちの進化によって治癒反応が無意識下で起こるほどの完成度まで発達したことで、私たちを襲う変化によるダメージから救われているということは、非常に幸運なことなのだ」

ダレンとその他の何百万という人々が見出したのは、進化は新しい方向へ向かうことができるということです。つまり、進化は意識的なものにすることができるのです。このことは、ヒーリング（癒やしや治癒）を違う角度から捉えることになります。ポジティブなライフスタイルの選択を中心に据える代わりに（もちろんそうした選択は恩恵をもたらしますが）、自分自身を治癒プロセスに浸らせ、自分が治癒プロセスそのものになることです。もしそのようにできるなら「高次のヒーラー」へと進化することがあなたの目標になります。「高次のヒーラー」であるとはどのようなことなのか、次に挙げてみます。

高次のヒーリングはどのように作用するか

・幸福を重視している
・安定した中心軸を持って生きている
・必死に頑張りすぎたり、抵抗したりするのをやめる
・他者をコントロールしようとせず、他者にとっての見本となることで調和を追求する
・他者との不一致ではなく共鳴することを選ぶ
・今この瞬間に起きていることに対して心をオープンにしておく
・自分よりも大きな価値に基づいた、あなたが送りうる最高の人生のビジョンを持つ
・苦悩や不安の微細な兆候に注意を払う
・過去に受けたダメージを取り消す
・楽観的な態度で未来を楽しみにする
・常に進歩している状態を楽しむ

これらは意識の進化の特徴です。毎日成長し、進化することをゴールに設定することで、人生があなたにもたらすものに対して否定的な判断をすることなく、あなたに起きるすべてのことと賢明なパートナーシップを結ぶことになるのです。心身におけるすべてのプロセスは自己組織化され、自己更新されるため、最も進化した生き方とは、自分を自然に展開させることです。「流れに乗る」や「手放す」といった言葉が思い浮かびますが、自分自身を常に刷新することに専念するというのではありません。道教の祖である老子は、人生が私たちに投げかけるものに対して風に吹かれる葦《あし》のように耐えなくてはならないと説いています。私たちを形成している内外の出来事の自然ななりゆきを許容し、人生のプレッシャーにも柔軟に対応すれば、私たちは持ちこたえることができるのです。もしも頑なに直立したままでいようとすれば、私たちは折れてしまいます。

「振り返れば、自分の道は1本に見えます」と、ダレンは言います。「人生は信頼に足るものだろうか？　人生はそれ自身の面倒を見てくれるのだろうか？　私がそんなふうに言うのも、弟の死によって根深い不信感が育ったからです。人生は、私をひどい目に遭わせました——今はどうでしょう？　たいていの人は打撃を受け、それを乗り越えようとし、そしてその人なりの普通の人生を創り出します。しかし根本的な問題が解決されることは決してありません。人生がもたらすものをあなたは本当に信頼することができますか？もしできないなら自分のまわりに壁を築き、最悪に備えて準備したほうがよいでしょう」。これを、1人の男の人生哲学と呼ぶことはできますが、問題はもっと根深いものなのです。

「私」という存在の神秘

これまで述べてきたように、固定された「自己」を持つ人はいません。私たちは常に変化しているのです。乳歯が生えかかっている幼児をなだめるとき、1週間前にはぴったりだった洋服がもう小さくなってしまった10代の息子、または娘に新しい服を買う必要があるときなど、こうした変化を実感します。現実には、昨日のあなたとまったく同じものなど存在しません。では、あなたとは誰なのでしょうか？「私はプロセスです」と言うと、たいていの人は妙に思うでしょうが、この答えを裏付ける科学について詳細に見てみることにしましょう。

2016年のTED（訳注：世界的講演会「テド・カンファレンス」）で、マギル大学の著名な遺伝学者モシェ・シーフが、ラットの子育てに関する興味深い研究の概略を話しました。「よい母親」ラットは、「悪い母親」ラットよりも生まれたての子をたくさんなめることで、そのよさを示します。「悪い母親」ラットは、なめないか、もしくはぞんざいにおこないます。赤ちゃんラットが成長すると、大きな違いが出てきます——よい育てられ方をしたラットは、悪い母親に育てられたラットよりもリラックスしており、ストレスも少なく、異なる性行動を示します。普通は、ラットがどんな母親になるかを決定するような特定の遺伝子が伝えられていると遺伝学者なら言うでしょう。

しかしシーフは、エピジェネティクスの専門家です。エピジェネティクスとは、生まれ持った遺伝子が、人生における経験（エピゲノムは遺伝子の発現をコントロールする全要素です）によってどんな影響を受けるかを研究する分野です。エピゲノムは、DNAの化学修飾や、DNAが巻き付いているヒストンタンパク質にくっつくさまざまな化学修飾がその正体です。DNAとそのタンパク質の覆いは経験によって化学的に刷り込みがおこなわれ、遺伝子のオンとオフの切り替えに大きな役割を果たします（このプロセスについては、私たちの前作『スーパー遺伝子』で焦点を当てました）。シーフと研究仲間たちは10

年間にわたり、もし悪い母親から生まれた赤ちゃんラットの世話をよい母親にさせた場合、また逆によい母親から生まれた赤ちゃんラットの世話を悪い母親にさせた場合、どんなことが起きるかを研究しました。そこで発見されたのは、非常に多くの化学経路が変化したことです。このことはよい母親ラットが実の子ではないラットを、落ち着きのあるストレスのない大人にしたという事実を、言い換えれば「よい育てられ方をする」という経験が、悪い母親からの遺伝を乗り越えたということを実証することになりました。その反対も、同様の結果が導かれました。赤ちゃんラットはよい母親の血を引いているにもかかわらず、このよい遺伝は、悪い母親に育てられることで反転しうるわけです。

シーフは、ラットの生まれと育ちから発展させ、それ以上のことを探究し続けています。人生の展開の仕方を修正するような育てられ方をした人間の赤ん坊についてはどうなのでしょうか？　シーフは、昼夜の長さが同じ暑いブラジルで先住民の中で育てられた赤ん坊と比較して、冬寒く晴れの日が多く日照時間が非常に短いストックホルムで育てられた赤ん坊に注目しています。このような異なるインプットを受けたシステムを持つ赤ん坊は、幼児期の経験に基づき、人生も異なるものになるだろうとシーフは推測しています。食料が豊富にあるか欠乏しているか、危険か安全か、一般的に生き延びるのが楽か大変か、といった他の重要な点からの影響もあることでしょう。こうしてシーフは、進化は私たちの古く固定されたDNAに、あらゆるタイプの環境にダイナミックに適応することを教えてきたのであり、私たちは地球上で最も適応できる種に属しているということの大きな手がかりであると宣言しています。

今、私たちは岐路に立たされています。この初期の刷り込みは健康と病気の鍵なのでしょうか？ それは諸刃の剣です。同じ刷り込みが人生後半において助けになるかもしれませんし、もしくはあなたを傷つけることになるかもしれません。そしてどちらに転ぶか予測することはできないのです。Aという子どもは安全で守られていると感じるように育てられるとしましょう。彼は成長し、その信念を心に抱きます。別のBという子どもは、人生は危険で予測不可能だという考えを刷り込まれます。AはBよりも幸せになるように思えます。しかし、もし史上初のエイズ症例や、ヒトラーやスターリンの登場といった危険が差し迫ってきたとしたらどうでしょう？ 「世界は無害で安全な場所で、すべてはうまくいく」という初期設定で考える子どもは、差し迫る脅威に直面する大人として悲劇的なまでに準備ができていないでしょう。一方で「最悪のシナリオに対峙しなくてはいけない」という初期設定で考えるよう育てられた子どもは生き残ることができるかもしれません。

シーフは画期的な結論を出すにいたりました。遺伝的進歩のおかげで、よい育ち、もしくは悪い育ちは全遺伝情報のどこに記録されるのか、今ではわかるようになりました。シーフはサルの母親の育児に目を向け、1匹の赤ちゃんザルには本当の母親を、もう1匹には母親の代理の人形をあてがうという研究をおこないました。両者の間では、赤ちゃんザルの誕生後早くも14日で多くの遺伝子に違いが見られました。「このことは、大人になると人生がどのように見えるようになるかを示唆しています」。シーフは言明しました。「ストレスは、全遺伝情報を配列し直すのです」。こうした違いは、どのぐらい早くから現れるのでしょうか？　これは乳児期初期の経験に関係があります。たとえば赤ん坊の世話をする際に両親は夜の間中眠るという訓練をして、赤ん坊を泣かせたままにしておくことを選ぶことができます。いわゆるファーバーメソッドと呼ばれているものです。もしくはルディと妻ドラが彼らの娘ライラにしたように、赤ん坊が泣くたびに注意を向けて世話をすることも可能です。

後者のケースは親にとっては大変なものですが、最も初期の神経ネットワークと幼児期の遺伝子刷り込みによって、世界は善良で安全な場所であるという生涯続きうるメッセージがプログラムされるでしょう。もちろん世界は困難や失望があふれているものだといずれわかるわけですが、非常に早い時期におけるこのポジティブな刷り込みは、生涯を通じて苦しみより癒やしを推し進めるために大きな役割を果たすのです。

私たちはすでに生まれた瞬間から世界の中での自分の立ち位置について知っており、それを受け入れるようあらかじめ定められているのかもしれません。動物はそのようなプログラミングに本能的に従います。たとえばサルは常にボスザルをトップにして最下層のサルを一番下に置き、社会的なヒエラルヒーの中でまとまっています。その遺伝情報の違いはサルたちが子宮から生まれ出たときからすでに存在しており、人間の言葉で言えば、不利な生い立ちに属していることが初めから赤ん坊に刷り込まれているのかもしれません。この可能性をさらに痛ましいものにするものが、1988年の冬のさ中にケベックの人々を打ちのめした氷嵐についての調査で示されました。この出来事がとりわけ強いストレスになった人々がおり、そこには妊婦が含まれていました。

発達心理学者スザンヌ・キングは15年にわたってその妊婦たちが産んだ子どもを追跡調査し、氷嵐にまつわる非常にストレスの強い経験をした母子たちの間で自閉症、代謝異常、自己免疫疾患の発生率が高いことがわかりました。もちろん、ここに因果関係があると決めてかかることはできません。しかし妊娠中のある特定の時期に起きる出来事は胎児の発達に影響を与えるというように、同様の研究から多くの道筋が延びています。しかしもっと大局的な面を見ると「私」は毎年同じままであると私たちは考えているにもかかわらず、「自己」とはいかに不安定なものであるかということなのです。

自己の不安定さに着目した最も長期にわたる研究は1947年スコットランドで、学校教師たちに14歳の学生1208人を6つの人格特性別に評価するよう求めたことから始まりました。その6つの特性とは「自信」「根気強さ」「心の安定」「誠実性」「独創性」「学ぶ意欲」です。2012年に同様の人格特性をもとに自己評価することに同意してくれる生存者を見つけ出し、合計174人を追跡調査しました。全体像を把握するために、本人とは別にもう1人、その人物のことをよく知っている人も評価をおこないました。心理学では、人格は安定したもので「人は決して変わらない」という共通のバイアスが存在すると考えられていましたが、スコットランドの研究は反対の結論に達したのです。若いグループと高齢のグループの間には共通点がありましたが、その相関関係というのは「6つの特性のいずれにも安定性は見られなかった」というものだったのです。

なぜ以前の研究では、時間が経っても人格が安定を保つことが示されたのかはよくわかっていません。母親は、子どもが大きくなったらどのようなタイプの性格になるかという片鱗《へんりん》は赤ちゃんのうちから見てとれるとしばしば言います。「あなたは静かな赤ちゃんだったわ。そして今も物静かよね」。もしくは「あなたはいつだってマイペースだったわ。2歳のときでさえね」。というのは典型的な発言です。しかし時間が説明してくれる部分が大きいようです。スコットランドでの研究は、記録されたものの中では最長期間にわたっており、対象となった人々は、70代になる頃までに若い頃の自分とは「ほとんど別人」になっていたのです。

あなたの自己感覚を変容させる機会は常にそこにあります。同様に重要なのは、生涯にわたる経験はどのみちあなたを変容させることになり、時間が経てば経つほどあなた自身の認識や同意がなくても大きな変容が起こるということです。いくつかの基本的な結論を指摘してみたいと思います。

・幼少期の経験は「遺伝子」「生物学」「行動」という点においては、人が思うよりもずっと深く子どもに刷り込まれる

・こうしたすべての影響が混合されたなかで、私たち一人ひとりが自分の選択ではなく、刷り込まれた人生の地図を持ち歩いている

・私たちは自分が本当に望んでいる「信念」「行動」「解釈」を選ぶことによって、この刷り込みを変えることができる。言い換えれば、無意識の刷り込みは心に意識を向ければ取り消すことができる――私たちが知る限り、この可能性に恵まれた生物は人間以外他にいない

アイデンティティの全面的変化に関する医学的なエピソードがあります。1960年代にR・D・レインという卓越しているがエキセントリックな精神科医が注目されていました。レインは、昏睡状態から突然目を覚ました若い女性のケースを報告しています。女性

は自分の名前だけはわかりましたが、奇妙な変容のプロセスが起こっていました。以前はシャイで内向的な性格だった彼女を、看護師たちはセレブリティやパーティーの主役のように扱いました。看護師たちは彼女がいかに機知に富んで魅力的であるかと褒めていると、まもなく彼女は言われる言葉を信じてそのとおりの人間になり、人格が変化したのでした。

もし私たちが「私」というものは脳の損傷、もしくは心理的な原因によって、少しずつ壊されうるものだと知っていれば、「自己」とは人が考えるよりもずっと不安定で信頼できないものということになります。ここで再びダレンの話に戻ります。もし14歳が60歳や70歳になったときに自分自身を認識できないのが本当だとしても、ダレンはそうしたくなかったのです。彼はかつての自分を劇的に変容させました。なぜなら古い「私」とはもはや一緒に生きることはできなかったからです。40代になった今、不可解な「私」を捨てた後のダレンの人生はどのようなものになったのでしょうか。

「私は時々高校時代や大学時代の友人たちに会います。『おまえは変わらないな』と言われますが、私はそれを笑い飛ばします。単にお世辞を言おうとしているだけだと私にはわかっています。もし本当に私のことを知っていたらショックを受けるでしょう。なぜなら私が自分というものに対する感じ方は、以前とまったく違うからです。かつては自分自身から逃げていて、頭の中では自分はまだ十分ではないという声が毎日聞こえていました。そんなものは今ではすっかり消えました」

「いつも自分を裁いていた頭の中の声が消え去るには時間がかかりました。何千回も何万回も『もうおまえなんか必要ない』と言ったものです。私は自分がどれほどタフでたくましいか誇りに思っていたものですが、そういう思いを変えるのもまた長い時間がかかりました。でも感情なくしては生きられませんし、自分の無防備さをさらけ出さない限り感じることはできません。その真実を直視している人は100人に1人もいないのではないかと思います。私の場合は直視せざるをえませんでした。なぜなら私がとらわれていたものは弟の死に対する強い罪悪感ですが、あまりにリアルすぎて否定することができなかったからです」

「私にとって人生最大の教訓は、感情はポジティブなものになりうるということでした。そしてその他の多くのことが変化し始めました。自分は他者から愛され愛することができるのかという絡まり合った問題は、それ自体で本が1冊書けるほどです。でも事前にすべての問題の段取りを決めようとしたら身動きがとれなくなるでしょう。ものごとはそれ自体が望むままの方法で明らかになっていけばよいと私は信じています。私は戦いませんし、何にも抵抗しません。自分自身を恐れなくなれば、あなたは自分の感情も、他の人々が言うことも恐れなくなります。あなたは未来について心配することもなく、過去を生き直すこともありません」

「結局、私は自分の痛みから逃げているわけではありませんでした。私は車で言ったら別のギアに移行して、自分に起きていることに興味を持つようになったのです。それは顕微鏡で別の人間を観察しているような、1つのプロジェクトでした。恐れと、自分を裁くことがなくなるとプロジェクトを楽しみ始めるようになるのです」

このプロジェクトとはいったい何だったのでしょう？

「自己発見です。それ以外に適切な言葉は見当たりません」。彼は言います。「あなたが『私は誰？』と尋ねると、その答えは段階を経ていきます」

彼は今、どんな段階にいるのでしょうか？

「ある意味、私はいつも同じ段階にいます――つまり開発途上ですね」

私たちは皆開発途上にあります。そしてすべてが完了するとき、それが最良の出口になるのです。あらゆる経験がどのように何百という遺伝子に刻印を残すのかということについて遺伝学的に表現すれば「そのプロセスは終わるようにはできていないため、決して終わることはないでしょう」ということです。生きているということは、進化の川に入ることです――その川は、同じ場所に二度と足を踏み入れることができない本物の川なのです。高次のヒーリングとは、あらゆる経験を拡張し、成長し、進化する意識で包み込むことです。何が人生を進め続けているのでしょうか？　それは人生自体です。この事実を心から信じるとき、ヒーリングの旅は、向かう必要がある場所――今ここで生きている喜びを表現する、全身全霊を込めたプロジェクトへとたどり着くのです。

PART 2

ヒーリングを始めよう

1週間の行動プラン

本書の冒頭で、免疫の定義を拡大することが急務であると述べました。それは私たちの健康がかつてないほどに脅かされているからです。自分の免疫が「ストレス」「生活習慣の乱れ」「老化」が優勢になり臨界点に到達していないかどうか気をつけなくてはなりません。さて、私たちには、免疫を強化して生涯にわたり健康を守ってくれる「治癒する自己」という新しいひな形に沿うという知識があります。

しかし、知識は活用されて初めて役に立つということは言うまでもありません。人をやる気にさせ、行動を起こさせようとすると、大きな障害に出遭いがちです。よい意図は消えていき、よく練られた計画もそのとおりには進まないものです。ですから私たちは、どうすれば行動計画を生涯にわたって持続させられるか自問しなくてはなりませんでした。それ以外に私たちが「現実的な可能性」として提示してきた恩恵を生み出す方法はないでしょう。

その答えは、幼い子どもたちを観察することで得られました。親なら誰もが知っているように、幼児期の発達ぶりは見ていてとても興味深いものです。紙人形やアルファベットのブロックで遊んでいた4歳児は、あなたがほんの一瞬と思える間に、今度は本を読んだり、石けり遊びができるようになっていたりします。本を読み、完璧なバランスで片足跳びをするといったシンプルなことをするのに必要なすべてを統合する脳の発達において、大きな変化が起きたわけです。

幼児期の各段階における成長はほとんど努力することもなく起きるため、子どもは幼い自己が新たな自己に取って代わられていると知ることさえありません。そしてこのことが私たちに手がかりを与えました。治癒する自己を実現するのに努力する必要はまったくないため、1週間、1か月、1年で大きな変化が起こり、それがあまりに自然に感じられるため、違った生き方をしていたことなど思い出すこともできないというわけです。

これこそ、このPART 2で紹介する7日間計画の根底にある考え方です。毎日1つのテーマに着目し、その日は1日中そのテーマに集中します。たとえば月曜日は、食生活を抗炎症作用のある食事に変えることが勧められています。「やってみましょう」のカテゴリーと「取り消しましょう」のカテゴリーで、いくつかの推奨事項が紹介されています。ここでは「やめましょう」ではなく「取り消しましょう」という表現を使っています。というのも、ライフスタイルを変えることは通常、取り消す必要のある古い選択に関連しているからです。推奨事項に優先順位はありません。ピンときたものを選べばよいのです。

火曜日は新しいテーマへ移り、ストレス軽減に着目します。もし月曜日に起こした変化を続けたくない場合、やめてもかまいません。

1週間を終え、次の週になったら同じテーマを繰り返しましょう。再度ですが、そのとき望んでいる変化を気軽に選びます。自分にまったくプレッシャーを与えることなくこのプログラムをおこなうことで、あなたの心身は一つ一つの変化を楽しみ、よいと感じるものをそのまま続けていくことになるでしょう。たとえば炎症反応に対抗するために、ある人はナッツを多めに食べるかもしれませんし、またもう1人は食物繊維を増やす人かもしれません。どちらの変化が定着するかを予測することはできません。しかし継続すれば、その選択は確実に2人それぞれのライフスタイルの一部になるでしょう――それは時間の問題にすぎないのです。

1週間のスケジュールには、PART 1で論じられたテーマが網羅されています。

月曜日：抗炎症作用のある食事
火曜日：ストレス軽減
水曜日：アンチエイジング
木曜日：立つ、歩く、休む、眠る
金曜日：核となる信念
土曜日：もがかない
日曜日：進化する

あなたがやるべきことはたった1つ。自分の願望に従って、何をやり・何を取り消すかを選択肢の一覧から選ぶだけでよいのです。その曜日の内容を少なくとも一度は通読し、そして効果を高めるためにはできるだけ頻繁に読み返すことをお勧めします。

あなたの選択はどのような結果を生むでしょうか？　ぜひオープンな心でいてください。これは、あなた自身が科学者とモルモットの二役を同時に演じる実験なのです！

抗炎症作用のある食生活を送るといったいくつかのテーマについては、ちょっとした変更が必要ですが、それを持続させることは難しくはないでしょう。できればずっと続けることが望ましいです。毎晩30分のウォーキングをするといったその他のケースでは、その選択を長期的に自分のスケジュールに組み入れることはなかなか難しいかもしれません。それでも自分のペースで実践すれば大丈夫です。そして忘れないでほしいのは、どれを選んでも、楽しんでおこなうということです。

MONDAY

月曜日
抗炎症作用のある食事

本日のお勧め――それぞれから1つずつ選んでください

☆**やってみましょう**

・抗炎症作用のある食品を食事に加える
・食料を買う際に、オーガニック食品の割合をもっと増やす
・食事に食物繊維の摂取量を増やす
・善玉菌を増やすサプリメントを摂る
・オリーブ油かサフラワー油に替える
・1日に1~5回コーヒーを飲む。できれば5回に近いほうが望ましい

☆**取り消しましょう**

・砂糖摂取量を厳格に減らす
・ジャンクフードとファストフードをやめる
・古くなった油や24時間以上経った残り物など、新鮮でない食べ物を捨てる
・全体的な脂肪摂取量を減らす
・塩分の摂取量を減らす
・アルコールを使わない

月曜日の行動プランは、抗炎症作用を軽減する食事をすることです。食生活に着目した理由は2つあります。まずあなたが起こす変化は漸進的《ぜんしんてき》なものなので、ゆっくり時間をかけて定着していく抗炎症作用のある食事療法を取り入れやすくなります。次に、アメリカ人が過度に砂糖、塩、脂肪、加工食品を摂りたがることが、炎症を起こす主な原因だと考えられるからです。よって「やってみましょう」の項目では、治癒反応をサポートするような食品をさらに加えていってください。そして「取り消しましょう」の項目では、あな

たの食生活で治癒の助けにならない部分を控えるようにしてください。

低レベルで慢性的に続く炎症を食い止めるためには、食生活だけでは十分ではありません。医学的には炎症が多くの身体的プロセスにどのように影響を与えるのかということが次々に発見されており、いたるところに侵入しているかもしれない全システム的な敵であることがわかり始めています。慢性炎症の原因に関する最も一般的な説明には、2つの要素があります。1つ目は、本当は炎症反応を必要としないような脅威と闘うために白血球とその他の免疫細胞が群がってくるケースです。この場合、とりたてて任務のない細胞が他の細胞を攻撃し始めるかもしれません。2つ目のケースでは、実在はするものの、本人も医師も気づいていない軽度の脅威があります。その場合、内在する問題は解決されないまま、免疫反応は働かされ続けます。

基本的に、腸管と消化プロセスに影響を与える食生活を変えることによって改善できるのは2番目のケースです。食べたものをきちんと消化するには、多くの微生物、つまり特定の栄養素を分解するバクテリアが必要になります。長い時間をかけてバクテリアの群生が進化し、微生物叢として知られる体内の独自のエコシステムになるのです。私たちは前作の『スーパー遺伝子』で、バクテリアのDNAを考慮に入れれば、その遺伝子は約200万にものぼる微生物叢について論じるのに多くのページを割きました。あなたが生まれたときに持つ遺伝子が2万ということに比べれば、私たちはバクテリア性生物といっても間違いではないでしょう。

微生物叢は主に腸に存在していますが、皮膚、膣、脇の下などの他の場所にもあり、その重要性は計り知れず、あなたが食べるものによってダイレクトに影響を受けます。これらのバクテリアは侵入者ではありません。微生物叢は、1つの心臓細胞、もしくは脳細胞内のDNAでもあり、あなた自身のDNAでもあります――実際、人間のDNAは、地球上の無数の生物によって取り入れられた微生物のDNAの多大なる貢献のうえに成り立っているということが今では知られています。

自由に読み飛ばして、今日の「やってみましょう」「取り消しましょう」の欄に進んでも大丈夫ですが、微生物叢についてのすばらしい情報が明らかになってきていますので、ぜひ皆さんとシェアしたいと思います。体は、呼吸するたびに外的環境に開かれます。そして標準的な医学的モデルでは、呼吸によって吸い込まれた病原菌が最初に到達する場所である鼻腔《びくう》は脆弱な場所であると長い間考えられていました。確かに、埃《ほこり》、アレルゲン、微生物は鼻腔でフィルターにかけられますが、暖かく湿った、この小さな環境が、実は独自の微生物叢とともに生きているとは誰も考えていなかったのです。

しかし微生物叢は現実に存在し、そして人間は非常に複雑な方法で鼻腔内の微生物のDNAと関わっているように見えます。実際、2種類の関係性があって常に変化しています。1つは互いに関連し合う微生物の群生から成っていて、もう1つは人的な相互作用で1日単位のものから人類誕生以来の長いものまであります。常に鼻がつまっていたり、鼻腔がうっ血していたりする（慢性副鼻腔炎の）人々は、アレルゲンや病原菌といった空気中の何かに反応しているだけではないかもしれません。むしろ、この小さな微生物叢の中のある種のアンバランスが理由かもしれないのです。バクテリアの活動が鼻腔の組織の慢性炎症を引き起こしていると考えられます。

もう1つの例として、私たちの口の中に存在する口腔微生物叢があります。何百種類というウイルス、バクテリア、細菌類が関わっています――イメージすると、気分が悪くなるかもしれませんが。これらは互いに結びつき、あなたの口内の粘膜全体の表面を覆う生体膜になります。歯を磨いてマウスウォッシュを使っても、この頑固な膜を取り除くことはできませんし、そもそも取り除きたいとは思わないでしょう。この小規模な生態系は協力関係がどのように働いているのかまったくわかっていませんが、人類を健康に保つために200万年にわたって進化してきました。

ある理論によると悪いバクテリア（病原菌）は常に口腔微生物叢に存在するものの、よいバクテリアに数のうえで圧倒されているため抑制されているということです。もしそのバランスが逆転して病原菌が生態系内で過剰になれば、病気が発生します。これは炎症によって誘発されうるのですが、確かではありません。他の原因が引き金になっている可能性もあります。大小すべての微生物叢の所在を確実に理解するために、私たちの体内の何千種類という微生物の遺伝情報の目録がアース・マイクロバイオーム・プロジェクトおよび同様の活動によって作成されています。1972年当時は、バクテリアの細胞数は人間の細胞数を10対1の割合で上回ると見積もられましたが、今では微生物は人間の実際の細胞とほぼ1対1で等価であると見積もられていますので、全DNAの構造解明をすることは生物学の歴史において最も巨大なプロジェクトの1つなのです。

私たちが『スーパー遺伝子』で取り上げたことの詳細を繰り返しはしませんが、今日の行動プランに関連する主要なポイントをここに挙げましょう。

- 腸内微生物叢は文化によって異なります。腸内微生物叢は、各自の体内で食生活のみに反応するのではなく、ストレスや感情にさえ反応して常時変化しています
- 人によって異なるその微生物叢の複雑さと計り知れない変異性のため、「正常」な腸内微生物叢というものはまだ定義できないでいます
- しかし豊かで健康な腸内微生物叢は、果物や野菜や食物繊維を多く含んださまざまな種類の自然食品をもとに成り立っていると一般的に信じられています
- 食物繊維が少なく、砂糖、塩、脂肪および加工食品が多い現代の欧米の食生活は、腸内微生物叢をひどく弱らせているかもしれません。他の原因として、乳化剤や人工甘味料も含まれます
- 腸内微生物叢がダメージを受けて弱ると、バクテリアは微生物作用の副生成物である、いわゆる内毒素（エンドトキシン）を放出し始めます。この毒素が腸壁から漏れ出て

血流に入ると、炎症マーカーが上昇し、毒素が消えるまで持続します

右記のまとめからは、膨大な情報を得ることができます。なぜなら血流がある所ならどこにでも（体のすみずみまで行きわたるものですが）、微生物叢によって引き起こされた炎症は問題を作り始めることができるからです。ですから今日では、腸内微生物叢を健康な状態へと戻すことに関心が持たれています。

月曜日の「やってみましょう」について

私たちが提示した選択肢は、すべての人のライフスタイルには合わないときもあるでしょう。しかし抗炎症作用のある食生活を取り入れることは、基本的にすべての人にできることです。『スーパー遺伝子』執筆の際に調査した、食生活に関する情報を引き合いに出してみましょう。基本的に天然でオーガニックな自然食品を可能な限り取り入れることです。アメリカではディスカウントショップがオーガニック製品を扱うようになった今、オーガニックな暮らしをすることは、以前ほど高くつかなくなっています。それでも加工

品やファストフードのほうがカロリーあたりで考えると安くつくなか、自然食品を購入することが家計に与えるインパクトが大きいことは認識しています。しかし心にとどめておいていただきたいことがいくつかあります。

おそらくあなたは自分で思っているほどはカロリーを摂取する必要がない

人々はますます座っている時間が長いか、さほど活動的ではない生活を送るようになっていて、年を重ねるとその傾向は強まります。そのようなライフスタイルの場合、あなたは自分で考えているよりずっと少ないカロリー摂取で十分なのです。古いガイドラインでは非活動的な生活を送っている場合、500グラムにつき約10キロカロリー摂取することが1日の下限となっています（もしあなたが68キロなら、1日で1500キロカロリー摂取すべきだということです）。さほど活動的ではない平均的大人は、1日に2000〜2500キロカロリーぐらいを必要とすると考えられていました。

しかし座っている時間がきわめて長いライフスタイルについてのレポートの中には、この数値を徹底的に減らしているものもあります。かつて断食と考えられていたものは摂取量を1200~1500キロカロリーの範囲内に抑えることから始めるのですが、1日に何時間もコンピュータ仕事やビデオゲームをして過ごす人にとっては、そのぐらいがちょうどよいかもしれません。

安物カロリーは、栄養価の高いカロリーと同じではない

アメリカは、栄養価のないカロリーの依存症になっています。そしてこれはたまたま最も安いものでもあるわけです。コーンシロップというかたちの砂糖（ぶどう糖果糖液糖）やコーンオイルのような脂肪は非常に安いため加工食品に使われていますが、これらもまた炎症性があります。カロリー曲線は加工食品、ジャンクフード、ファストフードでは上昇し、食物繊維、ビタミン、ミネラルといった栄養曲線は下がります。

自然食品が、自然な状態

科学的にはアメリカ人の不健康な食生活を巡る議論は終わっていますが、人々が遅れを取り戻すにはまだまだ時間がかかります。結論から言うと、人間の腸管はどんな食べ物を

選んだとしても、他のすべての生物と比べてより多くの食べ物に適応することができます。私たちは究極の雑食動物なのです。このすばらしい適応能力は、自然食品を食べることで1万年かけて進化したものです。

基本的に第二次世界大戦後のアメリカ人の食生活で起こった砂糖、塩、脂肪の摂取量の急増は、そのスピードがあまりに速すぎたために私たちの体はまだ進化が追いつかず適応することができていません。新しい食生活がもたらしたショックはいまだに残っており、その結果引き起こされたダメージは私たちの適応能力に挑みかけ、もしくは圧倒さえする傾向にあります。ホルモンのアンバランス、肥満、2型糖尿病、インシュリン抵抗性および高インシュリン血症、グルテンアレルギーの疑いも含めた食物アレルギーの増加など、すべて昔は珍しい疾患であったものが今では現代欧米社会特有の病気となっています。自然な状態を無視することによって払う代償は非常に大きいのです。

自然食品には常習性がない

自然食品やオーガニック食品の値段が比較的高いということは否定できませんが、非常に充足感を得られる食品であり、加工食品、ジャンクフード、ファストフードのような依存性もありません。依存性は、習慣化することによって、もしくは甘味、酸味、塩味といった渇望を生み出す味と連動して高い糖分や塩分に対する絶え間ない渇望を生み出すことによって、粗悪な食品の中に組み込まれています。どんな名前が付けられているにせよ、すべての「ハッピー・ミール」は、甘味、酸味、塩味という3つの味に大いに頼っているのです。

オーガニックな自然食品に切り替えると、スナックやソーダ、アイスクリーム、チョコレートに使っていた金額は下がるので、家計のバランスがとれてきます。とりわけあなたが高価なアイスクリームやチョコレートを好む場合、カロリーあたりで考えれば、そうした食べ物は最も高くつくのです。

自然食品をベースにした食生活は、さまざまな抗炎症問題に対処しますが、では具体的にどんな食品がよいのでしょうか？　抗炎症作用のある食品はますます世間の興味をひくようになり、調査研究の対象となっています。もし抗炎症作用のある食品にはどのようなものがあるか具体的に知りたかったら、食生活にこれらの「正しい」食品のみを取り入れるよう勧めるためではなく、あなたの知識を深めるために、ぜひ次のリストを活用していただきたいと思います。

抗炎症作用のある食べ物

脂肪の多い寒海性《かんかいせい》魚類（サケ、ニシン、サンマ、サバ、カレイなど）
ベリー類（イチゴ、ブルーベリー、ラズベリーなど）
木の実（クルミ、アーモンド、ヘーゼルナッツなど。ピーナッツは塊根《かいこん》植物なので含まれない）
種子
全粒粉
緑色の葉物野菜
大豆（豆乳と豆腐も含む）
テンペ（大豆の発酵食品）

キノコタンパク（マッシュルームや他の菌類から摂るタンパク質）
低脂肪の乳製品
トウガラシ属（ピーマンやいろいろなチリ・ペッパーなど――辛味は体の炎症反応を示すものではない）
トマト
ビーツ
タルトチェリー
しょうがとターメリック
ニンニク
オリーブオイル

ハーバード・メディカル・スクールは、健康に関するオンライン出版物に次のような食品も抗炎症作用のある食べ物リストに加えています。

ココアとダークチョコレート
バジルやその他多くのハーブ
黒コショウ

他にも次のようなものが加えられています。

アブラナ科の野菜（キャベツ、チンゲン菜、ブロッコリー、カリフラワー）
アボカド
ホットソース
カレーパウダー
ニンジン
オーガニックターキーの胸肉（赤味肉の代用）
ターニップ（訳注：ヨーロッパ原産のカブ）
ズッキーニ

キュウリ

抗炎症作用はさておき、これらは皆健康によい自然食品で、こうした食品をあなたの食生活の中心に据えることだけでもメリットがあります。しかしこれらの食品が本当に体内で抗炎症作用を持つのかどうか、また微生物叢への影響はどのようなものなのか、科学はいまだ解答を見つけてはいません。それでも、あなたの遺伝情報と微生物叢は毎日の経験に強く反応しているという事実から、あなたが食べるものは全システム的な結果を招くということが示唆されます。

コーヒーの関連性

コーヒーを飲むことで得られる健康的なメリットは多くの研究で実証されていますが、そのメカニズムについては解明されていないことが多いです。20万人以上の被験者の健康状態を30年間にわたって調査した2015年の研究によると、1日に1~5杯のコーヒーを飲む人は、死亡リスクが15%下がることがわかりました。これを私たちは「やりましょう」

の推奨事項に入れましたが、多めに飲むほうが（1日に4杯以上）メリットも増えるようです。2型糖尿病（おそらくコーヒーが血糖値を下げることと関連）、心臓病、脳卒中（おそらく抗炎症作用と関連）、肝臓がん（原因はわかっていません）、自殺（原因はわかっていません）、胆石やパーキンソン病といったさまざまな疾患のリスクにおいて改善が見られるのです。

寿命が延びることと最も確実に関連しているのが炎症の軽減なので、私たちはこのことを、コーヒーを飲む一番の理由として選びました。長寿には、カフェインを含有していてもいなくても関係ないようです。コーヒーを飲む人はタバコを吸う傾向が強いので、寿命の延長に関しては喫煙の要素を差し引いた結果になることを認識することが重要です（茶類、特に緑茶も広く健康利益があるとされますが、それは主に抗炎症作用と関連しています。しかし茶の研究はコーヒーの研究ほどは広がりがなく、また決定的なものでもありません）。魔法の万能薬としてコーヒーに飛びつくのではなく、もっと大局的に捉えながら、利益をもたらす食品リストに加えるとよいでしょう。

プレバイオティクス

微生物叢に関する研究が盛んになるにつれ、微生物叢を健康に保つ食べ物への関心が急激に高まっています。おそらく「プロバイオティクス」という言葉を聞いたことがあるのではないでしょうか。これは腸に有益な善玉菌を加える食べ物、もしくはサプリメントのことです。一方「プレバイオティクス」とは、消化器官内にすでに存在する善玉菌に微生物に栄養を与える食べ物、もしくは植物繊維を含むサプリメントのことです。

原則として、また最新の研究結果に従うと、微生物叢が炎症反応を引き起こす内毒素（エンドトキシン）を放出しないようにするために、まず「プレバイオティクス」に焦点を当てるべきです。新しい善玉菌を腸内の微生物叢に混入しても、典型的なアメリカの食生活がそうであるように、もしあなたの食生活に食物繊維が足りていなければ役に立たないでしょう。水溶性・不溶性ともに政府が推奨する食物繊維の摂取量は1日24グラムで、これは平均的アメリカ人の食生活に含まれる分量の約2倍にあたります。今では食物繊維は加工食品の栄養表示に載っていますが、必ずしもそのグラム数を数え始める必要はありません。

自然食品、とりわけ果物や野菜を摂るようになれば、あなたの食物繊維の摂取は健康的なものになるでしょう。最も基本的な水溶性食物繊維はセルロースで、あらゆる植物性食物に含まれている消化されない繊維です。セルロースは、あなたの腸管内の微生物の大好物です。大量の食物繊維を摂るアフリカの部族に心臓病がほとんど見られないという発見以来、食物繊維は何十年にもわたって心臓病の予防になるとして宣伝されてきました。しかし、心臓の万能薬としての地位はまもなく失われました。というのも、欧米文化のライフスタイルと比較して、アフリカの部族の生活は運動量も多く、ストレスも少ないといった、他の予防的要因が働いていたからです。それでも食物繊維をこれほどまで魅力的なものにしているのは、その広範囲にわたる有益性です。食物繊維は炎症と闘うだけでなく、砂糖の消化を促進し（2型糖尿病に有用）、満腹感を感じさせ（過食に有用）、消化管内面の健康を保つ（たとえば、ある種の大腸がんには重要な要素となる可能性がある）のです。

次の食材リストを参照し、バラエティー豊かな水溶性繊維と不溶性繊維を摂ることをお勧めします。

水溶性繊維

豆類

全粒穀物（オートミール、全粒粉パン、マルチグレイン・パンを含む）

すべての果物（不溶性繊維より水溶性繊維を多く含むものを重点的に：アプリコット、グレープフルーツ、マンゴー、オレンジ）

すべての野菜（非常に高い割合で水溶性繊維を含むアブラナ科のものを重点的に：キャベツ、芽キャベツ、ブロッコリー、チンゲン菜など）

フラックスシード（亜麻仁《あまに》）

オオバコ（ほとんどの商業的食物繊維サプリメントのベースとなる野菜抽出物になり、また悪玉コレステロール値を減らすことで知られる唯一の食物繊維サプリになる）

不溶性繊維

オート麦のふすま（サプリのかたちが多い）

ふすまベースの朝食用シリアル

シュレディッド・ウィート・シリアル
ナッツと種子
豆とレンズ豆
果物&野菜一般

プロバイオティクス（体によい働きをする善玉菌）

プロバイオティック食品は、生きた善玉菌を含みます。腸内活性ヨーグルトはテレビで宣伝され、スーパーでも販売されている最も人気のあるプロバイオティック食品ですが、他にもピクルス、ザワークラウト、キムチ、ケフィア（発酵乳で、ヨーグルトと似た味がする）があります。食事の際にこれらの中から1つ取り入れると、腸壁に定着して害をもたらす悪玉菌を軽減、もしくは駆逐してくれる善玉菌を取り入れることで、あなたの微生物叢を調整する助けになるのです。微生物叢は複雑で、また一人ひとり大きく異なるために、プロバイオティック食品の効果について、完全に信頼できる予測をすることはできません。一番よいのは、そうした食品を試してみること――どれも完全に無害です――そしてどんな結果が出るか検証することです。

プロバイオティクスのサプリは、将来的に劇的に伸びることが期待され急成長しているビジネスです。健康食品店は、満腹状態で飲む錠剤タイプのものから冷蔵庫で冷やしておかなくてはならない傷みやすいものまで、驚くほど多様なサプリを扱っています。微生物叢はあまりにも複雑で、現状では完全に理解することはできないという単純な事実からプロバイオティクスのサプリに関しての医学的アドバイスはありません。また、信頼がおけて10億もの菌を含む1つのサプリメントが、100兆もの微生物から成る腸内の生態系へ入っていくことにも注目すべきです。腸内の微生物は10万倍にもなるためサプリの持つ影響などないに等しいかもしれません。一方、楽観的に考えれば、微生物叢を自然でバランスのとれた状態にするチャンスがあるなら利用しない手はありません。サプリメントは食品からプロバイオティクスを得る代わりにはなれませんが、サプリメントを摂るというのは簡単な選択です。

ちなみに、小児用アスピリンを1錠、もしくは大人用アスピリンを半錠飲むことを日課にすることで抗炎症作用を増強することができます。アスピリンは、心臓発作や大腸がん、メラノーマ、卵巣がん、膵臓がんといったある種のがんのリスクを軽減する方法として実証されています。しかし今日にいたるまで、最も有力な証拠は大腸がんに限定されていきます。ハーバード・メディカル・スクールによれば、他の結果はまちまちということです（他の薬と一緒にアスピリンを飲む場合は、とりわけそれが抗炎症作用や抗凝血の働きがある薬の場合は、必ず事前に医師に相談してください）。

月曜日の「取り消しましょう」について

私たちがリストに挙げた選択肢は、典型的なアメリカ人の食生活のアンバランスさについて何年間にもわたる警告に注意を払ってきた人たちにとっては驚きでも何でもないでしょう。もし過度な砂糖、塩、脂肪をあなたの食生活から取り除き始めることが可能なら、自然なオーガニック食品を加えることが最善です。しかし熟慮しなくてはならない点がいくつかありますので、箇条書きにしてみます。

できるだけ早めに改善を始める

食事にまつわる渇望は、それが長引けば長引くほど悪化します。糖分も塩分も多い食事で人生をスタートさせた子どもはそれが初期設定となり「普通の食事」としてすぐに適応します。あなたはもう若くはないかもしれませんが、親として家族全員にとってのよい手本となる必要があります。

年齢に追い付かれないようにする

通常、人は年を取るにつれて食生活の質は落ちていきます。たいていインスタント食品に頼ることが多くなりますが、今では必ずしも悪いことではなくなっています。冷凍食品売り場には、10年前と比べてもナトリウムも脂肪もずっと低い健康的な食品もたくさんあるからです。また、高齢者は単調な食生活、もしくはそれに近い食生活を好む傾向があります。そして、ほんのわずかしか食べなかったりするのです。これは年を取るにつれて、非常に不健康なことになります。

年を取るにつれて腸管の働きが悪くなり、若い頃のようにはビタミンやミネラルを吸収することができなくなります。認知症や記憶喪失の影響は、マンガンや亜鉛のような微量元素を食生活に取り入れることで劇的に改善されるという研究結果もあるのです。医師でさえミネラル欠乏についてめったに考えることはありませんが、もしあなたが高齢なら、毎日必要なミネラルが含まれたマルチビタミンを摂ることをお勧めします。さらにお勧めなのは、天然の自然食品を食生活にしっかり取り入れることです。

また、加齢に伴う腎機能の低下で水溶性ビタミン（ビタミンCとビタミンB複合体）の欠乏も考えられます。尿と一緒に排出されてしまうのです。こうしたビタミンのサプリメントは、とりわけあなたの食生活から取り消す必要があるものが取り除かれていない場合、役に立ちます。

アルコールを摂らない

アルコールはアメリカ文化に定着しており、たいていの人は何らかのかたちでアルコールを消費します。アルコールは、1日に1杯（たいていは夕食時にワイン1杯程度）と制限すれば心臓病を予防するという利点があるようです。フランス人の食生活における赤ワインの伝説的メリットは赤ワイン固有のものではないということが今では研究によってわかりました——アルコール自体が有益だったわけです。

ハーバード・メディカル・スクールのウェブサイトによると、一見常識に反しているようですが適度なアルコール摂取は抗炎症薬にさえなるということなのです。ヘビードリンカーの赤鼻は、炎症と肝臓がダメージを受けているしるしです。過度の飲酒の結果アルコールの抗炎症作用はなくなり、炎症に変化するわけです。

多くの人にとって、1杯飲めば2杯、3杯と容易に増えていくものです。しかも、ある一定数の飲酒者はアルコール依存症になるでしょう。そのうえ人は年を取るにつれ孤独、退屈、座ることの多いライフスタイルになり、ますます酒量が増えるかもしれません。よって全体像としては、アルコールは深刻に考えるべき危険が十分に潜んでいるということです。アルコールを必要最低限（レストランで外食する際にワイン1杯）まで減らせば、飲酒も楽しいものになるでしょう。

新鮮さを保つ

抗酸化物質が人気を集めるようになった理由の1つとして、フリーラジカルとして知られる血液中に流れる酸素（他の化学物質にすばやくしがみつく酸素原子）を、抗酸化物質が反撃することが挙げられます。このフリーラジカルの化学反応は、たとえばけがをした場所での治癒反応では絶対に必要なものなので「悪者」だと決めつけることはあまりに短絡的すぎます。

しかし一連の問題を解決するシンプルな方法は新鮮な食べ物を食べて「古くなった料理油」「1日以上経った残り物」「冷凍焼けしたもの」などは捨てることです。新鮮でないということは「酸化」そして潜在的に「炎症作用を持つ微生物」と関連性があります。いずれにせよ、新鮮でないものは望ましくありません。コールドプレスで作られたバージンオリーブオイルは抗炎症に特によいものですが、空気に触れるとすぐに新鮮さが失われるオイルの1つでもあるので、瓶を冷蔵庫で貯蔵して2~3日分必要な分量だけを室温で保つのが一番です。

完全に抗炎症作用のある食品だけにフォーカスするのが十分ではないように、他の食品は体に悪いものだと頭から決めつけないようにしてください。次に挙げる炎症を起こす作用があるとされる食品の一覧を見る際に、常識を使っていただければと思います。

制限すべき／避けるべき食べ物

赤みの肉
飽和脂肪酸とトランス脂肪酸（例：多くの加工食品に使用されている動物性脂肪と水素添加植物油）
白パン
白米
フライドポテト
甘いソーダ

信頼できる情報源によると、次の食品も「制限すべき／避けるべき食べ物」に追加されます。

白砂糖とコーンシロップ（果糖ぶどう糖液糖。甘くない加工食品にも実は使われていることが多い）

オメガ6脂肪酸（左記参照）

グルタミン酸ナトリウム（MSG）

グルテン

抗炎症食は、炎症を起こす食生活よりよいに決まっていると私たちは感じています。なぜなら、リスクが実証された食品（ジャンクフード、ファストフード、脂肪分の多い食品および糖分の多い食品）は炎症を起こす食品でもあるからです。炎症と慢性病の間の関連はあまりに強いので見過ごすことはできませんし、その関連性に注意を払うことで大きなメリットが生じます。

オメガ3脂肪酸とオメガ6脂肪酸について

何十年もの間、世間はコレステロールを「悪い」脂肪とみなすよう条件づけされてきました。しかしコレステロールはすべての細胞内に存在する生化学物質で、細胞の成長には不可欠のものです。同様のことがオメガ3脂肪酸について起こりました。鮭や鮪のようなオメガ3脂肪酸を豊富に含む冷水魚は体によいと一般的に考えられており、私たちはそれを受け入れています。しかし話はそんな単純なものではありません。

オメガ6として知られる脂肪酸の別のグループがあります。私たちの体はオメガ3もオメガ6もともに作ることができないので食事で摂る必要があります。しかしオメガ6の過剰摂取が炎症と強いつながりがあることがわかったのです。そのうえオメガ3とオメガ6は同時に発生することが多いため、オメガ6の害はオメガ3の効果を取り消してしまう可能性があります。つまり、その2つはバランスがとれていないといけないわけです。欧米の食生活は多価不飽和脂肪酸の油を多く使用するために、オメガ6が高すぎます。こうした野菜が原材料（コーン、大豆、ヒマワリなど）の油は、かつては最も健康的だと考えられていました。心臓発作のリスク要因を軽減するとされていたのです。

今日の研究結果は別の方向へと向かっています。先住民たち（加工された植物油をほとんど使わず、加工食品も食べない）を調査した結果、彼らの食生活におけるオメガ6とオメガ3の割合はだいたい4：1であることがわかりました。それとは対照的に、欧米の食生活ではオメガ6の割合が15〜40倍高く、15：1なのです。そのように高レベルになると、オメガ6脂肪酸はオメガ3のメリットを阻害します。この分野における遺伝学研究は簡単に進むものではありませんが、狩猟採集社会ではさらにオメガ6が低く、オメガ6とオメガ3の割合は2：1の食生活をするよう私たちは進化したと推測されています。専門家によると、体内でその割合が1：1に近づくことが理想的なようです。

オメガ6を多く含む食品としては、料理用油が筆頭に挙げられますが、他に次のようなものもあります。

オメガ6脂肪酸を含む主な食べ物

- 加工された植物油――その中でもヒマワリ油、コーン油、大豆油、綿実油《めんじつゆ》
- 大豆油が使われている加工食品

・穀物飼料で育てられた牛の肉
・工場（養鶏場や養豚場）で育てられた鶏肉と豚肉
・放し飼いではない鶏の卵
・従来どおりに育てられた肉の脂身の多い部分

残念ながら一般的な病気予防の主要部分を占めていた多価不飽和脂肪酸の油は、炎症という点では重大な欠点があることがわかりました。オメガ6の含有量が低く、オメガ3を多く含む唯一の植物油はフラックスシード（亜麻仁）油です。サフラワー油、キャノーラ油、オリーブ油は特にオメガ3を多く含むわけではありませんが、一般的に売られている植物油の中でオメガ6が最も低いのがオリーブ油です。

さらに混乱させられるのはラード、バター、パーム油、ココナッツ油のような、いわゆる「悪い」飽和油はオメガ6の含有量が少ないということです。これは標準的な予防策で、飽和脂肪と多価不飽和脂肪のバランスをよくすることを勧め始めている1つの理由です。しかし本当の悪者は自然の状態で食べている食品ではなく、加工食品であるようです。大豆油は安価ですぐに入手できるために、何百という加工食品への使用につながっています。最も短期間に最大限の量を得られるように穀物を与えられている飼育場の牛肉は、牧草で育てられた牛と比べてオメガ6の含有量はずっと高くなっています（牛肉・酪農で抗生物質とホルモン剤が広く使われていることは言うまでもありません）。同様にオメガ6が高いのは、工場システム（養鶏場や養豚場）の中で、従来どおりの穀物を飼料として生産される豚肉と鶏肉、そして養鶏場の鶏卵です。

もし肉を食べるなら、牧草で育てられた牛肉と、英語では「Pastured」と表記されている放し飼いで植物や虫など自然な食料だけで育った鶏の肉や卵に切り替えることを勧めます。「放し飼い」や英語表記の「Free-range」というのは必ずしも信用できる言葉ではありません。というのも鶏たちは外にアクセスできたとしても、まだ従来の穀物飼料を与えられているかもしれないからです。もちろん、これは必ずしも簡単、もしくは実行可能な選択ではありません。牧草で育った牛肉や、完全放し飼いで飼料を与えられていない家禽類《かきんるい》（鶏・七面鳥・アヒル・ガチョウ・キジなど）は高価になりがちで、専門店でしか買えないこともしばしばです。よって、できる範囲内のことをしましょう。概して食生活における脂肪酸のバランスを取り戻すことは、一度この問題に意識的になりさえすれば、いくつかの簡単なステップに帰着します。食生活の1つの側面だけに固執しないでください。リストに挙げたすべてのものは、あなたが一歩一歩向かっていくべき自然食に対応するものです。

脂肪酸のバランスのとり方

・サフラワー油とオリーブ油を使って料理してください。キャノーラ油はあまりお勧めできませんが、許容範囲内ではあります
・クルミ、アーモンド、ピーカンナッツ、ブラジルナッツを含む、無塩、もしくは塩分控えめのナッツを食べてください。ピーナッツ並びにカシューナッツやマカデミアナッツなど、脂肪分の多いナッツの摂取量は制限してください
・無塩のチア、ヒマワリ、カボチャ、ヘンプ、フラックスシード（亜麻仁の種）を含む種子を食べてください
・1週間に170グラム未満の脂肪分の多い魚、およびキノコタンパクをベースにした

ものを食べてください。もしベジタリアンなら、クルミやアーモンドなど脂肪分の少ないナッツや種子を多めに食べてください

- 原材料に大豆油を多く含む加工食品を避ける
- 大豆油、ヒマワリ油、コーン油を使わない
- 従来の方法で飼育された牛肉、豚肉、鶏肉を避けるか、食べないようにする
- どんな肉の場合も、脂肪の少ない切り身を買い、脂身は取り除く

食品と心身との相関関係は興味深いものであり、また複雑なものでもあります。私たちは詳細な情報を提示したいと思いましたが、実用性ということになると、自分のペースで進めるべきですし、食生活を変えることは短距離走ではなく、マラソンのようなものだということを覚えておいてください。重要なのはあなたの選択そのものではなく、あなたがおこなった選択が、ずっと続けられるものであることなのです。

ですから食生活を変えるために私たちが示す行動プランは、全システムを癒やす際にあなたがとることのできる、最もシンプルで直接的なステップになっています。それが最優

先事項です。しかし、もし現在の風潮が今後も続くなら、微生物叢そしてその炎症との関連性にますます焦点が当てられるでしょう。食生活は1つの要因でしかなく、それは私たちの全システム的アプローチにおいては驚くことではありません。微生物叢を癒やしてバランスをよくするためには、心身を全体として捉える必要があります。次にライフスタイルと微生物叢について、現時点での最良の情報が集められた便利な一覧を提示します。このようなライフスタイルは「本日のお勧め」の行動プランで提示したあらゆる選択肢を含んでいますが、さらにもう少し踏み込んだ内容になっています。

健康な腸の微生物叢のための最適なライフスタイル

・脂肪、砂糖、精製された炭水化物の摂取量を減らす
・善玉菌のえさとなるプレバイオティクス、果物、野菜、穀物からの食物繊維を十分に加える
・化学的に精製された食品を避ける
・アルコールの摂取をやめる

・善玉菌を増やすようなサプリメントを摂る
・ヨーグルト、ザワークラウト、ピクルスといったプロバイオティック食品を食べる
・炎症作用のある食品の摂取を減らす
・新鮮な絞りたてオレンジジュースのような、抗炎症作用のある食品に注目する
・きちんとストレス管理をする
・怒りや敵意のような「炎症を起こした」感情の処理をする
・イースト菌感染症やストレスなど炎症の医学的原因を調べる
・体重増加をコントロールする

おわかりのように、炎症と完全に無縁でいることは、一般的に自己治癒するヒーリング・ライフスタイルを送ることと同義なのです。ですから私たちは今、問題に対処する最善の方法として食生活に注目しているわけです。生活のその他の側面である減量やストレス管理においては、炎症に注目する必要はさほどありません。減量やストレス管理は全システムとウェルビーイング全般のためにおこなうのです。

TUESDAY

火曜日
ストレス軽減

本日のお勧め——それぞれから1つずつ選んでください

☆**やってみましょう**

・瞑想する
・ヨガのクラスに行く
・マインドフルな呼吸を練習する
・一息入れる時間や静寂の時間をスケジュールに入れる
・自分の中心に居続ける練習をする
・自分のストレスレベルを認識する

☆取り消しましょう

・ストレスのかかる状況を増やさない
・日常でストレスがかかる出来事を無視しない
・できるだけ早く、ストレスから逃れる
・繰り返されるストレスを解消する
・イライラしながら我慢している問題についてじっくり考える
・不規則な習慣を規則的なルーティンにする

水面下に潜み、気づかれないままであることが多い慢性炎症とは違って、ストレスはわかりやすい場所に隠れた敵です。平均的な人は、来る日も来る日も承知のうえで同じストレス要因に直面しています。それは過度な騒音や、過度な忙しさ、家や職場で積み重なる要求、いたるところでの感覚的過負荷、渋滞中のイライラ、必要なことすべてをやり遂げるのに1日では時間が足りなさすぎる、といったことです。すべての外的ストレス要因に共通するのは、プレッシャーです。そしてプレッシャーとはどのような感じがするものか、誰もが知っています。もし外的ストレス要因が本当の問題なら、ストレスをなくすことは、靴に入った石ころを取り除くのとさほど変わりはないでしょう——不快さを感じたら、できるだけ早く対処すればよいのです。

しかしご存じのとおり、ストレスは靴に入った石ころよりずっと複雑であることが多いのです。私たちは皆、非常に多くのストレスを我慢しているという事実は、その対処法がいかに悪いかということの証明になっています。今日、私たちがあなたに求めるのは、危機を脱して人生のストレスを真剣に軽減することです。日々のストレスをうまく我慢しているかもしれませんが、ほんの少しずつ、あなたの細胞は悪影響を受けているのです。ストレスがどのように影響するか、3つの段階を172ページに挙げました。まず心理的そして精神的に、それから行動において、そして最終的には身体的ダメージのかたちで影響があります。しかし高血圧や消化トラブルのような症状が表れる第3段階まで待つことは、非常に浅はかといえるでしょう。ストレスは、もうずっと以前に優勢になってしまっているのです。

ストレスが優勢になっているとき

常時ストレスがかかっている出来事について文句を言い、その悪影響についていつも耳にしており、それでもほとんど何の対策も取らない場合、どんな問題が起きているでしょうか？　私たちが今日のリストに挙げた選択肢は、斬新なものでも驚くべきものでもありません。瞑想とヨガは今ではよく知られるようになっているので、これから始める人はもっと多くなっていくでしょう。一息入れる時間や静寂の時間を平日のスケジュールに入れることはルーティンにするべきです。ストレスの多い状況において自分の中心にとどまれるようにすることは、幼い頃から学ぶべき対処メカニズムです。

ストレス軽減における最も重要なステップは、明らかに考え方を変えることです。さもなければ日常生活のプレッシャーに対処する能力は、ろくに結果も出せないまま中途半端に対処を試みている状態で行き詰まってしまうでしょう。ある意味、その状況は無謀なダイエットをおこなっているようなものです。先に述べたように、またたいていの人が認識しているように、一時的なダイエットでは減量できません。2年間で2キロ減らしてそのまま維持できているダイエット実践者の数は、2%にも満たないのです。しかし、こうした暗い事実を目の当たりにしてもアメリカ人は常にダイエットをおこなっており、最新の流行ダイエット法を宣伝している人たちはかなりの財産を築いています。言い換えれば、そもそも決して効果の出ないことをやり続けているということです――しかも多くの人はストレスを感じながらおこなっているのです。

あなたがストレスとの向き合い方を変え始められるように、そもそも決して効果が出ないことを次にリストアップしてみましょう。

なぜストレスが勝ち続けるのか:日々のストレス要因に役に立たない反応

・多少のストレスがあることは普通だと考える
・外的な力に直面すると無力に感じる
・苦悩の兆候(苛立ち、疲労、精神的無気力)を無視する
・ストレス対処の仕組みがあまりにも制限されている
・ストレスを我慢することは無害だと考える

・自分にどれほどストレスがたまっているか認めない、もしくは単に気づかないでいる
・ストレスを糧にして成功することが可能だと聞いたことがある

このような信念と行動は自己破滅的なものですが、どれも一抹の真実を含んではいます。もしあなたがやかましい都会に住んでいるとか、または建設現場で働いているとしたら、あなたのまわりの騒音は制御不能です。ストレスに耐えることは害がないわけではありませんが、もし渋滞にはまっていたり、家に新生児がいたりしたら、手立てはほとんどありません。誰もストレスを糧にして成功できませんし、それは細胞レベルでも同じですが、野心的で成功している人々の中には、自分は勝者だと証明できる高いストレス状態を求める気持ちが成功の理由だと主張する人もいます。こうした一抹の真実は、人々が目を向けたくない現実――ストレスは現代生活における流行病であるということ――を覆い隠すという役割を果たしています。

この点について十分に理解するために、具体的に描写してみましょう。まず若き夫で父親でもあり、仕事でも出世しているAという人物の典型的な1日を見てみましょう。Aは

少し遅めに目覚め、あわただしく出勤準備をします。子どもたちが別の部屋でけんかしているのを耳にし、やめるように怒鳴ります。玄関に向かう途中で妻にキスをして、急いでいるから朝食をつまむ時間がないと言います。ひどい渋滞でオフィスに着く頃には上機嫌というわけにはいかず、オフィスでは上司が腕時計を見て、大きな締め切りが近づいていることをAにリマインドします。

チーム全体が結果を出すようプレッシャーをかけられたスタッフ会議の後、Aはややペースダウンして、コーヒーとドーナツで休憩をとります。少し後ろめたさを感じながらもランチタイムには1杯アルコールを飲んでくつろぎ、午後は少し緊張感がゆるみます。午後の交通状況は悪くないのでAはよい気分で帰宅します。お馴染みの家庭内ルーティンの中で落ち着き、数分間子どもたちと過ごし、数時間ネットサーフィンをします。妻はそんな状況にもう慣れています。Aは挑発的なニュースサイトを訪れ、動画を視聴して政治家に悪態をつきます。寝る前に、会社から持ち帰った仕事を少しします。Aと妻はまだ性生活がありますが、今夜は2人ともあまりに疲れています。週末があるから大丈夫です。

これは、何百万という人々の典型的な平日の過ごし方のパロディーというわけではありません。すべての出来事がストレスになっていますが、社会的基準からするとAはよい生活を送っています。もしくは、よい生活を送るためになすべきことをしているといえます。ストレスが新しいトピックだった1世代前には、ある人の典型的な1日とは、ひっきりなしにタバコを吸い、かなりの酒を飲み、家庭における女性の負担はもっと大きいものでした。ストレスの影響がエピジェネティックなレベルにまで、つまりネガティブな経験は遺伝的活性を変えるほどの痕跡《こんせき》を残すということが医学的にわかっています。しかしだからといって、どのように人生を過ごせばよいかということまではつながっていません。今日はあなたの人生における日々のストレスを減らすための、自己認識アプローチに徐々に慣れていただきたいと私たちは考えています。

火曜日の「やってみましょう」について

ストレスに関わるお勧めの選択肢すべてが、私たちが先に述べてきた、交感神経の過熱状態から脱することに焦点が当てられています。ストレスの反対はリラクゼーションです。瞑想やヨガのような活動は、単なる身体的リラクゼーションをはるかに超えるもので、精神的安寧や静けささを見出すことさえも超越するものです。それでも、リラクゼーションは出発点です。なぜならリラクゼーションなくしては、心身はストレスによる混乱に対処することになり、もっと微細な経験を支える力が阻害されてしまうのです。私たち2人はともに「高次の意識を土台にした東洋の叡智の伝統」を強く支持しています。私たちは「高次の意識からもたらされる高次のヒーリング」を推奨します。しかしまずは大事なことから始めるということで、心身を通したリラクゼーションという最初の段階に戻りましょう。

瞑想：全体的なメリットがあるため、ストレス軽減のための実践方法として1週間のうち毎日おこなうようリストに挙げたのが瞑想です。本書では今のところ、皆さんがどのタイプの瞑想を好まれるかについては特に規定していません。マインドフルネス瞑想は人気があり、呼吸に集中した瞑想は無理なくできます。心に集中する瞑想は信心深い人々の多くにとっては魅力的でしょう。瞑想について、さまざまな探究をすることができる本やサイトは無数にあります。

「ベスト」な瞑想を効率的に証明するために、1つの瞑想法を別の瞑想法と比較するという実験はあまりおこなわれていません。実のところ「ベスト」というのは適切な言葉ではありません。あなたが心地よさを感じ、また生涯続けられるようなタイプの瞑想こそ、定義上「ベスト」な瞑想なのです。もはやメリットを感じなくなると、人は瞑想するのをやめてしまいます。個人的な成長を継続して感じられるなら、瞑想を続けるでしょう。これは予測できることではありません（人生がうまくいったことで瞑想がすでに役目を果たしたと捉え、瞑想をやめてしまう場合もあるかもしれません）。人生におけるメリットが最も実証されているという観点からすると、おそらく軍配はマントラ瞑想に上がるのではないでしょうか。マントラ瞑想は古代インドに起源を持ち、文字どおり何百種類とあるマントラがそれぞれ特定の効果を持ちます。究極の効果は「悟り」、もしくは外的な出来事に阻害されない「完全な自己認識」です。

宗教的な含蓄がない、簡単なマントラ瞑想の方法は次のようなものになります。

・静かで薄暗い部屋に座り、目を閉じて1、2分間過ごします。もし眠気を感じたら、瞑想を始めるよりもまず横になって少し睡眠をとってください

・自分の中心に集中し、リラックスして呼吸が規則的になったと感じたら、静かに「ソーハム」というマントラを心の中で唱えてください
・そのマントラを5～20分間繰り返します。瞑想の長さは、どんな状況にいるか・どれだけ瞑想を楽しめているかによって決めてください
・マントラは機械的に繰り返すものではありません——これは静かなチャンティングではありません。マントラを繰り返そうという考えが浮かんだら「ソーハム」と唱えてください。ほんの数秒、もしくは数分ほどのギャップ（訳注：考えと考えの隙間）が生じるかもしれません。マントラ瞑想は、思考プロセスを止めることによってではなく、心を本来の状態である静寂の状態に慣れさせることによって、自然に心を落ち着かせるのです。強制することでもなく、機械的なものでも、魔法のようなものでもありません。さらなる静寂の状態に自然に向かうことを通じ、マントラの繰り返しによって心を落ち着かせます
・思考が邪魔をしても大丈夫です——思考は常に湧《わ》いてきます。瞑想プロセスの中で思考は自然な一部なのです。ただそっとマントラに戻ってください。マントラをどのぐ

らいのペースで繰り返すかについて、最低限の目標というものはありません。もしマントラを一度唱えて、それから眠ってしまったとしても、それはよい瞑想なのです。あなたには休息が必要だったということです。もしマントラを唱えて、深い瞑想状態に入ったとしたら、それもまたよい瞑想です

・瞑想は、ストレスの解放を通して心身にバランスを取り戻してくれます。ストレスを解放する間、さまざまな感覚や思考が生じるかもしれません。これは普通のことで、瞑想の効果なのです。もし身体的感覚が非常に強く、マントラを唱えるのが難しくなったら、その感覚を感じる体の部分に注意を向けてください。無理に変化を起こそうとはせず、あなたの注意をその感覚に寄り添わせてください。少ししたら、その感覚は消えるでしょう。もし消えることがなく、不快感が続いたら、数分間目を開けてください。不快感が消えなかったら、横になり、消えるまで休息してください（なかなか消えない痛みの場合は、医師の診察が必要です）。ネガティブな思考のことは気にしないでください。それは湧いては消えていくものです。これは瞑想の自然な側面です。しかし、もしネガティブな思考があまりにも強い場合は、目を開けて、思考が

弱まるまで呼吸を楽にしてください。非常に強い思考が鎮まってきたら、再び瞑想を始めてください

・決められた時間が終わった後は、リラックスして瞑想状態を楽しみ、目を閉じたまま楽に呼吸をしてください。リラックスした状態をさらにもっと深く味わうには、5分間横になってください。完全な活動状態に急いで戻らないでください。もし状況が許すなら、日常のルーティンにゆっくり戻ってください

・どのぐらいの頻度で瞑想するかは、あなたしだいです。瞑想を生活の一部に組み込むなら、1日2回、朝と夕方におこなうのが望ましいです。習慣化を助けるために、瞑想グループや瞑想リトリートに参加する人も大勢います。これもまた、個人的な選択に委ねられています。しかし1つのメリットとして、グループ瞑想をすると瞑想の習慣から脱落しにくくなるということがあります。

マインドフルな呼吸:今日は「ストレスがある」という感覚を弱めるために、このテクニックを使います。詳しくは「職場でマインドフルになるために」の項ですでに述べました。

そのページに戻らなくてもよいように、その方法についてここでもう一度述べましょう。

・可能なら、1人になれる、静かで薄暗い場所を見つけましょう。しかしこれは必ず必要というわけではありません

・目を閉じて、自分の中心に集中してください

・リラックスして深い呼吸をします。4つ数えながら息を吸い、6つ数えながら息を吐きます。もしこれが大変になってきたり、息が切れ始めたりしたら、無理はしないでください。息が正常に戻るまで、普通に呼吸してください。それからマインドフルな呼吸に戻ってください

・少なくとも10回は呼吸を続けてください。もしもっとおこなう必要を感じたら、5〜10分間、マインドフルな呼吸を続けてください

火曜日の「取り消しましょう」について

「取り消しましょう」の選択肢は、ストレスの多い状況にそのままとどまっていてもい

いような気がしていながらも、そこから抜け出すということに関するものです。これらは、束の間の緊張を引き起こすような、ささいなことだったりします。しかしこうしたことでさえ、不要なストレス反応を引き起こしうるのです。その鍵は、体の中で感じ取る感覚に注意を払うことです。今日は数回にわたって自分自身を確認し、緊張、不快感、窮屈さ、プレッシャーなどを感じているかどうか自問してください。この感覚は、身体的なものかもしれませんし、精神的なものかもしれません。ストレスに関する限り、どちらも同等です。あなたの今日の目標は、ネガティブな状況から抜け出し、1人になる方法を見つけ、リラックスして自分の中心に軸を据えた状態を取り戻すことです。

ストレスが偶発的なもの以上であるとき、より多くのことが求められます。私たちは、多くの人々の人生においてストレスが勝っているという事実を深刻に受け止めています。したがって、ストレスとのもつれた関係性を取り消すためには、その問題と解決法について徹底的に議論する必要があるのです。

根深いストレス：心の内側の物語

外的なストレス要因は、一般的に研究者が最も興味を抱く対象ではありません。マウスは実験室では役に立つ実験対象ですが人間と同じような内的生活があるわけではないので、マウスを用いたストレスの実験はもっぱら外的な身体的ストレス要因に重点が置かれています。ある有名な実験に、マウスを金属製のプレートの上に置いて微弱で無害な電気ショックを与えるというものがあります。そのショックは無作為に与えられ、ほんの数日後には、マウスの免疫システムは多大な損害を受けたことが示されました。マウスはそわそわと不規則な動きをするようになり、なかにはすっかり衰弱したものや死んでしまうものもいました。

無害なショックがこのような極端なダメージを与えた理由は「予測不可能性」という目に見えない要因のためです。ショックがもたらされるという予測は、頭上に吊《つ》るされたダモクレスの剣（ギリシャ神話）のようなものでした。未来を予測することは不可能な一方、次のショックは必ず来るとわかっていることでマウスは内的ストレスが永続する状態に置かれていたのです。人間の場合、ストレスは無作為で、予測不可能で、繰り返され、制御不能なときにさらに悪いものになるということはすでに述べました。しかし、マウスの研究はもう1つの臨界点を作りました。つまり内的ストレスは、外的ストレスと同じぐらい、もしくはもっと強力だということです。痛みがあるかもしれないという予測は、実際の痛みそのものと同じぐらいに私たちを苦しめるのです。

このことは、ストレス軽減の鍵となります。つまり内側からアプローチするのです。さまざまな外的なストレス要因をコントロールすることはできませんが、自分の知覚や解釈をコントロールすることは可能です。クラシックコンサートに行ってあなたが好きなチャイコフスキーの序曲『1812年』のクライマックスで鳴り響くシンバルの音を聞くことと、あなたの背後を歩いていた見知らぬ人が、あなたの耳元でシンバルを鳴らすことの違いを想像してください。同じ外的刺激に対して、非常に異なる内的反応が起きます。快楽が煩わしい攻撃に変化するのです。

先に私たちは新生児の親がストレスレベルを軽減するためにどんなことができるかをもとに、急性ストレスへの「初歩的解決法」を示しました。今、その戦略を長時間かけて最大のダメージをもたらす慢性的な日々のストレスにまで広げてみたいと思います。外的なストレス要因に対する知覚と解釈を変えることによって、ストレスの影響を大きく軽減することが可能になるのです。

ランダム性と予測不可能性

定義上、この2つの要因は関連しています。ランダムな出来事は予測不可能だからです。なぜストレスが勝ってしまうかというと、私たちがショックや驚きを求めているからです。災害や大惨事は恐ろしい出来事ではありますが、そのような出来事が全国ネットでゴールデンタイムに1時間放送する人気ニュース番組からケーブルテレビやインターネットでひっきりなしに流されるようになってしまい、悪いニュースを何度も何度も繰り返し見たいという欲求を強めることになっているのです。暴力的なビデオゲームや冒険アクション映画も、想像の世界で同様の欲求を満たします。しかしストレス反応によって引き起こされるアドレナリンの爆発は、現実と想像の違いがわかりません。ある時点においては、たとえアドレナリン中毒になっていないとしても、おそらく内側のどこかで、激しい戦いとアクション（もしあなたが男性ならありがちです）の上に成り立つ人生に対してポジティブなイメージを持っているかもしれません。

総合的に考えるとランダム性は日常に混沌をもたらし、それに私たちは皆適応してしまっているのです。混沌とした状態は人生の不可避な側面ではなく、ストレスレベルを増してしまう要因としてみなされる必要があります。もちろん人生は常に予測不可能なものであり、創造性の源としての不確かさも存在します。次にどんな絵を描くか、もしくはどんな曲を作るかわからない不確かさは、創造的であることに伴う喜びの一部でもあるのです。しかし日常において混沌状態をコントロールすることはやはり重要です。

次に、考えてもらいたいステップをいくつか挙げてみました。

・日々のルーティンをさらに規則的にする。毎日同じ時刻に寝起きする。1日に3度、決まった時間に食事をする
・予測可能なライフスタイルを作り上げ、突飛な行動はコントロールすること。これは、小さな子どもを持つ親として非常に重要である。なぜなら予測可能性が信頼関係を築くからである。職場では、予測可能であることで忠誠心と協調性が生まれる。人間関

係においては、親密さが生まれる

・予測可能であることは、退屈さや独創性の喪失と同じではない。次のようなとき、むしろあなたは予測可能になることを望んでいる

◆怒りやフラストレーションを見せないとき

◆人前で誰かを批判しないとき

◆責任があるとき

◆やると約束したことを実行するとき

◆実行力を期待されているとき

◆オープンなコミュニケーションを受け入れるとき

◆あなたの扉が常に開かれているとき

◆他者のプライバシーを尊重するとき

・自分自身を予測可能な存在として確立したうえで、他者、とりわけ家族をあなたの例に従うよう勧める

・未来のリスクから身を守る（たとえば適切な保険に入る、病気の予防をする、車をよ

い状態で維持するなど）

・トラブルの際に助け合う支援ネットワークを作る。他者を支援するために自分にできることをおこなう

・危機に真正面から立ち向かう。状況が明らかになるにつれ、起きていることについて家族や友人に話す。孤立したり、１人で対処することでものごとに耐えたりしない

コントロールの欠如

コントロールできていないと感じるとき、ストレスはいっそうひどくなります。動物実験では常に実験者がコントロールしていますが、自然界では動物は優越性が顕著な社会で秩序だって生きています。サルの群れのボスは、その地位を保つために時間とエネルギーを使います。しかし常に変わらないのは、１匹の雄がボスの地位について従属する雄ザルたちは群れの中で自分の場所を見つけ、それを受け入れるということです。しかし人間の場合、状況は非常に複雑なので動物モデルは当てはまらないように見えることが多いのです。郵便局の仕分け室で働く少年がＣＥＯになる夢を持つことも可能です――動物とは

違って、私たちは切望し、祈り、熱望し、そして戦略を練るのです。

その際にコントロール力は、自分の内的観念と外的な出来事を調和させます。もしも内面的にコントロールできていると感じるなら、あなたはコントロールがうまくできているということになります。外的な出来事は、あなたにリーダー的な役割を担わせないかもしれませんが、コントロールを失わずにストレスに対処する能力と比べれば、それは問題ではありません。100台の車がひどい渋滞に巻き込まれているところを想像してみてください。各ドライバーの状態をモニターにつないで、心拍数、血圧、脳の活動、呼吸を調べることができたら、100通りの異なる反応が見られるでしょうし、それぞれがその出来事に対する内的解釈によって決定されているのです。

最もネガティブな値を示す、最もストレスの多いドライバーは、次のいずれかの反応をしていることでしょう。

・不便や不自由な状態を不快に思う
・自分がどれだけ頻繁に渋滞にはまっているか思案する

・思いどおりにものごとが運ぶことを期待し、そうならないと欲求不満が爆発する
・反射的に怒ってしまう
・他のドライバーたちのことをバカだと責める
・同乗者に対して不機嫌でイライラした態度をとる
・遅刻することを心配する

これらの中には、そう感じるのは普通だといえるものもありますが、A型行動形式(よく遊び、よく働き、エネルギッシュで競争的な行動様式。血液型とは無関係)をとりがちな人々は、右記の傾向がより強く出ます。あなたは、状況が自分のコントロール外になるとストレスを受けるような、いわゆるコントロール・フリークになる必要はありません。しかし、もし自分が常に仕切る立場にないと気が済まないなら、自分の期待にそぐわない状況に対処する際には不利になるでしょう。

コントロールしたがる性質は、扱いが厄介です。それはひとえに、彼らは自分のやり方が絶対に正しいと思いがちだからです――実際、これはコントロールしたがる性格の顕著

な特徴です。もう1つの特徴としては、自分は言い訳をする一方、常に他人を責める方法を見つけることです。彼らはあらゆる点において完璧主義で、報告書のたった1つのスペルミスを、プロジェクトが失敗したのと同じぐらいに批判します。彼らの要求が完全に満たされることはなく、しぶしぶ褒めるか、もしくはまったく褒めることはありません。彼らは他人にも、自分が決めたものと同じ基準や価値観で生きることを期待します（「自分がしないようなことを君たちにやれとは言わない」と言う上司のようなものです）。感情的には、彼らはひどく傷ついていて、不安で、感情を出すのを恐れます。なぜなら弱さと傷つきやすさが露呈されるからです。

ここに描写したことは、状況がコントロールできていないと感じるときにとるべきではない反応についての一般的な警告となります。私たちは皆、ある程度までは自分の意志を押し付け、他人に要求し、自分のやり方だけが正しいと主張しがちです。しかし内側から見ると、根本的な原因は不安と恐怖なのです。不安を抑えるためには、まずは内側をコントロールすること、そして混乱寸前にある外的状況を元に戻す努力をして、主導権を取り戻すことが確実に必要なのです。次に、とるべきステップをいくつか挙げました。

自分の中心にとどまり続けることを学ぶ：これは、瞑想をすることで自然に身につけられるスキルです。しかし誰でも時に自分の中心にとどまっている感覚を経験することがあります――つまり、それは落ち着き、静けさ、機敏さ、鋭さ、地に足が着いているといった感覚です。多くの人にとっては、胸に集中している感覚です。

自分の中心にとどまっていないことを認識できるようになる：この状態もまた、誰にとってもお馴染みのものです。不安、競争的な思考、疑念、外的状況による困惑、心臓がドキドキする感じ、浅く不規則な呼吸、そわそわ落ち着かない感じ、筋肉のこわばりや緊張といった特徴があります。

自分の中心からはずれても、いつでも戻れる能力を身につける：この能力は、先の2つのポイントに続きます――自分の中心にとどまっていないと認識したら、再び中心に向かう感覚に戻ればよいのです。これをおこなうには、いくつかの簡単なテクニックが役に立ちます。

◆ストレス要因を見極める
◆ストレスがかかる状況から逃れる
◆1人になれる静かな場所を見つける
◆目を閉じて、心の領域に注意を向ける
◆マインドフルな呼吸をおこなう。4つ数えながら息を吸い、6つ数えながら息を吐くという、深くて規則的な呼吸をする
◆時間があれば、もっと静かに、もっと自分の中心にとどまった後で瞑想をおこなう
◆自分の快適ゾーンに戻るまで、右記を続ける
◆ストレスのかかる状況に急いで戻らない。数時間、できればまる1日、ストレスのない状況にいるようにする

職場で自分がコントロールできていない状況に気づいたら、それに対して何らかの対処をする：自分で決断したり、もっと責任を持ったりという選択の自由を与えられると従業員は成長するということに会社側も気づき始めています。あなたは、より高い権限を持つ側

が細部にいたるまですべてをコントロールし、厳しいルールや基準が押し付けられるような仕事をし続けなければならない義務などありません。さらなる決定権や、自分自身の解決法を提示する自由を求めてみてください。もしこうした要求が拒絶されたら、自分の今いる場所をしっかり直視し、それに従って計画を立ててください。

自分がコントロールしている行動についてじっくり考える：鏡の中の自分を正直に見つめ、他者に対してもっと心を開き、判断せず、批判や要求を減らす方向へと向かってください。これらはセルフコントロールのアプローチが硬直してしまっている最も顕著な特徴です。

・リラックスして、自分に多くを求めすぎないようにする
・他者に介入してあなたの意志に従わせる前に、状況に柔軟に対応することを学ぶ
・遊び心を持てるような方法を見つける
・他者を幸せにすることに高い価値を置く

繰り返し

ストレスは蓄積するものです。頻繁に繰り返されればされるほど、引き起こされるダメージもひどいものになります。もしも先に何千というワラで痛めつけていなければ、最後のワラ1本でラクダの背骨を折ることはできないのです。この教訓は非常にシンプルでわかりきったことなので、何度も聞かされる必要はないと思うかもしれません。しかし繰り返されるストレスに自らをさらすことは、無意識のうちにやってしまっていることが多いのです。長年連れ添った夫婦は、何年も何十年も同じけんかをし続け、しまいにはそれが儀式のようになってしまいます。政治家は、政治が始まって以来の真実であるかのように、嘘をついて問題を回避することによって、私たちの血圧を上げます。親は、言うことを聞かなかったり間髪容れずに悪さをしたりする、手に負えない子どもに向かって声を荒げます。

自ら課したストレスは、たいてい繰り返されるという特徴があります。これはすでに触れましたが、取るに足らない無駄な行動、もしくは「最初にうまく行かなかったことをさらにおこなう」に該当します。同様に、私たちはそもそもストレスを受けるようなものごとを我慢し続けてしまうのです。それは繰り返し症候群の受け身な側面で、次のようなものがあります。もう夫から責められるのも１０００回目でため息をつく妻、子どもたちのけんかをやめさせられない母親、罵倒《ばとう》する上司のもとで歯を食いしばる従業員、居残りさせられるのが習慣となった規律を乱す生徒などです。

　繰り返し症候群の受け身な側面というのは**虐待**のことであり、悪いことが繰り返されるのを「自分はそれに値する」と感じるために、もしくはそれを止められないために、許容してしまうのです。繰り返し症候群の能動的な側面とは**頑固さ**で、結局ものごとは自分が思ったようになるのだと主張して同じような自滅的な行動をしつこく繰り返します。細胞レベルでは、どちらの観点から見ても同じことです。軽度のストレス反応は何度も何度も繰り返されます。

　うまくいかない部分を見てきましたが、ではどうすればよいのでしょうか？　前作でもお勧めしていることなのですが、「修正できること」「我慢しなくてはならないこと」「逃げ出すべきこと」を自分で決定する必要があると私たちは感じています。たいていの人は自分で決めることができないためにストレスが繰り返されても我慢しています。彼らはものごとを修正しようとしたり、悪い状況を我慢したり（最も一般的な反応です）、悪い状況が最悪の状況になって初めて逃げだす、というように3つの選択肢の間で揺らいでいます。家庭内暴力はこうした混乱を表す悪い例で、虐待されている配偶者が何とか逃げ出すときでさえ、それは嵐の前の一時的な静けさでしかないということがわかります。しかしそのような極端なケースを除けば、私たちは皆、優柔不断であるために、繰り返されるストレスを我慢してしまいがちなのです。繰り返されるタイプのストレスはささいなこととして始まるかもしれませんが、少しずつ着実に蓄積されていき、そして大きな問題になるのはストレス要因そのものではなく、深く根付いてしまった抑圧された怒りや恨み、そして欲求不満なのです。

決断できないという状態から、落ち着かない気持ちになります。それは痛みがあるかもしれないという予測が、実際に痛みを経験するのと同等のストレスを感じるのと同じです。一方、決断できる状態はコントロールできているという感覚を取り戻します。必ずよい結果になるという保証はありませんが、心配して待つのではなく、人生を前向きに進むことができます。繰り返されるストレスの増大に直面する際、次の基準を用いることをお勧めします。

解決法を見つける

最高の選択は常に改善を求めることです。繰り返されるストレスには「騒々しく雑然としたオフィスで仕事をする」「朝のひどい渋滞の中を通勤する」といった外的なものもあります。しかし繰り返されるストレスの大部分は人に関するもので、なかでも最も多いのが人間関係にまつわるものです。では不安定になった人間関係や、避けることのできない人が常にストレスを生み出すような仕事環境を改善するには、どうすればよいのでしょうか？

ステップ1：よい解決法が見つけられそうなチャンスを査定します。鍵となる質問としては、その問題の人物が喜んで耳を傾けようとするか、変わりたがっているか、怒ったり抵抗したりせずに分別をわきまえて交渉できるか、そしてあなたと決めたことを確実に守ってくれるかどうか、ということです。このように確認事項はたくさんあります。また、あなたは立場を逆転させて自分自身にも同じ質問をする必要があるのです。自分の感情と反応についての責任はあなたにあります。「非難」は感情レベルから来ているもので、これが交渉をいつも破綻《はたん》させてしまいます。「罪悪感」は妥協につながり、究極的には「恨み」へとつながっていきます。また、袋小路がいかに強固なものかということも査定する必要があります。コミュニケーションがとれない、もしくは相互拒絶というさらに悪い状況になってしまったら、解決法は遠のきます。他の代替手段に対峙する前に、まずはある程度のコミュニケーションを取り戻す必要があります。

ステップ2：可能性のある解決法一つ一つの賛否双方の立場について書き出してみます。時間をかけてリストを見直し、追記していきます。真に役立つ調整には、熟考が必要です。できるだけ理性的かつ客観的になってください。問題に直面しているのはあなたではなく、あなたにアドバイスを求めてきた友人であるという仮定で考えてみるのもよい視点になるかもしれません。あなたは、可能に思える解決法について賛成派であれ反対派であれ、友人に何と言うでしょうか？　リストを作るときは、変更調整案を採用した後で負担は双方で平等に分かち合うようにしてください。

ステップ3：熟考したうえで、最もよいと思われた解決法を1つ提示してください。リストは提示しないでください。そして多くの可能性を示さないでください──それは混乱を招くだけです。重要な個人的問題があっても、この最初の関わり合いをただの愚痴り合いに終わらせないでください。初日からうまくいかなかったすべてを箇条書きにしたくなるかもしれませんが、その誘惑には抵抗してください。ほとんどの場合、相手は問題があることをすでに知っています。しかし「私たちは話し合う必要がある」という言葉は、相手にとってはショックに聞こえる場合が多いでしょう。最初の関わり合いは15分以下に制限するのが一般的にはベストです。あなたは特定の目標（心に抱いている解決法）を達成したいと思っており、そして相手は起こっていることを受け入れる時間が必要です。変化の煽動者《せんどうしゃ》というものは、交渉を先導する責任を常に担っており、責任とは冷静さを保ち、相手の意見に対してできるだけ公平でいることを意味します。最終的に、もしあなたが変化を起こす側になったなら、さまざまな問題が勃発《ぼっぱつ》しないような静かな時が来るまで待ってください。問題を持ち出すのに最もふさわしくないタイミングとは、けんかしているとき、批判しているとき、アルコールの影響下にあるとき、責任を感じているとき、罪悪感を持っているときです。

ステップ4：合意に達したら、交渉結果の自分の分をやり遂げてください。そして相手にも同じことをするよう求めます。交渉とは、双方が何かを勝ち取ったと感じ、安全で守られていると感じて立ち去り、威厳を持ち続ける方法を見つけない限り、決してうまくいかないものです。ともに利益となるウィン-ウィンの状態は単なる理想ではなく、唯一受け入れることのできる結果です。なぜなら、勝つか負けるかという状況では、負けたほうは十分な時間があれば常に悪いふるまいをするだろうからです。解決策においては自分の部分だけに責任を持つということを覚えておいてください。相手に文句を言ったりリマインドしたり、解決策がきちんと守られているか監視したり、解決策がうまく機能していなければ罪をかぶせたりすることは、あなたのすべきことではありません。後戻りすることは誰にでもある、変化を拒絶する傾向の1つです。最善の戦略は、解決策が合意に達したとき、フォローアップ会議の予定を立てることです。このようにして、相手が合意に達した解決策に対して相手側がきちんと守っているかどうか確認するまでの緊張状態をなくします。最後に、もし解決策がうまく機能していなかったら、自分に正直になってください。

あきらめるのではなく、再度交渉するのです。その際は、相手にとっては何が最善の解決法になるのか尋ねてください。2人の人間が「自分のやり方を試し、あなたのやり方も試した――次はどうするか？」という段階にまできたならば、妥協するほうが楽です。

悪い状況を我慢する

たいていの問題は放置すれば悪化するものであり、それでも私たちは受け身な態度、惰性、対立を好まないという理由で悪い状況を我慢する傾向があります。悪い状況とは対立のことです。対立について沈黙を守ったり認めなかったりすることで、その対立をさらに奥深くに潜行させてしまいます。何もできないでいる時間が長すぎる傾向にあるので、問題は爆発してあからさまな敵意となり、交渉はさらに難しくなります。夫婦が互いの違いに折り合いをつけられなくなる理由は、違いが大きすぎるからではなく、簡単に答えを出せる時期を逃してしまったからなのです。今日もしあなたが人間関係や職場でのストレスを我慢していると感じているなら、すでに解決法を求める時期を過ぎてしまったということです。

しかしあなたのベストな解決法が最後まで有効である場合もあります。応急の解決策の可能性を模索するものの、うまくいかなかったら再び紙と鉛筆を持って座り、その状況を我慢することについての賛否双方の立場をリスト化することが必要になります。外的な要因が存在することはよくあります――苛立っている配偶者は子どもたちのことを考えなければいけないのかもしれませんし、不満を持った従業員は別の仕事が見つからないのかもしれません。完全に自由で重荷から解放されている人などいないのです。熟考する際に「自分にとってよいこと」「双方にとってよいこと」「自分にとって悪いこと」「双方にとって悪いこと」といった見出しを使いたくなるかもしれません。たいていの人はストレスを感じる問題を我慢していることを、感情的には「損」「敗北」、もしくは「犠牲」や「苦難」のようにみなします。こうした感覚は解決にいたれなかったということですっかり現実的なものになっているため、逃れるのは困難です。

問題のある状況にとどまり、最後まで我慢することのポジティブな面にも注目すべきです。夫婦とは不幸な環境にあってもともに生きていく方法を見つけるものなので、1つの鍵としては、これは自分たちが決めたことであり、自分たちの意志に反して陥ってしまった罠《わな》ではないと知っておくことです。あなたは熟考するなかで、可能性があるというだけでなく、自分の決断に満足する段階へと到達したがっています。「自分にとってよいこと」や「自分たちにとってよいこと」を書き込むスペースには、言い訳ではなく筋の通った項目を記す必要があります。悪い状況を我慢することは妥協することです。しかし、もしあなたが確固たる決意をしていないなら、あなたが手放すものごとに関してさらに悪く感じられるでしょう。それはあたかもホームレスに10ドルあげることと、誰かに10ドル盗まれるぐらいの違いがあります。

最後に、次のような悪い理由のいずれかを言い訳にして、問題のある状況にとどまっていないか、自問してみてください。

□他に選択肢がない
□去るのが怖い
□自分で自分の面倒を見ることなどできない
□私は苦しんでいるけれど、それはどうでもいい

□たとえ何があろうと、私は忠誠を尽くさなければならない
□これはすべて自分のせいだ
□もう少し様子を見よう

こうした自滅的な反応は、恐怖と罪悪感から生まれます。右記のいずれかが心に浮かんだら、一歩ひいて理性的に尋ねてください。「これは本当に真実なのだろうか?」忘れないでください。あなたの目標は、悪い状況を我慢しているときも、悪い状況下にあるときも同様に、ポジティブなものであるような決断をすることなのです。

逃げること

3つ目の選択肢は、きっぱりと逃げることです。悪い状況を我慢するのと同様、逃げる決意をするのも概して遅すぎることが多いものです（限界を過ぎてもはや対処できなくなったときに、感情的に強《し》いられるのです。私たちは批判的になっているわけではありません）。逃げる理由はたくさんあり、最もよい理由としては「独り立ちの決意」というも

のがあります。必要なことは最後の手段や自暴自棄の行為ではなく、あなたが心地よいと思える決断なのです。

紙と鉛筆を取り、逃げることの賛否についてリストを作ってください。「賛成論」「反対論」に続いて「次に何が起こる？」という3つ目の見出しとスペースを付け加えると役立ちます――1つの人間関係を捨てることの結果、もしくは仕事を辞めることの結果を最小限のものに抑えることはできません。不和は常に傷を創り出します。深い傷が癒やされるには、常に思ったより時間がかかります。逃げることのポジティブな面は緊張、不協和、敵意、一般的ストレスから自由になるために解放されるハネムーン期間へと導かれることです。しかし、よくあることですがハネムーン期間は絶望、罪悪感、不安に伴われた感情的な反動へとつながります。

私たちは破滅を予見しているわけではありません――あなたは心理的に現実的な期待を抱いている必要があります。逃げることによる反動は、人によってそれぞれ異なります。残念ながら「逃げること」は自分勝手な動機からであるというのが人間の摂理のように見えます。結婚が崩壊しつつある場合は一般的に復讐心も伴いますが、自分の利益だけを追求するということは強い動機になります。どんな代償を支払っても、自己防衛の罠に陥らないようにしてください。そこには恐怖と不安という強力な要素が働いています。あなたの内側で起きていることに気づいてください。なぜなら怒りと復讐が強い動機になっている限り、治癒を必要としている傷を覆い隠してしまうからです。

WEDNESDAY

水曜日
アンチエイジング

本日のお勧め――それぞれから1つずつ選んでください

☆やってみましょう

・瞑想する
・社会的な支援グループに参加する
・家族や親しい友人たちと感情的な絆を強める
・マルチビタミンとミネラルのサプリを摂る（65歳以上の場合）
・休息と活動のバランスをとる
・新たに興味が持てるものを探す
・少しハードルの高い精神的な活動を始める

☆取り消しましょう

・座ってばかりの生活をやめる——立ち上がって1日中動き回る
・自分のネガティブな感情を検証する
・自分にとって意義深い、傷ついた人間関係を癒やす
・食生活における間違いやバランスの悪さに意識的になる
・老化や年齢差別に対する否定的なステレオタイプを処理する
・死の恐怖をどう癒やすか検討する

老化プロセスの抑制や逆行さえ現実的に可能になっているのはよい知らせです。もはや、アンチエイジングは絵に描いた餅ではなくなったのです。医学界においても以前はわかっていなかった、体が老化するとどうなるかについて解明が進んでいます——実際「老化」は大きな謎でした。なぜなら老化というプロセスは存在しないのです。それどころか、老化とは人生そのものと同じぐらい多次元的なものです。老化を定義することなどほぼ不可

能であると聞くと、たいての人は驚くでしょう。老化というものは、その症状自体（筋肉量の減少、しわ、視力低下など）と同一視されているからです。しかし風邪の症状から実際の原因を知ることとはできませんし、鼻水が風邪ウイルスとはまったく別物であるように、老化の症状もその原因とはまったく切り離されたものなのです。

最新の研究は、遺伝子変化を鍵として焦点を絞っており、また遺伝子活性はこれまで見てきたようにライフスタイルに大きく影響されるものです。

人の寿命は延びているため人生の後半に入るのは50歳を越えてからであり、有能な人間になるための成長に人生の最初の20年間を使う子どもとは異なり、50歳の人は豊かな知識やスキルや経験を今始まる後半の人生に活かすことができる、というのが現実的でしょう。要するに、今日どのように年を取るか（もしくは年を取らないか）によって、老いは上昇する曲線にも、着実に下降する（若返る）曲線にもなりうるのです。遺伝子や生態からの影響があるにもかかわらず、その選択はほぼあなたしだいなのです。

目下のところ「年を取る」という普遍的な経験が、ただ1つの原因、もしくは1つの結果に帰着することはありません。老化と高齢者についての社会通念は、生物学的に実際に起きていることと同様に重要です。「あなたは自分が考えているとおりの年齢にすぎない」という格言は、3つ目の要素つまり心理的なものを指摘しています。概して老化の全体像は混乱していて、人によって異なる基本的な事実の寄せ集めとなっているのです。それは次のようなものです。

・かつて老化とは生物学的には30歳ぐらいで始まり、1年に1%ぐらいずつ身体的衰えが進んでいくと考えられていた。今ではこうした見方は老化の兆候と結びつけていたという認識だが、細胞やエピジェネティクスのレベルで機能低下の兆候はもっと早いうちから始まる可能性があり、実際に始まっている
・心身システム全体は老化プロセスの影響を受けるが、その速度を予測することはできない
・老化プロセスは非常に多様なので、実年齢より生物学的に若い人もいれば、その逆の人もいる
・老化を経て、最終的には1つのシステム（たいていは呼吸システム）における明確な

機能停止から死にいたる。死亡時には細胞のほとんどがまだ正常に機能しているか、もしくは少なくとも人が生きられる程度には機能している

・老化の典型的な兆候として記憶、筋肉の強度、精神的鋭敏さといった分野を含めて、年を取るにつれて改善を示す人が多少は存在する。このことは、老化が必然ではない可能性を提起している。もしそれが真実なら、なぜ私たちは老化するのだろう？

医学はこのようにわかりにくい実像に直面したため老化を病気モデルに当てはめることはできませんでした――高齢者は若者より病気になる確率は高くはなりますが、老化自体は病気と同じではないのです。何十年にもわたって探し求められてきた物理学の聖杯は「万物の理論」として知られており、宇宙のあらゆる根源的な力について統合的に説明するものです。医学において、老化に関しては万物の理論に匹敵するものは存在しません。風邪をひくと、ほとんど誰にでも典型的な症状が1週間ほど表れますが、老化が兆候を示すには何十年もかかり、同じ70歳でもまったく同じ、もしくはほとんど同じ兆候を持つ人は2人といません。あなたは独自の人間であり、老化はその独自性をきわだたせるものなのです。

アンチエイジングは、老化プロセスがDNAに基づくものであることが明らかになった過去20年間で大きな飛躍を遂げました。今ではエピジェネティクスの分野のおかげで生涯にわたる経験が常時遺伝子活動に影響を与え、長きにわたって痕跡、もしくは刻印を残すということがわかっています。特定の痕跡が何年、何十年、もしくは生涯にわたって永続するのかどうか、誰も確信を持って言うことはできませんが、あなたのライフスタイルが遺伝的な影響を及ぼすという重大な事実は否定できないものです。同じ遺伝子を持って生まれた一卵性双生児でさえ、70代になると双子ではない普通の兄弟と同程度に異なる遺伝的活性を示すでしょう。時にその違いは、まったく赤の他人である2人の人間の違いほどになるでしょう。

アンチエイジングにおける最新のブレイクスルーは、老化プロセスが若い頃に始まるという発見です。2015年ダニエル・W・ベルスキー博士によって率いられたデューク大学医科大学院の研究では、実年齢（暦での年齢）に対立するものとして生物学的年齢（体の年齢）に焦点が当てられました。老化プロセスの研究は、伝統的にすでにライフスタイルの乱れが生じている高齢者を主に調査することでおこなわれてきました。デューク大学チームは従来と異なる方法で954人の若者を対象とし、20～40歳の間の3つの異なる年齢ポイントで老化のバイオマーカーをたどりました。「すでに中年期以前に老化のスピードがより速い人は身体能力が劣っており、認知低下と脳の老化を示し、健康の悪化を自己申告し、そして実年齢より老けて見えた」という発見は、病気の兆候や慢性病が進行する何十年も前に問題を遡ることによって、アンチエイジングという考え方を後押ししてくれています。本書を通して示してきたように、長期にわたる追跡によって多くの疾患の始まりにたどり着くことができるのですが、今や体内のあらゆるシステムに影響を与える老化もそのリストに加えられます。

老化に関して最も信頼できるバイオマーカーはいまだに見つけられてはいません——その可能性は、神経ネットワークからT細胞やエピジェネティックマーカーにいたるまで多岐にわたります。この問題が解決して初めて、アンチエイジングは正確に計測できるようになるのです。このことは、そのプロセスがきわめて複雑で一人ひとり異なる影響が及ぶことを考慮すれば驚きではありません。しかし、いかなる基準からしてもアンチエイジングの責任は各人に委《ゆだ》ねられており、将来的に特効薬が保証されているわけではないのです。

本日の選択をおこなう際に、1つ心に留めておいてもらいたいことがあります。年の取り方が一人ひとり異なるように、アンチエイジングもまたその人独自のものになるということです。老化プロセスについての理解を深めれば深めるほど、アンチエイジングプログラムを自分に合ったものにすることができます。最新の研究によると、一般的に老化に影響を与える最も重要な不確定要素は以下のようなものになります。

上手に年を重ねること：10の不確定要素

1. 家族、友人、コミュニティとの満足のいく人間関係
2. 感情的レジリエンス、挫折や喪失から立ち直る能力
3. ストレス管理
4. 怒りや敵意のように「炎症を起こした」感情や食事における抗炎症
5. 毎晩の良質な睡眠
6. 瞑想、ヨガ、マインドフルな呼吸
7. 1日を通した身体活動の調節。長時間座るのをやめ、立ち上がり、動く

8. 老化や時間の経過に対するポジティブな態度
9. タバコやアルコールを含む、毒物を摂らないこと
10. 若々しい気持ち——好奇心、オープンさ、常に新しいことを学ぶ

優先度の高い順にざっと挙げてみましたが、これらの不確定要素はどうすれば上手に年を重ねられるかということへの洞察を与えてくれます。しかし「炎症」こそ老化プロセスのあらゆる側面の原因であるとする最新理論についても言及しておかなくてはなりません。この理論はまだ実証されてはいないものの、顕著なライフスタイルの乱れは基本的に老年期に起こるもので、同時に低レベルの慢性炎症とつながっていることを考慮すると、将来的に有望かもしれません。

自己治癒するヒーリング・ライフスタイルのどんな側面にもいえることですが、老化の兆候が目に見えるようになるまで待っていると手遅れになります。老化とは、繰り返し影響を受けることで、ひそかに・徐々に起こる変化の究極的な例だといえるでしょう。アンチエイジングもまた徐々に進めるものでありますが、その戦略ははっきりしています。そ

れは心身が毎日受けるポジティブな入力を最大限にし、ネガティブな入力を最小限にすることです。「入力」という言葉はすべてを包含しますが、誰もが焦点を合わせるべき分野を指しています。つまり本書の「やってみましょう」と「取り消しましょう」で示されている事柄です。

水曜日の「やってみましょう」について

「やってみましょう」リストの中で、老化に特定した選択肢はたった1つしかありません。それは、もしあなたが65歳以上ならマルチビタミンとミネラルのサプリメントを摂るというものです。その他の選択肢は現在のあなたの幸福度に関連しており、幸せな人生とは幸せな毎日を積み重ねた結果であるという考えに基づくものです。老化に関して最も長期にわたる追跡研究は「ハーバード成人発達研究」で80年間続いていますが、ハーバード・ガゼットのウェブサイトの「よい遺伝子があればすばらしいが、喜びはさらにすばらしい」という大見出しに要約される発見にいたりました。その研究はハーバード大学2年生268人を生涯にわたって追跡調査するという意図のもと、1938年に始まりました（被験者数は後に増え、また多様化しました。元々の被験者のうち、2017年時点の生存者はたった19人でしたが、彼らの1300人の子孫が、その妻たちや後に加わったスラム育ちのボランティアたちとともに引き続き調査されています)。

ハーバード・メディカル・スクールで精神科医のロバート・ウォールディンガーが現在その調査を主導しており、次のように報告しています。「驚くべき発見とは、私たちの人間関係と、その関係性の中でどれほど幸せであるかが健康に大きな影響を及ぼすということだ。体を大切にするのも重要だが、人間関係を大切にすることもセルフケアの1つのかたちなのだ。それは驚くべき新事実だと私は考える」。この発見は、たとえば社会的支援や愛を示してくれる配偶者についての質問に対する答えが、誰が心臓疾患の兆候を示し、誰が示さないかのよい指標になるといった私たちの指摘と合致しています。ウォールディンガー博士の言葉を引用すると「孤独はひどいダメージを与える。喫煙やアルコール依存症と同じぐらい悪いもの」なのです。

こうした発見は、一時的なものでも社会の上層部だけに当てはまるものでもありません。ハーバードの研究についての記事は、さらにこう続きます。「親密な人間関係は、お金や名声に勝るもので、生涯にわたって人を幸せにしてくれるものであることが判明した。このような絆は人を日々の不満から守り、精神的・身体的な減退を遅らせるのに役立ち、社会階級やIQ、ましてや遺伝子よりも、長く幸せな人生を十分に予測させるものなのだ。その発見はハーバードの人々にもスラムで育った参加者にも当てはまる、すべての人にとっての真実であることが証明された」

「やってみましょう」に挙げられた選択肢は、この鍵となる発見に焦点を絞っています。より多くの社会的支援を受け、人間関係の中で幸福を感じることが、生涯にわたって影響を及ぼすことになるでしょう。時代遅れとみなされる「かつての」老齢期にあった「老後ゴールデン期」という言葉は、65歳を越えてロッキングチェアに始終腰かけ、社会的に役立たずになることの婉曲《えんきょく》表現でした。当時の人々は退職後に幸せになることを楽しみにしており、今ここで幸せになることよりも老後に幸せになることを主な目標にしていました。壮年期にはできるだけ一生懸命働き、幸福は退職後に後回しにするというのがその時代の特徴でした。働く必要がないということは特権の1つだったのです。「新しい」老齢期には、主にベビーブーマー世代ではいまだ考え方は進化のさ中にありますが、人の役に立って充実した仕事ができる限りは、退職するつもりはありません。このために人々はできるだけ長い間、願わくば死ぬ直前まで、健康を保とうとするのです。

「新しい」高齢者が成長する必要があったのは、社会的支援や人間関係の分野においてでした。というのも、幸福というものがあまりに多くの人々にとって、いまだに個人のプロジェクトであるからです。アメリカの個人主義は、日本のような地域社会的国家や社会福祉政策のあるほとんどのヨーロッパの国々とは正反対の位置に立っています。「やってみましょう」リストには、1人でおこなうことが必須《ひっす》であるように見えるものとして瞑想が挙げられていますが、そのこと1つとっても、瞑想グループに参加するほうが、瞑想の習慣を続けやすいのです。

人生の質を測る最も有効な指標は、あなたがどのぐらい幸せで、ライフスタイルにおいてどのぐらい充実と満足を感じているか、というものです。金銭的な安定を得るために仕事をする人は、幸せな人間関係を保つ初歩的なスキルに欠けていることが多いようです。私たちはこの問題に全面的に対処することはできません――それには10倍のページが必要になるでしょう。しかしディーパックの著書『本当の幸せをつかむ7つの鍵（The

Ultimate Happiness Prescription)』（サンマーク出版）では次のような点を挙げています。

・幸福を予測することは難しいものです。人は「もっとお金があれば」「赤ちゃんがいれば」「仕事で出世できれば」といった外的要因によってさらに幸せになれると考えますが、こうした「期待」と実際に「もっと幸せになる」ということとの間に相関関係はありません。十分なお金と安心は、幸せであることの重要な構成要素ではありますが、それを越えてもっとお金を稼ぐことでさらに幸せになるわけではありませんし、個人の人生にさらなるストレスを加えるといった反対の影響を持つことが多いのです

・幸福は予測することが非常に難しいため、未来に先延ばしにするよりも今日幸福になってしまえばよいのです

・日々の気分を主に決定する感情的な設定値は、私たち一人ひとりが持っています。それは体の代謝の設定値のようなものです。嫌な出来事があった際には、それがひどい別れや金銭的損失であれ、一般的に半年以内に元の設定値に戻るものです

・現代の心理学では、この設定値を考慮に入れたとしても幸福の少なくとも40～50％は

どんなライフスタイルを選択するかによって決まると理解されています
・世界の叡智の伝統においては、人間の幸福の移ろいやすさは幸福を外側に求めることでは解決できないとされています。自分の内側の平和と充足感の中で確立する心の階層を見つけることによってのみ、不幸という問題は解決されるのです。これは「苦しみの終わり」の項で述べられていることと一致しています

水曜日の「取り消しましょう」について

「取り消しましょう」のリストに提示された選択肢は「引き離す」という主要テーマを中心に展開しています。細胞が柔軟で強い回復力を持っているように、あなたも柔軟さと強《きょう》靭《じん》な回復力で人生に取り組まなければなりません。もしあなたが自分の習慣、行動、態度において頑なな場合、逆境においても力強く繁栄し続ける細胞の能力を徐々に失わせてしまうことになるでしょう。心身は1日24時間、何百という副次的なプロセスで動いている1つのプロセスだということを忘れないでください。どんな経験も見過ごされることはありません。心をギュッと硬直させることは、拳《こぶし》を握ることと同じです——ある時点になる

と筋肉がけいれんを起こしてしまうでしょう。

今日は、あなたがマインドフルでなければ年齢とともに増える傾向にある、ネガティブな考え方について直視することから1日を始めましょう。

「年を取るのが恐ろしい。ここから先は下り坂だ」

「死ぬという将来が恐ろしい」

「最高の時期はもう過ぎ去ってしまった」

「今日より過去のほうがずっとましだ」

「自分さえよければいい」

「人は皆、私をがっかりさせる」

「残り時間が尽きていく」

こうした考え方や信念は、現実と合致しているか検証できるものではありません。これらを信じるのは、事実に基づいた理由からではなく、感情的な理由によるものです。肝心なのは、自分の人生や未来についての感じ方をどう選ぶかということです。年を取ることを嫌って恐れているなら、時間が経つにつれて老化はますますネガティブなものになるでしょう。白髪から関節痛まで老化を示す新たな兆候のすべてが、さらに老化を嫌って恐れる新たな理由になるのです。制限された信念システムは、健康的な老化にとっての大きな障害になります。心も体も精神も過去にとらわれず、今日も明日も常に何かを楽しみにしているという状態が大切なのです。

どんな信念も個人的に創り出されたものなので、壊すことができます。私たちは金曜日を「核となる信念」と「核となる信念をどう変えるか」にあてていますが、さしあたってプロセスを破壊するにはマインドフルなステップを少し踏む必要があります。

・今日から、自分をインスパイアしてくれる幸せな高齢者たちと交流し始める
・同時に、若い人たちとのつながりも作る
・老化について文句を言う人々との会話には参加しない
・老化についてのネガティブな信念はすべて、意識的に次のようなポジティブな信念と差し替えることで無効にする

✖「年を取るのが恐ろしい。ここから先は下り坂だ」

◎「私の人生は上昇曲線だ。最高の時はこれからやってくる」

×「死ぬという将来が恐ろしい」

◎「死の恐怖も含めて、恐れは何も解決しない」

×「最高の時期はもう過ぎ去ってしまった」

◎「選択すれば、よりよい未来を創ることができる」

×「今日より過去のほうがずっとましだ」

◎「過去のことを考えていると、今日や明日の可能性を打ち消してしまう」

×「自分さえよければいい」

◎「自分は生涯にわたって他者に気を配り、彼らも私に気を配ってくれた」

×「人は皆、私をがっかりさせる」
◎「人は皆、根本的にベストを尽くしている」

×「残り時間が尽きていく」
◎「常に時間は十分にある」

信念は感情的な理由によって保持されるため、ポジティブな信念は常に事実に基づく真実だと言っているのではなく、あなたの感情の状態にこそ最もパワフルな意欲が潜んでいると言っているのです。それは、うまく年を重ねるうえで非常に重要な部分です。老化に対してポジティブな考え方を持つことは、何十年も生きることを考えれば大きな違いを生むのです。しかしポジティブ思考は表面的なものになりがちなので、自己受容ほどの重要性は持っていません。自己受容ができていれば、老齢における最悪の侮辱的事態でさえ（もちろんそれは避けてもらいたいことですが）下向きのスパイラルになることはありません。自己に関する強い感覚は、どんな難局も切り抜けるのです。

テロメアとの関連

人はそれぞれ異なった老化の過程をたどるということが受け入れられている今、その理由を知ることが重要になってきます。老化は非常に全体的なプロセスなので、なぜ人それぞれ老化の仕方が異なるのかという問いに対して簡単には答えられないと思うかもしれません。しかし細胞レベルでは、そうではないかもしれません。細胞には細胞の寿命があります。初期段階には急速に分裂し、分裂するたびに新たな再生が起こります――これは分子生物学者のエリザベス・ブラックバーンが「華麗なる成長」と呼んだ段階です。そして最終的な段階に入ると、もう分裂は起こらず、細胞は疲弊して基本的な機能さえもうまく働かなくなります――これが、老化として知られる段階です。

老化した細胞は、いくつかの面で正常に動かなくなります。誤った化学メッセージを送り、入ってくるメッセージの解釈も間違えるようになります。自らの回復能力もスローダウンし、最終的には機能を停止します。炎症を誘発する物質が細胞膜を通過して、まわりの組織や血流へと漏れ出し始めるかもしれません。細胞が老化すると、私たちも老化するという可能性はますます高まっているように思えます。

この理論を最も裏付けるのは遺伝子の研究、とりわけテロメアというＤＮＡの一部分の研究です。テロメアは文章を終わらせるピリオドのような、それぞれの染色体の末端部をキャップのように保護するものです。テロメアは「非コードＤＮＡ」で細胞を形成する際に特に機能を果たさないという意味を持っていますが、受け身なわけではありません。細胞を保護するという機能を持っているようなのです。体内のどこかで細胞は常に分裂しているわけですが、その細胞分裂が起きるたびにテロメアは短くなります。長いテロメアは「華麗なる成長期」にある若い細胞に特有のものです。短くなった、もしくは擦り切れたテロメアは、疲弊した老化細胞に特有のものです。

このテーマの指導的研究者についてすでに簡単に触れましたが、分子生物学者のエリザベス・ブラックバーンです。ブラックバーン博士は２００８年にジョンズ・ホプキンス大学のキャロル・グライダーとマサチューセッツ総合病院のジャック・ショスタックとともに、テロメアを再建する酵素テロメラーゼの発見でノーベル生理学・医学賞を受賞しました。現在はカリフォルニアのラ・ホヤにあるソーク研究所所長として、長年にわたる親密な研究仲間である健康心理学者エリッサ・エペルとの共著『テロメア・エフェクト』（NHK出版）にて、細胞の老化と再生についてのあらゆる局面を取り扱っています。2人は細胞内のテロメアとテロメラーゼ値について、老化という謎が多く多種多様なプロセスの最善の指標として説得力をもって描写しています。これはまた、テロメラーゼを増やしてテロメアの伸長を引き起こすことによって細胞は何十年間も再生し続けることができるようになり、健康寿命はそれに基づいているということを示唆しています。

『テロメア・エフェクト』において、ブラックバーンとエペルは驚くべき保険統計的予測を引き合いに出しています。現在、世界には100歳以上の人が30万人以上おり、その数は急速に増加しています。ある統計によると100歳に到達することはもはや珍しいことではなく、イギリスで生まれる子どもの3分の1は100歳まで生きるということです。

――細胞を守るという問題は突然これまでにないほどの緊急性を帯びてきたわけです。ブラックバーンとエペルによるこの本をぜひ読んでみてください――その豊富な情報は、詳細にわたってじっくりと自分のものにする必要があります。しかし肝心なのは、何があなたのテロメアのリスクを高めたり低めたりするのか理解することです。

『テロメア・エフェクト』で概観している関連研究のすべてが、私たちがこれまでヒーリング・ライフスタイルとして論じてきたあらゆることに符合しています。

あなたのテロメアは、もし次のような状態であればリスクは低いでしょう

□ひどいストレスにさらされていない
□気分障害という診断を受けたことがない
□よいアドバイスをくれる親友、話を聞いてくれて、悩みを打ち明けられる友人たち、愛や親密さを示してくれる恋愛関係を含む、よい社会的な支援がある
□1週間に少なくとも3回、できればもっと多く、適度／積極的に運動している
□一晩に少なくとも7時間、質のよい眠りをとっている
□オメガ3を豊富に含む食事を1週間に3度摂り、加工肉、甘いソーダ、一般的な加工食品は避ける。自然食品を使った食生活がベスト
□タバコの煙、農薬、殺虫剤にさらされていない

反対もまた同様です。

あなたのテロメアは、もし次のような状態であれば高いリスクにさらされています

□日々ひどいストレスにさらされている
□不安神経症やうつ病の治療歴がある
□友人や家族からの社会的支援がない
□ウォーキングのような軽い運動さえもしない、完全に座ったままのライフスタイルを送っている
□慢性的な不眠に苦しんでいる、もしくは一晩の睡眠時間が7時間未満である
□脂肪、加工食品、甘い炭酸飲料の多い食生活を送り、十分な食物繊維やオメガ3脂肪酸に注意も払わない
□タバコの煙、農薬、殺虫剤、その他の化学的毒素にさらされている

これらはブラックバーンによって示され、研究の裏付けを得たリスク要因が要約された

ものです。またリスクをもとにしたプログラムと同様に、影響を受けやすい人もいれば受けにくい人もいるのです。強いストレスは、最も徹底的にダメージを与える要因の1つです――ある研究によればアルツハイマー病患者の介護人はテロメアが短くなっており、5～8年寿命が短くなることが予測されたということです。ブラックバーンはまた、有料でテロメアの分析をしてもらえる民間試験所をたくさんリストアップしています。

心臓病を減らすことで知られるライフスタイルの選択をすること、とりわけディーン・オーニッシュによって考案された集中的なプログラムを実践することによって、テロメアの長さにもプラスの影響があるということは大きな意味を持ちます。オーニッシュはがんのプログラムを拡大適用し、もう1つ注目すべき発見をしていました。低リスクの前立腺がん患者のグループが研究対象に選ばれました（低リスクというのは、彼らのがんが初期段階で進行が遅いという意味です。前立腺がんは進行するのに何十年もかかることもあり、現在推奨されているのは、どんな積極的治療をおこなうにせよリスクとメリットのバランスをとることです。どんながんも即座に、たいていは強引に治療が勧められた時代とは異なります）。

彼らには、心臓病の治療計画を少し変えたものが適用されました。低脂肪で食物繊維の多い食生活をし、1日に30分歩き、定期的に社会的な支援グループに参加しました。ストレス管理も含まれ、瞑想やヨガ的なストレッチ、呼吸法の訓練もおこないました。3か月後、プログラムをおこなったグループは対照群よりもテロメラーゼの量が増えており、それはつまり彼らの細胞はよりよい年の取り方をしたということです。ストレスが鍵となる役割を果たしているように見えます。というのもテロメラーゼが最も増えたのは、前立腺がんを思い悩む気持ちが減ったという報告をした人々だったからです。オーニッシュは、被験者の一部を5年間にわたって追跡調査しました。そしてプログラムをずっと続けた人々は細胞の老化の常識を覆し、テロメラーゼの量が10%増加したのです。

もしストレスレベルが細胞の老化の仕方を決定するのなら、同様の結果が瞑想の研究においても表れるはずです。そして実際に同様の結果が出たのです。ブラックバーンは瞑想リトリートにておこなわれた2つの調査を引き合いに出しています。1つは3週間、もう1つは3か月間にわたっておこなわれた調査です。3か月間のリトリートの後、瞑想者は対照群と比べてテロメラーゼが増えていました。3週間のリトリートをした瞑想者は、何の変化も示さなかった対照群に対して、白血球のテロメアが長くなったのです。

こうした影響が表れるには、どのぐらいの時間がかかるのでしょうか？　また、どれほどの真剣さを持って瞑想に取り組まないといけないのでしょう？　確固たる答えはありませんが、おそらく一番の手がかりは、カリフォルニアのサンディエゴにあるチョプラセンターにて、ブラックバーン博士や他の主要研究者たちによっておこなわれた共同研究でしょう。健康状態のよい女性たちが2つのグループに分けられました。1つのグループは、何の介入もなしにプールやサウナがあるスパで休暇を楽しみました。もう1つのグループは、ディーパック・チョプラの指導のもとで瞑想とさまざまなアーユルヴェーダの治療を含むプログラムをおこないました。週が終わる頃には全員が以前より気分がよくなったことを報告し、これは、たいていの人は交感神経が興奮状態にあるという可能性を証明することになります。なぜなら、1週間の休暇に行くだけでウェルビーイングの感覚が改善されたからです。

同様に、両方のグループにおいて炎症やストレス反応を引き起こす化学経路を含む、遺伝子発現における改善が見られました。また、テロメアとテロメアを保護する遺伝子への瞑想効果も見られたようです。こうしたことは、瞑想グループの中でも熟練した瞑想者の間に起こりました。大きな意味を持ち始めるような結果を出すのに1週間しかかからなかったという事実は、瞑想がほぼ初心者でも細胞にとってよい影響があり、またその習慣は日常的かつ長い期間続ける必要があるという結論を示すものです。

テロメアの研究は、本書が推奨するヒーリング・ライフスタイルの有効性を強く裏付けてくれていることに、私たちは勇気付けられています。テロメア研究によって、細胞は意識的なライフスタイルを選択することから、遺伝子レベルで直接的に恩恵をこうむるという確信も強められました。ブラックバーンは、細胞を保護することを親の務め、社会との関わり、所得不平等との闘い、地球のためのグローバルな奉仕活動の一部として優先させる、明確なビジョンを持った「テロメア・マニフェスト」で本を締めくくっています。どんなビジョンもそうですが、これは個人の決断に委ねられており、そして『テロメア・エフェクト』を読み終えると、アンチエイジングというのは、私たちの細胞を再生する状態に保つことによって始まるものであるという確信がさらに強まることになるでしょう。もし新たにやるべきことがなかったとしても、自分が年を取ることについてもっと楽観的になること自体、価値あることなのです。

THURSDAY

木曜日
立つ、歩く、休む、眠る

本日のお勧め――それぞれから1つずつ選んでください

☆やってみましょう

・パソコンを使う仕事やデスクワークの場合は1時間に1回は立ち上がって動き回る
・仕事中1時間につき5分間は歩くようにする
・エレベーターではなく階段を使う
・車で買い物や仕事に行く場合、駐車場の中でも遠い所に車を停める
・規則正しい睡眠時間をとる
・ベッドルームを睡眠に最適な環境にする
・夕方に20～30分歩く

・1日に2回、1人になれる静寂の時間をとる。できれば瞑想するのが望ましい
・身体的にアクティブな友人や家族ともっと長い時間を過ごす

☆**取り消しましょう**
・テレビの前でソファーに座る時間を、10分間ウォーキングに置き換える
・睡眠不足を補うのを週末まで待つ癖をやめる
・アルコールを飲むなら、夕方早い時間にする――血流中にアルコールがない状態でベッドに入ること
・午前中のコーヒーとおやつ休憩をウォーキングに置き換える
・普段は車で行くような近所の場所まで歩いていく
・もっと活動的にならないあなたの言い訳を分析する

睡眠不足に悩んでいる人は大勢いますが、その問題を単独で扱うことはできません。木曜日のテーマは休息と活動の全サイクルまで拡大され、心身にとってプラスになるもので

す。全システムを支配する生体リズムに反するような睡眠のとり方を、私たちは社会的に生み出してしまいました。もしあなたが1日中座ったままで、あまり運動をしないなら「疲れすぎていて眠れない」という状態になってしまうかもしれません。なぜなら睡眠と活動のリズムが阻害されているからです。私たちの休息と活動が、実はどれほど相互に絡み合っているかということが研究によって示されました。生体リズムを同調させたままにするには、4つの要素が存在していなくてはなりません。

立つこと：単純に聞こえるかもしれませんが、人間の生理機能は重力に左右されます。大きな影響力を持つことになった1930年代の研究によると、大学の運動選手たちは2週間寝たきりになると、トレーニング数か月分の筋肉の張りが失われたということです。1日にほんの数分間立つことで、筋肉の緊張度は保たれます。また、立つことは手術後の回復の助けにもなるようで、よって入院患者はもはや病室のベッドにずっと寝ていることは奨励されず、むしろ起き上がって、可能なら歩くようアドバイスされるのです。

歩くこと：運動は、やればやるほど恩恵をもたらすものではありますが、活動の基準は歩くことです。医学的には、身体活動レベルにおける最も大きな差は「まったく運動をしない人」と「ソファーから立ち上がって何かする人」との間に生じることが研究によってわかりました。歩くことは、今では重病や手術からの回復期における定期的な訓練なのです。

休むこと：ハードな身体活動の後は、筋肉の疲れを取って内的バランスを取り戻すために休息が必要です——忙しく仕事をしたり、たくさん運動したりした後は疲れを感じるので、たいていの人にとっては難なくおこなえます。しかし精神的な休息の必要性は、最近になってやっと真剣に考えられるようになりました。もし精神的休息を無気力さや退屈さと結びつけているなら、そのイメージは誤解を招きます。瞑想は、とりわけ心を休息させるものであり、これをおこなう人々はより明敏な覚醒状態を得ています。瞑想は心を鈍らせませんし、脳を眠らせるわけでもありません——実際は脳の活性化が起こり（たとえば、アルファ波の状態は創造性と結びついています）、その結果かつては神経科学の世界で知られていなかった、リラックスした覚醒状態がもたらされるのです。

眠ること：なぜ私たちはそもそも眠る必要があるのか、「間違いなく眠る必要がある」ということ以外はいまだ研究者たちにもわかっていません。最新の理論では、睡眠によって脳は日中に蓄積された毒素を取り除くということです。これにはアルツハイマー病の原因とされる老人斑を最も深い睡眠中に取り除くことも含まれています。また、日中に短期記憶として覚えたことを長期記憶へと定着させるのも深い睡眠中なのです。こうした活動がなければ、私たちの脳は(体の残りの部分も同様ですが)、睡眠不足や質の悪い睡眠によるダメージを受けてしまいます。

もっと深く掘り下げてみましょう。眠れぬ夜を過ごしたときに誰もが最初に気づくことは、朝に疲労感と意識がもうろうとした感じが残るということです。それは1日中残ることもあります。これは不眠の人が慢性的に不満に思っていることです。しかし「昨夜は一睡もできなかった」と言う人がいても、たとえ断続的で浅かったとしても実は途切れ途切れに睡眠状態は発現しているということが、夢の研究によって明らかになりました。たとえば睡眠クリニックの実験室で一晩中起きているよう強制されたとしたら、運動協調や注意力の欠如――これらはバイク事故の深刻な原因です――といった、もっと深刻な障害が表れ始めます。化学的アンバランスが生じ始めるのです。それは私たちの体内時計に従って正確にバランスを保っている、ホルモンの流れにおいてとりわけ顕著です。睡眠不足によって食欲も阻害されることがありますが、これはレプチンとグレリンという空腹と満腹を司る2つのホルモンのバランスが乱されるからです。

睡眠研究所の実験室にでもいない限り、一晩中完全に起きていられる人はほとんどいません。脳の睡眠の要求を無視することはとても難しいのです。しかし睡眠不足の状態が引き延ばされると、頭痛、筋力低下、震え、幻覚、その他の深刻な症状が表れます。しかしこうした強い影響が出ていないからといって、睡眠不足ではないということではありません。低レベルの慢性ストレスや慢性炎症と同様、睡眠不足の習慣は、長い目で見れば、徐々に問題を創り出します。たとえば、不眠症の人は不安神経症やうつ病にかかりやすくなります。このことを踏まえ、精神科医は慢性うつ病にかかっている患者には睡眠不足に気をつけるよう警告します。睡眠不足は、うつ病発症の際の最も初期段階の兆候の1つであるということがわかっています。また、この最初期の段階は不規則な睡眠パターンを修正するだけで回避できることもあるのです。コカインのようなドラッグの使用が睡眠の質を悪化させることも多く、それがうつ病や不安神経症へとつながり、さらにドラッグへの欲求をかきたてるという悪循環が起こるのです。

2003年『睡眠行動医学』誌の総説で、広範囲にわたる心理的影響について「不眠症は一貫して、うつ病、不安障害、その他の精神的疾患、アルコール依存症、薬物依存症、自殺の前兆となっており、不眠症の兆候が表れることは、こうした障害のリスク要因である」という報告がされました。心配事で一晩中眠れなかったという経験のある人なら嫌というほどおわかりのように、この発見にはいくばくかの含意があります。総説はさらに続けられ、不眠症は免疫反応の低下と結びついている一方で、循環器疾患のリスクになるかどうかについての決定的なデータはないことを指摘しています。睡眠研究は小規模なものになりがちで、不眠症の定義はかなり曖昧です。しかし睡眠薬の常用は死亡リスクを高める（寿命が短くなる）というのは憂慮すべきことに思われます。2012年のスクリプス・ヘルス社での調査によると、睡眠薬処方の普及で早期死亡のリスクが5倍に増えると関連付けられました。この調査では、睡眠薬を時々使う人もヘビーユーザーもともに死亡リスクが高まることが示されました。

いつも名前が挙がる「炎症」もまた、関与しているように思われます。2010年の調査では被験者が24時間以上起きたままでいたところ、炎症マーカーの上昇が認められました。その結果は、病気（医学的治療を必要とするもの）と呼ぶほど顕著なものではありませんでしたが、炎症マーカーの上昇は2～4時間しか睡眠をとっていない被験者たちの間で見られたことは注目に値します。炎症マーカーの上昇を引き起こした確固たる原因は見つけられませんでしたが、私たちが交感神経の興奮状態として単純化している「自律神経活性化と代謝性変化」のためではないかと推測されました。言い換えれば、交感神経系がストレスにさらされたというわけです。

現代生活におけるストレスと重圧は、交感神経系を慢性的に刺激し続けます。寝つけなくてゴロゴロしているとき、頭の中を横切る思考、身体的緊張やこわばり、眠りに落ちることへの説明しがたい拒否反応などのせいにするかもしれません。しかし、こうしたさまざまな症状は一般的に自律神経の過活動のためだと考えられます。ストレス反応が微妙に活性化され、その1つの影響として研ぎ澄まされた鋭敏な状態になるのです――これは外的な脅威に対する反応の一部です。極度のストレスを受けると瞳孔は散大し、心拍数は急速に増加し、アドレナリンが急増して行動することが要求されます。つまり闘争逃走反応です。ストレス反応による軽度の刺激はそれほど顕著なものではありませんが、どんな程度にせよストレス反応は眠りに落ちることを阻害します。ストレスと不眠は悪循環を形成し、もし不眠症についてストレスを感じれば、その影響で一層悪化するだけです。ストレス軽減のために私たちがお勧めすることは、ストレスと不眠との関連を打ち壊すのに大いに役立つでしょう。

木曜日の「やってみましょう」について

赤ん坊や幼い子どもは、難なく眠りにつきます。身体的に活動的な1日を過ごして疲れているときも、眠りは自動的なものになります。しかし私たちのほとんどが、身体活動のために1日に消費するカロリーはますます少なくなっています。パソコンに向かっているとき、1時間で消費されるのは80キロカロリーであることが研究によってわかっています。5分間歩くことを1時間に4回行うことで8〜10キロカロリー多く消費されます。そして長期的に見れば、加齢とともに悩まされる緩慢に蓄積していく体重増加をコントロールするのに十分です（1日8時間働くとして、1時間に10キロカロリー多く消費すると、定期的に続ければ1年間で2万キロカロリーまたは約3キロの体重増加が相殺されることになります)。立ったまま使えるスタンディングデスクが人気を得ており、健康面での効果も謳われています。しかし立つことによって追加される消費カロリーは、座っているときに比べて1時間にたった2キロカロリーの差なのです。

カロリー消費の減少という流れは、将来的にますます増える見込みです。一方、質のよい睡眠を確約する最も簡単な方法が排除されてしまうわけです。したがって私たちがお勧めすることは、あなたが生活に取り入れることのできる基本的なライフスタイルの変化に焦点を絞っています。なぜ私たちが、政府の推奨する「1週間に3~5回、少なくとも30分間連続した中程度~激しい運動をおこなうこと」を含めなかったのか、不思議に思われるかもしれません。その答えはコンプライアンス(遵守)です。以前のアメリカ人は今よりもう少し運動していましたが、運動する年齢集団は19~29歳の若者で、その後は10年ごとに着実に減少することが研究によってわかっています。

最も活動が少ないのは高齢者で、その状況は覆される必要があります。老齢期の長寿と健康は、活動的な人ほど高まり、あきらめて1日中座っている人々の間では減退します。

70歳以上の健康な人たちは皆、心血管を強化する運動や緩やかなウェイトトレーニングをおこなうことでプラスの影響を得られますし、それは90歳を越えてもいえることです。コンプライアンスの秘訣は、早いうちから習慣をつけることです。立ったり歩いたりといった簡単なことを定期的に続けることで、年を取っても習慣を維持しやすくなるのです。精神的な鋭敏さのためには、瞑想をお勧めします。なぜなら安らいだ鋭敏さという状態を経験することができるからです。先に指摘したように、これは眠ってもいないし、ぼんやりしているわけでもない、気づきの状態なのです。安らいだ鋭敏さの中で、心は完全に覚醒していますが、刺激を受けることはありません。どんな年齢集団に属する人でも、こうした状態をお馴染みの習慣にすることで、恩恵を得られるでしょう。

あなたの睡眠環境：次は、あなたの寝室を眠りの理想の場にするためのチェックリストです。

良質の睡眠をとるための12のステップ

1. 遮光性のブラインドを使ったり、アイマスクを着けたりして、部屋をできる限り暗

くする
2. 部屋をできるだけ静かにする
3. いびきをかく人と同室で眠るなら、耳栓をつける
4. ベッドで仕事をしない
5. ベッドでメールやメッセージを送らない
6. 家の中でより涼しい所を寝室にする
7. 就寝時間の少なくとも1時間前にはテレビを見るのをやめる
8. 寝室にテレビを置かない
9. 色や香りを用いて、できるだけ感覚が安らぐような部屋にする——寝室は、家の中であなたが安らぎを感じられる部屋であるべき
10. 十分に腰が支えられるようなマットレスを買う——たいていの人にとっては、硬ければ硬いほどよい
11. 低アレルギー性の枕を使う
12. 埃を除去するのに十分なぐらい頻繁に寝具を取り替える

まず必要不可欠なのは完全な暗さで、可能であれ寝室は真っ暗が望ましいです。これには生理的な理由があります。脳の奥深くに埋もれている松果腺は光に敏感であるため規則正しい安眠になくてはならないものです。眠るときに脳の活動は変動し、7～8時間経つと脳波が覚醒状態へと到達します。

最後の波で眠りから引き戻されるまで自分が目覚めていることに気づきませんが、もし寝室が朝の光で照らされていれば、浅い波に乗って早く目覚めすぎる傾向が出るでしょう。この妨害を乗り切るのはかなり簡単なことです――顔を枕に沈めてもう一度眠りに戻ることです。しかし連続して7～8時間の睡眠をとれなかったため、完全に目覚めた後にもう一度眠ろうとした感じがするでしょう（よく旅する人はホテルの部屋だとよく眠れることに気づくでしょう。それは遮光カーテンのおかげで、普通の寝室よりもかなり暗いからです）。

外部の騒音を遮断することは、2つの理由から重要です。1つは騒音のせいで眠れなくなることを避ける、もう1つは早すぎる目覚め（脳波が浅い波に乗ってしまうこと）を防ぐためです。睡眠環境を改善すること以外にもう1つお勧めしたいのは、毎晩少量のアスピリンを飲むことです――これは、心臓発作や、ある種のがんの予防にさえなるので、すべての大人にお勧めできます。先に述べたように、日中に気づかずに済んでしまうような小さな痛みに、ベッドに入るとイライラさせられることになるかもしれません。アスピリンを飲むと、しばしば見過ごされがちな不眠の原因を取り除くのに役立つのです。

木曜日の「取り消しましょう」について

もし遵守しないということが「やってみましょう」リストを実行する障害だとしたら「惰性」こそが「取り消しましょう」リストにおける敵だといえます。たとえば1日運動をさぼれば、次の日もなおざりにしてしまいがちです。しかし1日さぼるたびに、そこから得られる恩恵を失うことになり惰性は着実に悪化へと向かわせるのです（ちなみに、このパターンはどんな人が年を取ってもよい性生活を送れるかということに関係します。満足のいくセックスをしやすい人というのは性行為をやめなかった人なのです。セックスをすることで性行為自体が強化され、セックスしないことでしない状態が強化されるのです）。

もし毎日ジョギングをするといった活動的な習慣を取り入れたとしても、惰性が回避できるわけではないと私たちは信じています——ジョギングをルーティンにする人は大勢いますが、それを生涯続ける人はほとんどいないと思われるからです。走るのをやめる日がやって来て、そこから急な下り坂となって走らなくなり、走ったことがない人たちと同じ立ち位置にたどり着くのです。しかし毎朝歯を磨くといった例からわかるように、非常に単純できつくない習慣を取り入れることは、非常に簡単なのです。

もしあなたが毎日、立って、歩いて、休息して、眠るというパターンを生涯にわたって実行すれば、最適な健康状態の維持に大いに役立つことをおこなうことになるでしょう。「取り消しましょう」リストで私たちがお勧めしていることは、惰性へゆっくり向かってしまう流れを回避するよう徐々に促していくものです。

減量目的で運動を始めた際に、運動しなくなったことに対して人々が説明する1つの理由は「運動しても効果がなかった」ということです。体重が減らなかったばかりか代謝という点では運動は身体的活動なので、空腹になることによって体重が増えてしまったというわけです（マラソンのトレーニングのような激しい運動を定期的におこなう場合トレーニング法によって脂肪が筋肉に置き換えられ、筋肉は脂肪より重いために、体重が増加することがあります。もちろんマラソン走者の体が重くなっても、同じ体重のカウチポテト族の体よりも魅力的に見えるでしょう）。

生物学的にカロリーを燃焼する運動中に代謝が上がりやすい体質の人がいる一方、そうではない人もいるということが遺伝学によって明らかになるまで、体重が減らないという不満は長い間ずっと無視されてきました。体系的なアプローチが予測するように、遺伝子だけではすべてを解明することはできません。あなたが何をどのように食べるかということも代謝に影響を与え、あなたのストレスレベルと空腹や満腹をコントロールするホルモンにも影響を与えます。多くの原因が再び雲のように広がっているのです。

減量は、もっと魅力的に見せたいという動機で人々を運動に向かわせる最も大きな理由の1つですが、今は体重のことはさておき身体的に活動的であることもまたさまざまな影響を及ぼします。1つの極端な例としてはランナーズハイとして知られている状態を経験する人々がいることとです。一方、走ると非常に疲れてしまう人がいます。激しい運動は、ある人々にとっては運動が得意であることに関連付けられます。つまり「正の強化」が起こります。しかし、もしあなたがスポーツジム嫌いで、これまで何のスポーツチームに入ったこともなかった場合、正の強化は起こりません。

結論として「活動的になること」にあなたがどう感じるかということが、あなたの選択を決定付けるということです。政府のガイドラインでは、定期的な運動によるメリットが約束されているにもかかわらず、どんな人にも適用されるような万能の運動プログラムは存在しません。私たちの関心は、座ることの多い生活をアクティブな生活から分断してしまう垣根を乗り越えることです。その解決法は「立って、歩いて、休息して、眠る」という方式です。もしあなたがこの段階をマスターすることができたら、さらなるパワーが与えられます。それでも、1つ重要なことを覚えておいてください。立って、歩いて、休息して、眠るという方式は、あなたがまるで怠け者であるかのような、必要最低限のことではありません。そうではなく、高校時代のアメフトで優勝したクォーターバックの選手が、ビール好きな仲間たちとともに太鼓腹になってしまっていても、生涯にわたって維持することのできる健康の規範なのです。

FRIDAY

金曜日 核となる信念

本日のお勧め——それぞれから1つずつ選んでください

☆やってみましょう

・核となる信念を5つ書き出し、なぜそう信じるのか評価する
・核となる信念を行動に移してみる
・詩、聖典、スピリチュアルな文章を読んでインスピレーションを得る
・どんな核となる信念を持っているかについて家族全員と話し合う
・あなたの好きなロールモデルを挙げ、彼らがどのような核となる信念を持っているかリストアップする

☆取り消しましょう

・自分の持っているネガティブな信念についてじっくり考える（恐怖と不信につながっているものです）
・価値観が根本的に異なる人とのコミュニケーションをとり始める
・自分がネガティブな信念にとらわれていたら、あまのじゃくになって反論してみる
・「自分たち」対「彼ら」という思考をやめる

今日はあなたが最も深いところで信じていること、長きにわたって自分と同一視している信念についてです。それはヒーリング的価値を持ちうるかもしれませんし、その反対かもしれません。なぜなら信念は、心身が反応するような「思考」「言葉」「行動」に変わるからです。誰もが個人的信念を持ち続け、何かにつけてそうした信念に感情的に愛着を持っています。しかしすべての信念が平等に作られるわけではありません。たいした努力もなしに現れ、捨てられるような意見にすぎないものもあります。また、たいていは子ども時代に取り入れた両親の信念システムなのですが（宗教の選択など）、これまでに取り込ん

できた受け売りの考え方だったりもします。初めて投票する際に70％の人が両親の支持する党に入れ、以後その選択を堅持する傾向があるということが研究の結果明らかになっています。

こうした類の信念はヒーリング・ライフスタイルにとってはせいぜい偶発的なものでしかありませんが、もっと深いところでは、あなたの健康とウェルビーイングは私たちが「核となる信念」と呼ぶものから強く影響を受けているのです。核となる信念は、いくつかのきわめて重要な質問に対するあなたの考え方を固定してしまっています。

□人生は公平か？
□宇宙には高次のパワーというものが存在するか？
□善は悪に勝つか？
□最善を予期すべきか、もしくは最悪に備えるべきか？
□リラックスした態度でいるべきか、慎重で用心深い態度でいるべきか？
□私は安全だろうか？

□自分は他者から愛され、大切にされ、支えられているだろうか？　もしくは頼れるのは自分自身だけだろうか？

□自分は十分善良で賢いだろうか？

あなたの人生がどのようなものになるかは、こうした質問に対するあなたの回答で決まります。現代では、こうした質問に答えることの責任は個人に委ねられています。スピリチュアルな道に意識的であろうとなかろうと、あなたは人生における高次の質問に対する答えを求め、見つけてきたのです。対照的に、信仰の時代においては固定されていて信頼できる答えが宗教によって与えられていました。今、私たちが関心を持っているのは核となる信念の哲学的な側面ではなく、それが心身にどのような影響を与えているかということです。たとえば、もしあなたが世界は安全でないと感じるなら、あなたの人生は心理的に安全だと感じる人の人生とは非常に異なるものになるでしょう。そして、あなたがどれほどの脅威を感じるかしだいで、さらに多くのストレスを経験することになるかもしれません。

幼児の世界観がエピジェネティックスのレベルにおいては遺伝的に決定されている可能性についてはすでに述べましたが、幼児期にプログラミングされた人生観がつらく痛ましいものだとしたら、それは憂慮すべきことでしょう。しかし「雲のように広がる原因」がそこで作用しているというのはほぼ確実なことです。私たちは、影響が霧のように及ぶ状態で「核となる信念」を形成し、その霧が決して晴れることのない人は無数にいるのです。先ほどあげた最初の質問「人生は公平か？」について、2人の人間がどのように（仮説上）反対の答えにたどり着くのか比較してみましょう。

Aという人は、人生は不公平であると何度も何度も聞かされてきており、それが真実であると受け入れています。まわりを見回すと、よい人々が傷つけられている一方で悪い人々が出世し、罰せられることもありません。自分自身の経験を振り返ってみると、不公平な結果に何度も見舞われました——失った恋人、見送られた昇進、最後の最後でキャンセルされたために決裂した契約。ニュースは未解決の犯罪や、犯罪者を無罪にするという偏見を持つ陪審員の判断などに満ちています。世の中のいまいましい不公平を見るだけで、人生がわずかでも公平であるなんて言える人がいるのでしょうか？

Bという人は幸運な人生を送ってきましたが、大きな挫折を経験したことがなく、その観点からすると、人生は公平という以上に豊かで寛大なものでした。子ども時代にはかわいがられ、愛する男性と結婚し、正しい選択をしてきました。子どもたちは健康で幸せです。Bは世界には醜悪さや不公平が存在するということを知っていますが、カトリック教徒なので裁くのは神だけであり、神の働きは人智を超えたものだと信じています。神は善意に満ちた宇宙を創造し「人間は罪から救われることができる」と受け入れるかどうかは私たちに委ねられています。こうした包括的な考え方は、人間が陥る弱さや悪に勝るのです。

AとBは、どこから見ても反対の信念を持っているといえます。また、一つ一つの影響を測るための数式は存在しません。なぜなら「雲のように広がる原因」は時とともに変化するからです。私たちは、実際にAとBのどちらが正しいのかということに関心を持ってはいけません。というのも、核となる信念が「実際の現実」を「個人の現実」と一致させることは決してないからです。つまり、先に述べたように信念とはあなたの個人的な現実そのものです。しかし核となる信念には、健康とウェルビーイングを支えるものもあれば、そうではないものもあるわけです。次に関連する要素を挙げてみます。

信念はどんなときにヒーリングになるか

・フレキシブルで、寛容で、変化に対してオープンであるとき
・幸福を促進するとき
・愛情深く、親切であるとき
・自尊感情を高めてくれるとき
・自分に対しても他人に対してもストレスを作らないとき
・怒り、恐怖、精神的動揺をあおるために自分の信念を使わないとき
・家族、友人、コミュニティとつながる手助けになるとき
・楽観的な見方をさせてくれるとき

おわかりのように私たちのヒーリングの定義は幅広いもので、それは全システム的アプローチによって正当化されています。多くの人が、ポジティブであることはネガティブであることよりもよいことだという漠然とした感覚を持っていますが、私たちはポジティブ

思考を奨励しているわけではありません——私たちが奨励しているのは自分にとってヒーリングになるような考え方です。炎症やストレス反応につながるような核となる信念は、体の情報を伝達する超高速道路への悪いインプットのようなものです。手の切り傷で起きた炎症と、夕方のニュースで政治の話に激怒することで起きた炎症との違いは血流中の炎症誘発性マーカーに対処しなければならない細胞の観点からするときわめて小さなものです。

PART 1で、ノーマン・カズンズ氏が死亡する可能性の高い病気から驚くべき回復を遂げた話をしました。カズンズは、心と体のつながりを提唱する活動家になった後、好んで語っていた話がありました。それは心身における信念のパワーを示すものです。その話は1983年の『ロサンゼルス・タイムズ』紙に掲載されたもので、地元の高校のアメリカンフットボールの試合中に起こった病気の発生についてでした。試合中に、観客4人が食中毒の症状を示し、その場で医師の診察を受けました。4人ともドリンク・ディスペンサー装置から出たコカ・コーラを飲んでおり、それはコカ・コーラのシロップと炭酸水を混ぜるタイプのものでした。

汚染が炭酸水からなのかシロップからなのか、医師にはわかりませんでした。また銅管も使われていたので硫酸銅中毒の可能性もありました。観衆にコカ・コーラを飲まないよう警告するアナウンスが流れると、数分以内に入院するほど具合が悪くなった人が191人出たのです。さらに数百人が吐き気を催し始めたり、失神したりしました。主治医にかかるために家に帰った人も大勢いました。カズンズは「このことについてちょっと冷静に考えてみると、耳で聞いただけの言葉が特定の病気へと変わったという事実に気づきます。人々の症状は偽りではありませんでした。彼らが実際に吐くのを見た人なら証言できるように、症状は本物だったのです」と述べています。

同様の目に見えない引き金が、私たちの内側からも生じうるのです。それは信念から炎症やストレス、もしくは実際の病気の症状へと導く経路を作り出します。望んで食中毒になりたい人などいません。では、なぜ私たちは自分で作り上げた心身へのダメージを容認するのでしょうか？　1つの要因として、心理学者の言う「二次利益」があります。これは予防接種を打った後の子どもに与えられるキャンディーのような痛みを相殺するための心理的メカニズムで、他には解雇手当のような解雇の打撃をやわらげるためのものがあります。二次利益は一見すると苦痛や逆境に対処するために役立つメカニズムに思えますが、使われ方を誤ると「拒絶」のように自滅的な戦略になってしまいます。

ネガティブな状態が長く続くと、対処する方法を見つけようと躍起になります。慢性的な不安がよい例です。不安は、若者の間で（以前は不安と無縁であったような年齢の子どもにとってさえも）深刻な問題であるということが最近明らかになってきました。しかし現実には、不安はすでに4歳から慢性化しうるもので、大人の深刻な精神疾患はすべて子ども時代の不安と関連しているということが今では知られています。

これは憂慮すべきことですが子ども時代の不安があまりにも長い間、プロのセラピストでさえも見抜けないほど隠されている理由は、子どもというものは不安を隠す方法を見つけるのがうまいからなのです。自分自身からも隠せるほどです。子どもは不安を無理に飲み込みます。恐怖から注意をそらすためにテレビを見るといった気晴らしや遊びで埋め合わせたり、おねしょのようなネガティブな行動につながったり、もしくは単純にパパとママはこうした感情について聞きたがらないということを学んだりします。不安は、日常的な経験としては耐えがたいものですので、心はそれがどれほど無駄なことであったとしても、逃げ道を見つけなければならないのです。

こうしたふるまいの多くは、私たちがマインドレスな習慣にしてしまう無意識の行動です。不支持政党を憎んだり、厄介な隣人を敵にしたりといった自滅的な習慣について考えてみましょう。健全ではないとわかっていながら、なぜそのようなネガティブな態度に固執するのでしょうか？　その理由は結局のところ、そうしたネガティブな反応が自分にどんな影響を及ぼしているのかよく考えることもなく何度も何度も繰り返して、その反応を無意識に強化させているということなのです。あなたのネガティブさを煽るような信念に固執することで、あなたは反応を悪化させているのです。激怒を反応として扱ってみましょう。人が怒りや敵意や激怒などの行動にはまり込んでしまう理由は、核となる信念に直接的に関わっています。

あなたを猛烈に怒らせる信念

■自分には思いどおり行動する権利がある

■「彼ら」は悪い人々だから、自分が怒るのは当然だ

■怒ることは、ストレスを解消する健全な方法だ
■自分で自分を抑えられない――自分の感情に流されてしまう
■正当な怒りは道徳的なものなので、問題ない
■人間とはそもそも恐ろしいものだ
■自分を怒らせた人に責任があり、悪いのは自分ではない
■自分が怒るとき、誰も傷つけていない
■自分が欲しいものを得たり、誰が偉いか示すのに、怒りは効果的な方法だ

いずれの信念も、自己を正当化しようとするものです。それぞれがその信念自体を強化するものになっており、こうした信念を長く持っていればいるほど、それはますます根深いものになります。深く根付いた信念は「その信念こそがまさに自分だ」といった感覚になります。しかし実際あなたは自分自身から隠れており、また激しい怒りはあなたに害を及ぼします。怒りが発現すると、ストレスになると同時に炎症を起こします。現実を明白に理解するには、自己認識が必要です。たいていの人は他者を攻撃し、自己防衛から行動し、

鬱積《うっせき》された欲求不満を表し、威嚇《いかく》を通してほしいものを得るという意図を持って怒りを武器として使います（未成年者は、主にいじめっ子に当てはまりますが、怒っているという感覚を単に好んだりします）。こうした二次利益は非常に重要に感じられるもので、もしくは長い時間をかけて条件付けられてしまっているので本当の害が見過ごされてしまうのです。

もちろん、すべての人が怒りのコントロールにまつわる根強い問題を抱えているわけではありませんが、誰もが自分の悪いおこないを正常とみる傾向があります。たとえば、父親が母親を虐待しているのを子どもが目撃するような家庭において、身体的、もしくは精神的に、この異常な行動は彼らが考える正常なものになるわけです。家庭内暴力を経験した子どもが暴力を憎み、大人になって断固として暴力を放棄するようになったとしても、彼らが虐待をおこなうリスクは普通の人よりもずっと高いのです。彼らは虐待が禁じられていない家庭で育ったことによってあまりにも強く条件付けされてしまったのです。彼らの心の中には混乱が刻み込まれています。つまり、彼らにとって「パパはママを殴る」というのは、「パパはママを愛している」という理解になるのです。この2つの間に存在する矛盾は、こうした刷り込みが子ども時代に身についたものである場合、解決するのは非常に難しいことです。

今日皆さんにしていただきたいのは、こうした古い無意識の刷り込みを表面化させ、しっかりと検証して癒やされるような選択をすることです。

金曜日の「やってみましょう」について

「やってみましょう」のリストでお勧めしていることは、核となる信念を明らかにして、それについてじっくり考えてみることを中心に展開されています。あなたの信念は根っこの部分が絡まっており、それをほぐせるのはあなただけなのです。家族の考え方、しつけ、宗教観、仲間の考え方、学校で起こるあらゆることなど、発育に影響を与える要素の中には普遍的なものもあります。しかし、ある人には何ともない経験でも別の人には非常に強い影響を与えてしまう理由は、外的なものでは説明できません。私たちは、あなたに自分の精神分析をしてもらいたいと思っているわけではありませんし、ましてや自分が悪い、間違っている、劣っているといった判断をしてもらおうというわけでもありません。私たちの目的はただ、あなたが「どのように人生を過ごしたいか」という選択をもっと自由におこなえるように、核となる信念を表面化してもらいたいだけなのです。自己認識することはヒーリングの力を持ちます。常に即効性のあるヒーリングをもたらしてくれるわけではありませんが、あなたが道を歩み始めるよう背中を押してくれるのです。

自分がなぜ特定のネガティブな信念を持っているのかわかり始めたら、心身を訓練し直すことができるようになり、じきにあなたがどう考え、どう感じ、どう行動するかということも、過去の刷り込みからの影響を受けにくくなるでしょう。心身を再訓練するためのステップは謎めいたものではなく、すべて自分でコントロールできることです。緊張、怒り、罪悪感、恥、裁きたい感情を経験するような思考が湧いてくるたびに、次のようなステップを踏んでください。

1. ネガティブな思考があることを認め、それに向き合う
2. その思考に向かって「もう必要ないから出ていって」と言う
3. その思考があなたに過去の悪い出来事を思い出させたら「自分はもうそんな人間で

はない」と言う

4．ネガティブな思考は非常にしつこく、すぐには消えないことがあるので、先のアファメーションをもう数回繰り返す。横になって数回深呼吸をし、自分の中心に集中する（職場なら、静かな場所を見つけ、自分の中心にとどまる）

5．呼吸を続け、抵抗せずに自分の注意が向くままにさせておく。これをおこないながらリラックスした感覚が内側に広がるように求める。緊張や不快さが消え始めるまで、これを続ける

6．ネガティブな思考の具体的な内容を無効にするために、それを何か現実的で楽観的なことと置き換える

たとえば「自分は無力だ。自分には絶対こんなことはできない」という思考だとしたら、潜在しているのはストレスのかかる試練に立ち向かうことへの絶望と迫害という信念です。自分自身を再訓練するには、思いつく限りの反対の思考を書き出します。

この場合、現実的で楽観的な思考には次のようなものが含まれるでしょう。

「本当は、自分は無力ではない。探せば解決法はある」

「以前にもっとひどい危機を乗り越えたことがある」

「無力に感じるのは単なる感情で、状況を判断するのに信頼できるものではない」

「自分1人でやる必要はない。助けやアドバイス、導きなどを求めても大丈夫だ」

「自立したい。これを成長するための機会として喜んで歓迎しよう」


真の変化が起きてそれが持続し始める際に、この種の再訓練は決定的に重要な意味を持ちます。核となる信念は、水面にほんの一角だけ姿を見せている氷山のようなものです。だからこそ実際に「核」という言葉が適切なわけです。自滅的な行動をし続ける人は精神の奥深くの何かが同じシグナルを常に送り出しているマイクロチップのように、そうした自滅的な行動を生み出しているのです。ブルース・スプリングスティーンは、高い評価を得ている自伝『ボーン・トゥ・ラン』（早川書房）の中でロックスターになろうという原動力の根源について非常に率直に語っています。彼の父親は大酒飲みで、息子を励ますことも助けることもしない陰気な男だったそうです。スプリングスティーンは、父親の記憶といえば、暗い台所に腰かけて酒を飲み、一言も発しない姿だと打ちあけました。父親は自分が大人になるまでの間に1000ワードも発しなかったと、スプリングスティーンは信じています。

この強烈な刷り込みは広範囲にわたる影響を及ぼしましたが、それが完全にネガティブなものであると決めつけることはできません。古典的ロックソング「明日なき暴走」はスプリングスティーンの象徴的なヒット作となりましたが、それは感情的障害のある父親から逃げて本当の自己を見つけ、自分の才能から何かを創り出し、そしてとりわけ「逃げ続けたい」という自分が生きる原動力を明らかにしたのです。そこには祖母から注がれた愛の力強い源も加えられていました。祖母は、幼い娘を亡くしていました。通りに飛び出て車にひかれてしまったのです。彼女の慢性的な悲しみは決して癒えることはなく、ブルースが生まれると、彼女は持てる限りの母性愛を強烈に注ぐ対象を見つけたというわけです。ブルースの両親は非常に貧しくて、どちらか1人が家にいて子育てをするというわけにはいかなかったので、彼の面倒はもっぱら祖母が見ていました。その熱烈な愛情の中で育まれた結果、彼は小さな王子（もしくは暴君）になりました。スプリングスティーンは、複雑な感情で当時を振り返ります。祖母の愛情は彼の心の穴を埋めてくれたとわかってはいるものの、その強迫的で非現実的な側面も見えていたのです。精神はポジティブな影響とネガティブな影響がある中で精神のバランスを保つには、どちらか一方だけということはありえないのです。その代わりに、今や皆さんもご存じの「雲のように広がる影響」が、定義することも理解することも難しい曖昧な方法で大きくなっていくのです。

スプリングスティーンにとって、逃げたいという衝動は圧倒的なものであり、音楽が彼の救いになりました。しかし老化に関するハーバードの研究の話に戻ると、要は「お金と名声」は「親密で愛情あふれる人間関係」に取って代わることはできないということです。スプリングスティーンは常に恋人を追い払う方法を見つけており、自分が親密な関係を維持することができないことに気づきました。彼には「自分は愛されない」という核となる信念があったのです。したがって誰かと親密になりすぎると、彼は暴言を吐き、よくもまあ自分を愛するなんて厚かましいにもほどがある、と言って相手を痛めつけました。

心理的な難局の中、スプリングスティーンは自分がジレンマに陥っていることに気づきました。彼を癒やしてくれるもの、つまり愛こそが、彼が最も恐れ、避けていたものでした。やがて集中的な心理療法を受けることになり、そして幸運にも、彼曰《いわ》く「自分を鍛え上げてくれる」女性と結婚しました。言い換えれば、彼女は彼に追い払われるのを拒むほど十分に愛していたのです。自分は愛されないという核となる信念を打ち消すのは非常に勇気がいることとです。そこに関わっているのは、自分を愛してくれるはずの両親が、同時に最も深い傷の源でもあるという成長期の経験です。スプリングスティーンは祖母の愛である程度は埋め合わされてはいたものの、本質的には見捨てられた子どもでした。残念ながら、埋め合わせはヒーリングとは異なります。65歳を越えた今日も、いまだに芸術的表現と自己防衛をともに演じる必要があるスプリングスティーンは自己認識の道を歩んできたわけですが、子ども時代の感情的虐待の深さが強い抑うつ状態のかたちで代償を要求するのです。

誰もが知っている著名人の話であるということは別にして、ここから私たちは何を学べるでしょうか？　この話によって、ヒーリングはどのように作用するかということについて私たちが主張してきたことが強化されます。過去の傷に向き合う時期が早ければ早いほどよいのです。逃げたり、感情をあらわにしたりすることは短期的な効果があるだけで、長期的に見れば障害になります。しかし十分に自己認識することで、ヒーリングはいつでも可能になります。それは自分は癒やしを望んでおり、癒やされるに値するという信念を持つことから始まります。

金曜日の「取り消しましょう」について

核となる信念では「やってみましょう」と「取り消しましょう」が融合します。心の奥深くに抱く信念から逃れられる人はいないので、癒やしを求める際は、新しい信念をきちんと根付かせるために古い刷り込みを消さなくてはならないのです。再訓練には、訓練されたこととの解除が常に伴います。そのプロセスを始めるには刷り込みを捨てる必要があり、それが私たちの「取り消しましょう」の選択肢が焦点を当てていることです。有害な信念は、表層的なものではありません。それはあなたの細胞と、おそらくあなたのエピゲノムにさえ影響を与えており、ストレスや炎症のレベルにも大きく影響します。あなたの反射反応を決定付け、最終的にはあなたの機嫌、感情、人生観にさえ目につかないように織り込まれるのです。

これは、あなたが内的変容を遂げる決意をすることが必要な領域です。マインドフルなテクニックや瞑想を実践することで超然とした態度や自己認識がもたらされ、障害は取り払われます。あなたは怒り、恐怖、ストレス、動揺、絶え間なく劇的な状況を必要としない心の領域と一体化し始めます。これらが存在しない状態を経験すると、必然的に怒り、恐怖、ストレス、動揺、絶え間なく劇的な状況が当たり前であるような、たいていの人が陥っているもう1つの状態を疑問に感じ始めるでしょう。より高次の意識状態へと開かれていくことは生涯にわたる旅路であり、核となる信念はその1つの側面にすぎません。しかし、よいものに惹かれることは悪いものから遠ざかることと同じであることの一例として、非常に役に立つものです。

私たちが皆さんに取り消してほしいのは頑固さ、偏狭さ、マインドレスな習慣、時代遅れの信念、自分や他者にストレスをもたらすような考え方「自分たち」対「彼ら」という思考です。これらは、自己認識を拡張させることでしか取り消すことはできません。

正直、自己認識に関して懐疑的な人や中傷する人はいます。「自分の知らないことで心は痛まない（知らぬが仏）」という格言が真実でない理由はたくさんあるにもかかわらず、社会はこの格言を教え込みます。惰性は私たちを身動きが取れない状態にしてしまいます。自分の行動のよくない面を見るという恐怖は、否認の状態を促進するからです。こうした防御がどんどん進んでいくと、自分の問題を認識すればするほど傷つくだけだと信じやすくなってしまうのです。もし癒やしが過去の痛みを掘り起こすことだとしたら、努力をする人は確実にいなくなるでしょう。しかし全体像はそうではないようです。有害な信念に気づいてしまえば、戻ってくる痛みは元の痛みとは同じではありません――気づけばそれについて熟考し、意識的に対処することができます。あなたをコントロールする痛みは、あなたがコントロールできる痛みよりもずっとひどいものです。一方、平和で、痛みから解放され、自己受容するという経験は心地よいものであり、あなたを癒やしの道にとどまらせます。

信じる可能性がある要素は無限に存在していますが、ある1つの要因が「ネガティブな核となる信念」のすべてを結びつけていると私たちは信じています――その要因とは「自分を裁く」ということです。自分を裁くことは非常につらいものなので、人は罪悪感とそこから引き起こされる恥から逃れるためならどんなことでもするでしょう。ブルース・スプリングスティーンが、心の奥深くで「自分は人生においてあえて自分を愛そうとした女性を罰しているのだ」と気づいたとき、彼は最も苦しいタイプの裁きの1つを自分に下していたのです。自分を裁くことは、どう行動し、考え、感じ、ふるまうかということではありません。あなたが自分を何者だと信じているのか、まさに自分のアイデンティティの核心そのものをつくことなのです。

あなたが自分をどのような存在であると信じているかによって、ポジティブな影響とネガティブな影響の両方が生じます。もしあなたが心の奥で「私は是が非でも成功しなくてはならない」と信じているなら、あなたはポジティブな強い動機を得るでしょう。しかし、あなたが「成功とは無慈悲で、利己的で、人を傷つけるような行動に関わるものだ」と信じているなら、自分は無慈悲で利己的で人を傷つけるという選択肢しかないタイプの人間だという信念によって、あなたの動機は醜いものになります。これはあなたが自分の信念をコントロールする代わりに、自分の信念によってコントロールされることがどんな意味を持つかということです。「私は成功するために生まれてきた。自分を愛してくれる人など必要ない」というのは、自分はそもそも愛される人間かどうかという問題に向き合うことに対する防衛です。別のかたちの自己批判はたいてい「他に誰もやってくれないから、自分で自分の面倒を見なくてはならない」とか「自分がどれほど弱いかを誰にも知られたくないから、いつも攻撃的な態度を取り続ける」といったことに関わるものです。

愛とは、誰もが与えて受け取りたいと自然に願うものですが、自己批判することがこの願望を損なってしまいます。しかし自己批判だけでは立ち行かなくなります。自己批判を癒やす、4つの核となる信念があります。

・自分は愛情深く、そして愛されている
・自分には価値がある
・自分は信じて疑わず、安全で、不安がない
・自分は満たされている

あなたは「愛」「自尊心」「安心感」「充足感」という4つの領域で核となる信念をすでに持っています。たいていの人には、それらの純粋な感情を阻害するような混乱と妥協が存在し

ています。自己認識があれば「愛」「自尊心」「安心感」「充足感」を疑うことなく直接経験できるような心の次元を見つけることで明晰な状態に到達します。たとえば瞑想をした後、落ち着いて平和でいるときに、自分を裁いたりはしません。朝起きたときや、夜眠りに落ちる直前も同様です。こうした瞬間には「私が、私を、私のもの」を増強するすべての信念を備えたあなたのエゴの人格は引き下がっていますが、あなたの意識は引き下がったりしません。あなたは、ゆるぎない状態としての覚醒を経験しているのです。私たちはこの状態について、進化について述べる日曜日の項でさらに拡張していきます。今はただ、自己批判をやめるのは必ずしも難しいことではないということに気づいていただきたいのです。覚醒した状態に入ることは最も簡単で、いわば最も自然な状態なのです。

鏡で自分の姿を見た際に、どれぐらい愛されているか、愛情深いか、自分には価値があると感じられるか、安全だと感じるか、内側の充足感を経験しているか、どれぐらいの立ち位置にいるでしょうか。多くの人がこうした領域において欠けているものがあるとひそかに認めるでしょうが、どうすればいいのかわからないのです。まず、核となる信念をもって生まれてくる人などいないということを認識してください。人生が展開するにつれ、愛や自尊心、安全、充足感といったテーマが発展していくのです。社会はこのような領域に関して信頼に足る指導をほとんどしてくれないため、核となる信念は、感情に向き合っている「個人的な自己」の次元と、ビジョン・意味・目的を与えてくれる「高次の自己」の次元において決定されます。感情は私たちをプラスにもマイナスにもさまざまに揺り動かします。高次の自己は、常に私たちを中心軸に固定します。

したがって、核となる信念を癒やす方法は「高次の自己」の中にのみあります。「高次の」という言葉は多くのものを示唆しますが、何か手の届かない遠い存在という意味ではありません。このことについてはさらに述べるつもりです。ここでは、愛、自尊心、安心感、充足感を見つけることはプロセスである、とだけ言っておきましょう。そのプロセスに入れば、あなたは自分の内側でこうしたものを見出すでしょう。このことを心に留めて、核となる信念を癒やすことが、あなた自身の真の本質とつながることになるのです。こんなすばらしいことはありません。

SATURDAY

土曜日
もがかない

本日のお勧め――それぞれから1つずつ選んでください

☆やってみましょう

・寛大な態度をとる
・抵抗せずに状況に取り組む
・潔く行動する
・責任をシェアする
・うまく流れている状態を促進する

☆**取り消しましょう**

・必要ないところで抵抗するのをやめる
・他の人のやりたいようにさせる
・対立状態を軽減する手助けをする
・他の人の道から障害を取り除く
・協力状態を優先させ、競争しないようにする

「もがかない」という言葉はあまり聞きませんが、私たちは「手放す」「受け入れる」「流れる」という3つを包含するために使っています。「手放す」とは、悲嘆などネガティブな状態への執着や、かなわぬ望みなどに対するポジティブな執着など、あなたが執着しているものごとを手放すということです。執着していることによって身動きがとれなくなっているなら、その執着がポジティブかネガティブかということはさほど重要ではありません。「受け入れる」とは、現実は決して間違っていないという真実のことです。人の人生において現実はダイナミックで常に変化するものです。人生がどこへ向かおうとしていようが、た

とえ間違った方向へ向かっているように見えるからといって抵抗したとしても、それこそが展開していく方向なのです。「流れる」というのは、さまざまな出来事が自ら舵《かじ》をとってスムーズに流れていくものとして人生にアプローチすることです。

あなたの中で「手放す」「受け入れる」「流れる」が融合すると、もがかない人生を送ることになります。公式としては非常にすばらしいものに聞こえますが、社会は別の方向に強く傾けるような価値システムを私たちに押し付けてきます。とりわけ欧米社会では「手放す」というのは、闘いに負けた側がおこなうことであると教えられます。「受け入れる」ことは、あなたが望むことはかなわないというあきらめの感覚で、甘んじなければならないことを意味しています。「流れる」というのは川が流れるようなものと捉えられており、人生のつらい現実に直面するために必要なものではありません。

さらに大きな信念システムが、こうしたネガティブな含蓄の背後に存在します。それは、生き延びるためには「もがくこと」が必要である主張するのです。「もがくこと」には、旧約聖書の神話的な礎があります。それは有名なアダムとイブの原罪です。イブがアダムを唆《そそのか》して知恵の木の実を食べさせたとき、原罪は生まれました。最初の人類は突然、自分たちが裸であることに恥を覚え、神にそむいた罪に対する罰を受けました。原罪は壊滅的な出来事でした——神はアダムとイブを楽園から追放し、生涯にわたる労役と産みの苦しみを強いたのです。

宗教的な示唆は別にして、原罪の話は人間のありようについての説明になっており、そこには「もがく」か「もがかない」という選択が存在しているのです。私たちは皆、心の奥深くに「人生とはどのようなものか」また「人生はどうあるべきか」を言ってくる信念を抱いています。最後の一文は重要です。なぜなら、人生が「こうあるべき」だとしたら私たちにはそれを変える力がないことになるからです。ウェルビーイングの測定にギャラップ社が使用している幸福の3つの指標「苦しんでいる」「もがいている」「繁栄している」について考えてみましょう。世界には計り知れないほどの苦しみが存在していることは間違いありません。しかしそれは「私たちはこの世界で苦しまなければならない」ということと同じではありません。あなたの信念システムがそう言わない限り、そうではないのです。

今日は、あなたが「もがくこと」とのつながりや受け入れなくてはならない何かを検証してもらいます。皮肉にも生涯にわたってもがいてきた人々は、自分なりの方法で受けいれ、手放してきました。彼らが受け入れ手放したのは「もがくことは避けられない」という信念です。これと正反対の世界観は、痛みと快楽は互いに不可避的に結びついているため、苦しみから抜け出す方法は痛みと快楽のサイクルから脱することであるという仏教的なものでしょう。これを実践するために、人は永遠に不変で、永遠に平和で、心の絶え間ない動きも邪魔されることのない自己認識の次元を求めて探し出すのです。

この世界観は「もがかない」道を開いてくれますが、そこには独特の「しなければならない」ことがあります。探求者はマインドフルでなくてはならない、快楽の追求に背を向けなければならない、拡大した自己認識に焦点を当てなければならない、「もがかない」という目標は可能だと受け入れなければならない、といったことです。たいていの人が目標を達成できない理由は明らかです。それは、目標達成のために必然的に伴う「しなければならない」ことを守るのは難しすぎると考えるからです。仏教特有の教えについてはいったん脇へ置いておきましょう。日常的な観点からすれば、人はもがくのをやめたいと思っています。高次の信条や教えは必要とされていません――厳しい現実に対して無茶な試みをするという経験だけで、動機としては十分なのです。

魂を探求する瞬間が、最初に必要です。自分の人生において「もがいている」と感じる側面について考えてください。次に、予想される主な領域を挙げてみました。

◆自分自身に対して、もがいている
◆人間関係において、もがいている
◆人生を物質的に向上させようとして、もがいている
◆世界と外的な力に対して、もがいている

あなたのもがきは大きい小さいにかかわらず、右記の4つに分類されることでしょう。そしてもう少し考え続ければ、おそらくさらに多くの例が心に浮かぶことでしょう。中毒やうつ病などのひどい苦しみに陥っている人は、自分自身に対するもがきのグラフがあれば、最も極端な位置付けになるでしょう――もがきは「内側」にあるのです。怒りの爆発に抵抗しているか、もしくは宗教的理想（罪や誘惑を避けるなど）に従って行動したいと

思っている人は、中程度の自分自身に対するもがきを経験します。高度な自己受容と自尊心を保っている人は、理想的な体重を維持しようとか、若く居続けたいといった、もっと小さなもがきを経験します。要するに、ギャラップ社のカテゴリーの「繁栄している」に該当するときでさえ、もがいている領域を持たない人生はないのです。

もがきの表れ方はあまりに幅広いので、最も重要な問いが見過ごされてしまいます。それは「こうしたもがきの中で、本当に必要ものはあるのだろうか?」ということです。その問いに注意を払うことなく、人はそのもがきが必要であるかのように生き続けています。人は、そうしなければならないと感じるからもがくのです。これがどのように作用しているかを知るために、次に挙げる事項について考えてみてください。これらは、日常的なもがきの背後に潜んでいる心理的態度が表されています。

あなたはなぜいまだにもがいているのか?

・出口が見当たらない

・感情的にまずい状態にある（憂鬱、不安、無力感）

・自分の内側で葛藤と混乱を感じている
・状況が複雑である
・自分が悪い選択をしたので行き詰まっている——時計の針を戻すことはできない
・覚えている限り、ずっとこんなふうだ
・怖すぎて抵抗できない
・それは自分のことではなく、人生がつらいものなのだ
・深入りしすぎて、圧倒されてしまっている
・自分以外の誰かが状況をコントロールしている
・頼れる人がいない
・自業自得である

これらは、もがいている状態に陥る最も一般的な論理的根拠です。これらが苦しみであることは言うまでもありません。もしあなたが、ひどい離婚や破産宣言といった自分の対応能力が試されるような大変な状況にあるとしたら、リストアップしたすべての項目が、

ある時期において頭をかすめることでしょう。少し立ち止まって、あなたの人生においてつらかった時期に心の中で戻ってみてください。あなたが行き詰まりを感じ、身動きがとれなくなってしまっているようなことはリストの中にありますか？　論理的根拠は非常に強力です。なぜならそこには「ねばならない」という側面が存在するからです。そうでなければあなたは、なぜ自分が行き詰まっているのか合理的に説明することに時間とエネルギーを費やす代わりに、出口を見つけることでしょう。

私たちは、あなたがもがくのは自分のせいであると言っているわけではありません。避けることのできない状況というものはありますし、外的な力は常に働いています。解雇されたり、認知症の親の面倒を見なければいけなかったり、ティーンエイジャーの薬物使用に向き合ったりと、人生は数えきれないほどの試練をもたらします。しかしあなたは、そうした試練に「ねばならない」を添えることによって自分の困難を増大させているのです。「もがかない」という境地に到達することは、あなたの世界観から「ねばならない」を消すことなのです。

土曜日の「やってみましょう」について

人生は、あなたが選んだとおりに流れていきます——それが今日の「やってみましょう」で推奨していることの中心的テーマです。心身は妨げられることなく流れるようにできていて、情報はいたるところを自由に移動しています。プロセスは織り合わされ、同じ目的（生きることと繁栄すること）があらゆる細胞で共有されています。その流れが遮られると、心身は抵抗と障害に遭うのです。これは心身の内側の状況ですが、あなたが何かしらの理由で、もがく必要性を受け入れると決意したとしましょう。いったん「ねばならない」が入ってくると、それはウイルスのように広がる傾向があります。あなたの態度は周囲に影響を及ぼして「ねばならない」はそれ自体の道を突き進み、あなたの置かれる状況は自分の内的世界を映し出します。

同様に体の全細胞がそうであるように、あなたが「人生はそれ自体で展開していくことができる」と信頼すれば、外的な世界はあなたの内的な世界に従い始めるでしょう。「楽観」「許し」「無抵抗」「寛容」「自己受容」これらもまた広がりうるのです。この現象は、実際に検証することによってしかわかりえません。すでに社会学者たちは何とかそれを検証しています。ライフスタイルの選択に関する最大のデータベースの1つに1948年に始まったフラミンガム研究があり、マサチューセッツ州のフラミンガムという町の5200人の住民を対象にしたものです。研究の主な目的は心臓血管の健康ですが、データをふるいにかけるうちに説明のつかない発見が明らかになったのです。

ある人が心臓発作を起こす全リスクには、家庭環境も含まれます。家族に喫煙者がいたり、座りがちな生活習慣だったり、肥満の家系の人は自分の人生においてもそのようなライフスタイルを取り入れる可能性が高くなります。このかなり明白な関連性を拡大すると、もしもタバコを吸ったり、座りがちな生活を送ったり、肥満の友人グループにその人が属しているなら、その人もそうなる可能性が増加します。しかし、説明のつかない部分が、友人の友人に関することです。喫煙のように特定のライフスタイルを選択する傾向は、あなたの知人の輪の外側でも増えるのです。たとえば、もしあなたの両親、あなた、そしてあなたの友人たちがタバコを吸うなら、あなたの両親や友人の知人たちもまた、たとえあなたが会ったことがなくても、タバコを吸うリスクは増えます。言い換えれば、習慣は広がりうるのです。

習慣にはよいものも悪いものもあるので、もしあなたが、心臓病リスクが減少するような愛のある家庭で育ったなら、あなたは愛情豊かで、愛情豊かな友人がおり、またどういうわけか、彼らの友人も愛情深い可能性が高いということを知ってもさほど驚きではないでしょう。よって、フラミンガム研究のデータも、きちんとした説明がつかないにもかかわらず同様のことを示しているのです。私たちのポイントは、もしあなたが受け入れ、手放し、ものごとを流れるままにさせるという姿勢を身につけているなら、その影響は広がりうるということです。あなたのまわりの現実で「もがくこと」が減り「もがかないこと」が増えることでしょう。

こうした可能性を証明するためには、私たちが「やってみましょう」リストに挙げた項目を試すことによって、自分自身で検証する必要があります。もし、あなたが介入し、干渉し、コントロールし、全面的に責任を負い、他者にどう行動すべきか指示するといったことが求められている状況に気づいたら、その状況があなたの介入なしによい解決へ向かって流れることができるかどうかを見る完璧な機会として認識してください。たとえ結果が完璧でなかったとしても「もがかないこと」がいかによい作用をもたらすかを知って、あなたは驚くでしょう。「流れる」ことは現実的な現象であり、あなたが確信すればするほど、自分のすべての「もがき」の背後にある「ねばならない」ことが、こだわり続ける必要のないものだったことをさらに認識できるでしょう。

土曜日の「取り消しましょう」について

もし「流れる」ことが実際の現象だとしたら、なぜそれが常に流れている様子が見えないのでしょうか？　なぜなら私たちは人生をコントロールしようとして、自分の内側で抵抗と妨害を作り出してしまっているからです。だからといって、この欲求に関して自分自身を責めることはできません。生き残るために自分ができることをするというのは生来備わっている回路のようなものであり、ペースが速い今日の世界において、私たちのほとんどが超サバイバル状態で生活しています。それが現実的かどうかにかかわらず、私たちは自分のまわりの世界をコントロールしたいと思っているのです。今日の「取り消しましょう」でお勧めしていることは、あなたの抵抗が起きるときに気づけるようになるということに焦点を当てています。とりわけ次のような場合に、あなたは「流れ」を止めているのです。

自分、もしくは他者にとってのストレスを作り出す
自分は正しく相手や他の人たちは間違っていると主張する
ものごとを決めつけたり裁いたりする
自分のやり方以外は認めない
外部の声に耳を傾けることを拒む
公の場で他者をやりこめたり自分より下に置いたりする
自分の倫理観を押し付ける

今日は、こうした行動が、職場や人間関係、もしくは家族生活において、突然どのようにして現れるかについて注意深く気をつけてください。私たちは皆、自分の行動を正当化するものなので、他の人がこのような行動をするかどうか観察するほうが簡単かもしれま

せん。そして自分が演じている役割について熟考すればよいのです。たとえば、映画やテレビ番組についての言い争いのようなささいなことが「自分は正しい」対「相手は間違っている」という争いに及んだとしたら、その綱引きには、綱の両端に人がいるわけです。自分が流れを遮っていると気づくたびに立ち止まり、邪魔にならないようにしてください。これは文字どおり、遠ざかることを意味するかもしれませんし、もしくは行動を変えることかもしれません。世界の叡智の伝統において、「外側にある現実」は「内側にある現実」を映し出しているとされます。どんな状況も自分自身が映し出されたものであるということを完全に受け入れていてもいなくても、障害を取り除いて抵抗するのをやめ、そして外的状況が自発的に変化するかどうかを自分のために観察してください。

生命は自立している

もし心身が無数のすばらしい方法で自分自身の面倒を見るよう進化しているとしたら、それはあらゆる所で当てはまることでしょうか？　その問いはスピリチュアルな方向を示しています。なぜならそれは、生命自体が人類を支援するようにできているかどうかという問いだからです。私たちはそれほど特別な存在なのでしょうか？　スピリチュアルな伝統においては、東西ともに「そうである」という答えです。魂、もしくは高次の自己が本当に存在するものだと教えることで、何代にもわたる賢者、聖人、スピリチュアルな師たちは、ある基本的な真実を認めてきました。

・無作為なものは何もない。あらゆる経験が、壮大な計画に適合している
・壮大な計画は、意識の中に埋め込まれている
・知っていようがいまいが、誰もがその壮大な計画とつながっている
・その壮大な計画のどの部分に自分が属しているか理解するには、自分の意識を拡大させなくてはならない

あなたがその「壮大な計画」についてどう定義したとしても、世俗的な社会においてこうした教えは完全に失われています。神の計画、魂の償還、カルマ、涅槃《ねはん》といったどんなものも、現代の世俗的なひな形には合いません。２つの世界観は衝突し、その余波は日常

生活に及んでいます。スピリチュアルな世界観によれば、人間は宇宙の心に支配された宇宙の中で育まれています。現世的な科学的世界観によれば、人間は宇宙の漆黒の空間に浮かぶ塵《ちり》であり、水素原子やビッグバン後に現れた偶然の産物としての銀河系の次元に存在するものです。この2つの世界観の間に妥協はありません――その選択は二者択一です。

これは理論上真実なのですが、私たちは日常において曖昧な態度をとっています。次のような表現をどれぐらい聞いたことがあるでしょう？

・偶然や事故は存在しない
・実際のところ偶然の一致というものはない
・すべては必然的に起きている
・自分が何を願うか気をつけよ
・人によかれと思ってよい行いをしても悪い結果になる
・まいた種は刈り取らなければならない

あなたはこれらのうちいずれかを信じることができますし、また渋滞中に追突されるのは事故であると信じることもできます。私たちの心は両方の現実に存在していて、好きなときに両方を行ったり来たりしています。誰かが「すべては必然だ」と言うとき、それが暗に意味するのは、日々の出来事には隠れたパターンがあるということです。この隠れたパターンはしばしば姿を垣間見せるのですが、それはたった一瞬にすぎません。今ではたいていの人が、偶然の中に意味を見出す「シンクロニシティ」という言葉を知っています。徹底した無神論者であり、科学者でもあったフロイトは、高次のパワー、魂、スピリチュアルな経験、シンクロニシティといったものを必要としませんでした。フロイトと袂を分かった弟子ユングは「シンクロニシティ」（意味のあるつながりを持ちながら、直接的因果関係のない2つの事象）という言葉を生み出しましたが、師を説得することはできませんでした。

次は「Physics Forum」というウェブサイトからの引用です。

2人の友情が初めて危機を迎えたのは1909年の春、次のような出来事からでした。ユングはウィーンのフロイトのもとを訪れ、予知と超心理学について意見を求めました。しかしフロイトはあまりにも物質主義的であり、ユングを怒らせるような言い方でそれらのテーマを拒絶しました。そのとき、妙なことが起きたのです。フロイトが出ていこうとすると、ユングは自分の横隔膜が燃えているように感じ、そのときビシッという大きな音が隣室から聞こえてきたのです。ユングはフロイトに、これこそ超常現象の絶好の例であると告げると、フロイトはそれでも否定しました。そのときユングは、まもなくまた大きな音がするだろうと予言しました。そして彼は正しかったのです。2度目の大きなひびが入るような音が本棚から聞こえました。フロイトは混乱したままであり、この出来事によってユングに対する不信感がつのりました。

その日に起きたことはいったい何だったのでしょう？　シンクロニシティと超常現象の間の境界線は、元々曖昧なものでしたが、さらに大きな問題とは「私たちの心は『すぐ目の前にある』現実に影響を与えるのか？」ということです。私たちが「自分が何を願うか気をつけよ」といったことを信じていること自体、この問いに対するひそかな答えになっているのです。内的そして外的な現実がつながっているということを完全に受け入れるためには、次のような信念を持つことになるでしょう。

神はいつも耳を傾けている
私たちは意識的な宇宙の中に生きている
人間の心は宇宙の心が映し出されたものである
どんな祈りも聞き届けられる
一生懸命に願えば、夢はかなう

つまり、日常生活において私たちは皆「外側」と「内側」に対する分裂した思いを持っているのです。「外側」にある世界は、自分は何者であるかを映し出している、または自分が「内側」で望んでいるものを映し出しているものであるとわずかでも信じる心があれば、あなたは真実を検証することができます。本項で、私たちは「もがかないこと」が真実であり現実であると述べてきました。あなたのまわりにはさまざまなもがきが存在しているにもかかわらず、存在「しなくてはならない」もがきなど1つもありません。これは、あなたが高次の意識を目覚めさせるうえで、最も深遠な認識の1つかもしれません。あなたは自分自身の個人的な旅をすることによって「もがかないこと」を経験できます。「内側」と「外側」の境界線はそもそも存在しないのです。心身が全体として機能する際の絶妙さは「生命は自立している」ということを物語っています。他の証拠など必要ありません。人は高次の意識へと向かう旅路にあると言うと高遠なもののように聞こえますが、真実はもっと謙虚なものです。その旅は、すべての細胞を維持するような、信頼、受容そして流れる状態へと私たちを導いてくれます。

SUNDAY

日曜日
進化する

本日のお勧め——それぞれから1つずつ選んでください

☆やってみましょう

・シンクロニシティ（意味のある偶然の一致）に注意を払う
・日常の語り口調をよりよいものに変える
・思いやりを表現する機会を探す
・愛と感謝をオープンに表現する
・寛大な精神を持つ

☆**取り消しましょう**

・恐れる心の声に抵抗する
・最悪を予期している自分に気づいたら、そこから意識をはずして中立を保つ
・繰り返されるネガティブな思考があれば、その思考が本当に自分の役に立っているか過去の遺物なのかを自問する
・感情的に動揺していると感じたら、もっと落ち着けて、自分の中心にとどまれるような静かな場所を見つける
・自分をインスパイアし、高めてくれる人々との交流を求める

日曜日は、自分の中の最高の価値について熟考するのに適した日です。誰にでも熱望があり、誰もが意義と目的に満ちた人生を望んでいます。こうした願望の結果が明らかになるには何十年もかかります。しかし結局、老齢に達しても充実感を得ている人々は後悔、欲求不満、郷愁を持って人生を振り返る人々よりも（寿命が同じだとしても）より質の高い人生を味わうでしょう。私たちは、ストレスや炎症のようなネガティブな影響が時間の

経過とともにいかにして蓄積されていくかについて本書のほとんどのページを費やして述べてきました。しかし、個人的成長にも同様のことが当てはまります。魂は、1日1日徐々に成熟していきます。その場合、人生は誕生から死にいたるまで上昇曲線を描くものになります。ではこのビジョンはどうすれば現実化するのでしょうか?

心身に対する私たちの全システム的アプローチは、生涯にわたって恩恵をもたらしてくれることになる「ヒーリング・ライフスタイル」として開花しました。最後のステップは全システム的アプローチを人生そのものに対して用いることですが、そのためには包括的なビジョンが必要になります。宗教は、まさにそのようなビジョンを提供しています。次のように、熱心な信者なら言うであろう人生のすべてに適用される言葉について考えてみてください。

・すべては神の思《おぼ》し召《め》しだ
・信仰が私を成し遂げさせてくれる
・神は広大無辺に慈悲深い

・自分でまいた種は自分で刈り取る
・人間は計画し、神が成敗する

これらは信仰を包括的に表しているものであり、もしあなたがそれを忠実に守るなら断固たる無神論者とはまったく異なる方向に人生全体が向かっていくでしょう。無神論者が向かっていくのは、また別のタイプの包括的な主張であり、それは次のようなものになります。

・宇宙は無作為な出来事によって支配されている
・奇跡は作り話である
・宗教は不合理な迷信である
・選択は、理性と論理に基づいている必要がある

人生に対する全システム的アプローチは、パッと見て推測するよりずっと一般的なもの

であることが容易に見てとれます。宗教の問題はおいておくとして、多くの人は「家族がすべてだ」とか「成功は10%がインスピレーションで90%は努力だ」といったことを言います。しかしヒーリングに適用されるような、同様のマインドセットは存在するのでしょうか？　あなたは日々の出来事を前にして、人生全体に適用される包括的ビジョンを持ち続けることができますか？

その目的にかなう最善のビジョンが「進化する」ことです。進化とは、単細胞微生物や藍藻《らんそう》（どちらも何十億年前から存在します）から、生まれる赤ん坊や今この文章を読んでいるあなたにいたるまで、あらゆる形態の生物について説明している理論です。もしあなたが生涯にわたって進化することができるなら、あなたは包括的なビジョンを確実に手に入れたということになるでしょう。今日、私たちがお勧めすることは、あなたの個人的成長・進化と、それをいかに最大化するかということに焦点を当てています。まずは、ダーウィンの進化論のことは忘れましょう。これは種の保存と滅亡に限定されたものであり、非常に大きな枠の生態系に関するものです。ダーウィン主義は、剣歯を持つトラが太古の祖先から生まれ、そして最終的には絶滅した理由について説明します。しかしダーウィン主義は、個体としての1頭の剣歯を持つトラについては何も語っていません。

なぜかというと、生存と絶滅は植物群および動物群全体に広がる遺伝子変異によって支配されているからです。もし変異が生存において優位になるなら、その種の中に組み込まれます。人類は、大昔にこの仕組みから離脱しました。私たちは身体的な剛健さだけで生き延びるのではなく、弱さにしっかり対応し(たとえば医療保障制度や退職金など)、身体的な戦いで配偶者を得ることもありません。詩人も、重量挙げの選手も、同じように配偶者を得る機会が与えられているのです。

ホモサピエンスはどのようにして、またなぜ進化したのかについては多くの議論がありますが、ここでは触れないことにします(その点に関しては、私たちの前作『スーパー遺伝子』でまるごと1章をあてています)。ヒーリングという目的のためにきわめて重要なのは、たった1つのことです。それは一人ひとりの個人的進化です。個人にとっての進化は、今まさに起こっています。私たちはこの点の妥当性について、生涯にわたる経験が遺伝子活性に影響を与えるような刻印をいかに残すかということを示したエピジェネティクスの中ですでに提示しました。研究者の中には、父親、もしくは母親からのエピジェネティックな刻印が赤ん坊の人生観をつくるとさえ考える人もいます。

こうした手がかりは正しい方向を指し示しており、人間の脳の進化についても同様です。伝統的に、脳は最も古い部分から最も新しい部分まで3つの部位に分かれているとみなされています。この3つの部分から成る脳を、英国貴族の邸宅スタッフのようなものとしてイメージすることができます。この場合、その3つの部位に住んでいるのは心です。貴族の邸宅では常に行事がおこなわれ、私たちは領主、もしくはその夫人として、脳のあらゆる部位と連絡を取り合う召使いたちを監視しています。階下では、最も古い脳である爬虫類脳、もしくは低位の脳がせわしなく働いています。この部位は約5億年前から存在していて、闘争逃走反応や性欲といった生存に関する本能を担っています。この本能は魚や原始的爬虫類に最初に現れました。少し上階にのぼると、感情や心のつながりを担う辺縁系《へんえんけい》があります。これは、2億5000万年前に哺乳類が最初に生まれたときに現れました。哺乳類は、私たちが知る限りでは人間の感情と類似する能力を持つということです（たとえばゾウは死んだ仲間に対して悲しみを感じ、ネズミイルカは病気やケガをした仲間を助けます）。辺縁系は、楽しい経験やつらい経験を覚えるという能力を獲得したようで、私たちが楽しい経験を繰り返したがり、つらい経験を避けたがる欲求はそこから生じました。最上階には、最も新しい脳の部位である大脳皮質《だいのうひしつ》があります。ここはエリート召使いたちが館《やかた》の主《あるじ》を待つ場所です。私たちが考えて決断することのすべてが、ここで管理されています。大脳皮質は、木の皮のように脳のまわりを取り囲んでいます（cortex：大脳皮質は、ラテン語で「樹皮」を意味します）。あなたがじっと考え込むとき、額にしわが寄りますが、奇妙なことに「しわ」「割れ目」「溝」のおかげで、ホモサピエンスは思考することができるようになったのです。ラットやマウスの大脳皮質は滑らかで、ネコの大脳皮質は表面にでこぼこが現れ、霊長類になると溝が現れ始めるのです。高等霊長類やイルカのような進化した種は、さらに深くて複雑な溝（groove）を持ちます。しかし、人間の大脳皮質の精神活動の豊かさに対応する、複雑な地図が折り込まれている「生体折り紙」とでも言うべきものに勝るものはありません。言語、音楽、美術はここで生まれるのです（シェイクスピアとモーツァルトは文字どおり「すばらしい groovy」です！）。

私たちが主張しているのは、本当のあなたはこうした脳の領域における活動のいずれにも当てはまらないということです。本当のあなたは、こうした活動——心の中のあらゆる感情、思考、空想――を観察している邸宅の領主とその夫人なのです。高次の脳を個人的な進化につなげているものは、非常にユニークで謎めいたものです。それは、自己認識する能力なのです。自己認識とは「私は誰？」という問いと「これが本当の私だ」という定義の中間、つまり自己不信と自制の間にある膨大な領域に及びます。人間は、鏡を見て、自分で生成されたイメージに困惑するほど幅があることに気づきます。自分自身を見るとき、私たちは広範囲に及ぶ心理学的特性を選ぶことができます。そこには次のようなものが含まれます。

自己満足、傲慢、利己的、自分の過ちに気づかない
自己不信、謙虚、利他的、自分の欠点を痛感している
内向的、思慮深い、静観的、非社交的
外向的、挑戦的、競争的、社交的

こうした特性はうまく組み合わさって存在しており、それぞれの特性において極端に反

対のものがあります。実際、非常に多くの組み合わせの可能性があるため、地球上のすべての人に一人ひとり独自のプロフィールを割り当てることができるのです。自己認識がなければ、私たちは自分の独自性に反してステレオタイプや類似したものになってしまうでしょう。これまでの習慣と条件付けは、マインドフルネスな状態も追い越してしまいます。うまくやっていくために相手に従うことが習性になってしまうのです。人はこうした外的な力が優位に立つと、事実上生きたロボットとして存在することになり、機械的に人生を送るようになってしまうでしょう。

人間は自己認識しているから、単に生きているだけではなくなるのです。私たちはまた、自分の人生が展開していくのを見つめるということもしています。ザトウクジラやキリンやパンダの神経システムの中に入り込むことは不可能ですが、こうした生物はそれぞれの種に特有の意識を持っているといえます。トラやライオンがスズメを求めて芝生の上をうろうろする飼いネコと同属なのは、単に身体的に類似しているからだけではありません。彼らは行動によってつながっていて、その行動はネコ科がどのように世界を知覚しているかということに帰着するのです。ネコ科の動物はハンターであり、うろつく習性があり、こっそりと動くことができ、獲物にとびかかる前に忍耐強く身をかがめるといった行動をとります。

今日お勧めしていることは、人類が意識と独特な関わり方をしていることについての探究を中心に展開しています。大げさな表現だとはわかっていますが、結局のところ、人類の意識が進化できるかどうかという点しだいで、地球は繁栄したり、衰退したりするでしょう。人間の意識が進化すれば、地球温暖化も安定し、もしかしたら好転できるでしょう。もし進化しなければ、惰性が私たちをさらなる災難の危険へと導いていくでしょう。

日曜日の「やってみましょう」について

進化するためには「新たな観点が、どの地点でそれまでの自分の観点を超越するかに気づく」という習慣を身につける必要があります。日曜日の「やってみましょう」でお勧めしていることは、まさにそのような変化に関することです。自分をそれまでに慣れ親しんだ観点から解放してしまえば、まったく新しい次元の気づきが可能になります。この瞬間、誰もが自分の頭の中の物語を生きています。よい1日を過ごせれば、その物語にポジティブな何かが付け加えられ、悪い1日を過ごせば物語はひそかに傷つきます。日常生活の浮き沈みは、勝つか負けるか、愛か憎しみか、リーダーになるか追随するか、といったあなたの物語のテーマに左右されます。

私たちが生きていくうえでのテーマは、よく知られていて、かなり標準的なものです。というのも私たちは「家族」「友人」「社会」から、そうしたテーマを吸収しているからです。

あなたの個人的な物語はどのようなものか

あなたが毎日強化しているテーマ

「マインドフル」か「マインドレス」
「与える」か「受け取る」
「楽観的」か「悲観的」
「支援する」か「依存する」
「勝つ」か「負ける」
「愛情深い」か「愛がない」

「繁栄する」か「もがく」
「魅力がある」か「魅力がない」
「活動的」か「受動的」
「援助する」か「妨害する」
「行動的」か「思索的」
「渇望している」か「満足している」
「孤独好き」か「社交好き」
「捜し求める」か「しがみつく」
「指導者」か「追随者」
「進歩」か「惰性」
「用心深い」か「リラックスしている」
「大胆」か「臆病」
「受容する」か「挑戦する」
「断固としている」か「優柔不断」

人生は、ポジティブなテーマとネガティブなテーマの両方を強化することによって導かれています。なぜならどちらのテーマも個人の物語を構成する要素だからです。テーマがなければ、物語はかたちのはっきりしないものになるでしょう。しかしポジティブなテーマもネガティブなテーマも、同じ欠点を共有しています。つまり、あなたを自分の物語の内側に固定させてしまうことです。たとえば勝つほうが負けるよりよいですが、もし私たちが世界の叡智の伝統を心に留めるなら、勝つことと負けることは正反対であっても互いに依存し合っているということがわかります。よって、勝者はいつでも最終的には敗北に向き合うことになります。楽観主義は、最終的には破綻します。愛することも、最終的には絶望へと向かいます。あなたがこの二元性として知られるテーマと自分を同一視するのをやめて、対極にあるものに依存しない、二元論ではない方法で人生に対峙するようになったときに進化が起こるのです。私たちが述べているのは、私たちの気づきの奥底に潜む「意識」の根源的な特性についてなのです。

意識の核となっている特性

知性的　進化的　創造的　自己組織的　自己認識している　知っている
自立している　慈悲深い　生き生きしている　真実である　ダイナミック　美しい

人間は、こうした特性は現実的で身につけることができると気づくことで意識的に進化することができます。それが「やってみましょう」でお勧めしていることが目指しているものなのです。先にたくさん提示した特性のいずれかと一体になれたら、あなたは自身の個人的な進化へと向かっていることになるでしょう。しかしこれはエゴによる選択を超えるものでなければなりません。なぜならエゴによる選択は二元性に基づいているからです。嘘ではなく真実であろうとすることに対するエゴ的な理由は、利益を得るか、リスクを避けるかというものです。「それによって私にどんな利益があるのか？」というのは、基本的なエゴ的質問です。意識の核となっている特性は、個人のアイデンティティを超越します。そうした特性は心自体、つまり「生きて、意識を有している」という純粋な本質に適用されるのです。

今日、あなたは、たいていの人が受け入れて生きる指針にしているものの代わりに、こうした根源的なテーマに基づく物語を築くと決意することができます。二元性は不安定なものです。与えられるものは、奪われもします。あなたが最も望んでいることも、絶望に終わるかもしれません。好きは嫌いに変わりますし、その逆もまたしかりです。なかには「私は勝者だ」とか「私は脳天気だ」といった表層的な物語でさえ、大きく見せる人がいます。しかしいずれにせよ、自分自身と同一であるようなテーマに基づいた物語を人は生きているのです。

今日、私たちが皆さんにお願いしているのは、同じ物語を生き続けつつ、より高次の観点から自分自身を見つめることです。そうすることで初めて、「慈悲心からの行動」や「愛や感謝の表現」といった、揺らぎなく永続する価値に基づいた物語にするという選択をおこなうことができるのです。真の変容のためには、あなたの物語は進化しなくてはなりませんし、あなたの意識が進化しない限り、あなたの物語は進化することはできないのです。

日曜日の「取り消しましょう」について

誰もが、自分自身の物語を信じています。たとえそれが現実からかけ離れてしまっていても、です。心の底では自分には魅力が足りないと思っていて、不安になっているファッションモデルについて考えてみましょう。彼女たちの自尊心は、にきびが1つできたり、しわが初めてできたりすることによって揺り動かされます。惨敗したチームにいながら、いまだ勝者のように感じているプロ野球選手について考えてみましょう。彼にとっては、勝つということはそもそもメジャーリーグに入れたことなのです。私たちは感情的な理由から、自分の物語にしがみつきます。したがって日曜日の「取り消しましょう」リストで私たちがお勧めしていることは、感情的なつながりから解放されることです。不安、危険、心配、悲観、苛立ち、不満を感じさせるようなつながりは、進化を阻んでいるのです。

ここで有用なのは「感情の体」という考えです。そこには細胞があなたの物理的な体を維持しているのと同じように、あなたを作りあげている根深い感情も含まれます。自分の感情の体に、愛され、安全で、安定し、楽観的な感覚が含まれている人もいれば、一方で正反対に感じている人もいます。自分の物語をもっとよいものにしようとするなら、理想は、私たちがまさに論じてきた意識の核となっている特性に基づいたものであるべきです。しかし、もしあなたの感情の体が傷ついていたら不可能です。なぜなら、あまりにもギャップが大きくなってしまうのです。

感情の体は癒やすことができます。過去に苦しんだ傷を消すことは、誰もが取り組める実行可能なプロセスです。症状を突きとめるのは簡単です――繰り返される強いネガティブな思考が、感情の体の痛みの症状です。ネガティブな思考を感情の体から追い払うための、最善かつ最も簡単なテクニックのいくつかを見ていきましょう。

①自分のネガティブさに早めに気づく

いったん憂鬱や不安の中に深く沈みこんでしまうと自らを元気付けることは難しくなってしまうので、ネガティブさの最初の兆候に注意しましょう。苛立ち、怒り、欲求不満、心配、悲観主義へと気分が移行していることに気づいたら、即座に一息つきましょう。数回深呼吸をし、自分の中心に意識を向けてください。感情が通り過ぎるにまかせ、外に散歩に出かけるなど、どこか静かで心地よい場所に身を置きます。

②外的ストレス要因を避ける

たいてい、よくない思考はストレスがあると起こります。もし可能なら、ネガティブな人、職場の緊張する状況、テレビの悪いニュースなど他、ストレス要因から遠ざかるべきです。よくない思考は、強化されると入り込んできます。よって、もし避けることが可能なら、誰にも、どんなことにも、あなたの悪い気分を強化させないようにしてください。

③内なる対話を活発化させる

約75~80%の人が、頭の中で独り言を話しています。そしてなかには自分の内側での会話が聞こえる人さえいます。頭の中の声が、心配、恐怖、怒り、罪悪感、恥、自尊心の欠如を引き起こすようなことを言うときは、少し立ち止まり、その声に向かって「それはもう私ではない」と言い、よくない思考が消えるまで繰り返してください。「もうこれは必要ない。私のためにならない」と言ってみるのもよいでしょう。

④ポジティブで楽観的な人と付き合う

気分を落ち込ませるような友人や家族は誰にでもいます。そういう人々は悲観的だったり、文句が多かったりします。彼らは、最悪のシナリオや失敗に目を向けるよう主張します。私たちは、惰性によって、こうした人々から離れないでいます。そして時に、逃れられないような状況に陥るのです。しかし、ポジティブで楽観的な人々と友情を育むことは可能です。社会学研究によれば、すでにポジティブな態度や行動を取り入れている人々と友達になると、あなたもまた同様の特質を身につける可能性が高くなるということです。

⑤「思考の置き換え」戦略を試す

認知療法（感情よりむしろ思考や信念に取り組むアプローチ）の中心的テクニックは「それは本当に真実なのか？」と問いかけることによってネガティブな思考を問題にすることです。たとえば、もしあなたが苛立ちを感じ始め「何の役に立つんだろう？　絶対にうまくいくはずがない」と考えたら、こうした思考を現実に対して検証します。自分に対して「実際、ものごとは自分にとってよい結果をもたらすことがある。私は辛抱強さで成功してきた。これもそういう状況の1つかもしれない」と言うのです。

ここでの秘訣は、具体的に、そして自分自身に正直になることです。ネガティブな思考が湧いてきたら、その思考の正当性に異議を唱えましょう。「誰も自分のことを愛してくれない」と言う代わりに、「母親は自分を愛してくれているし、よい友人たちも自分のことを好きでいてくれる。誇張や自己憐憫《れんびん》から自分を慰めているのではない」という思考に置き換えましょう。思考を置き換えるアプローチに慣れてしまえば、その効果に驚くことでしょう。気分は思考によって変わるもので、預金額が思ったより多いと嬉《うれ》しくなり、クレジットカードの支払額が思っていたより倍もあると不安になるのはそのためです。

⑥中心に軸を持ち、超然としていること

「超然としている」というのはポジティブな状態です。無関心や倦怠《けんたい》と同じ状態ではありません。無関心や倦怠ではなく、あなたは自分の内側に中心軸を置いており、そうすることで心を揺さぶられたり、感情的に取り乱したりすることなく、目撃者として状況を見ることができるようになるのです。瞑想を習慣化することで自然に超然とした状態が備わってきます。なぜなら、心が自分の中心で安定していて、静かで揺らぐことのないレベルを経験すると、そこに自由に戻る方法を簡単に身につけられるからです。

⑦「不愉快な」感情は手放す

これまで述べてきたように、ネガティブな感情には心身とのつながりがあり、あなたはそれを物理的に感じることができます。怒ったり泣いたりした後、体が落ち着くまでに少し時間がかかります。これは、すぐにはなくならないさまざまなホルモン、ストレス反応、その他の生化学物質によるものです。さまざまな方法によって、その除去プロセスを促進させることはできます。

・安定した深呼吸をする
・横になって休息する
・外を歩く

・トーニング（低いうめき声、うなり声、叫び声など自然に発生する音を出るにまかせておくテクニック）
・深いため息を繰り返す

誰でも対処するスキルが必要で、これらは最も有用で効果のあるものです。重苦しい思考があなたの1日まで曇らせてしまう必要はありません。そこからどう抜け出すか、あなたにはよい選択肢があるのです。

最も高次の進化

ここ数十年の間に、何百万という人々がスピリチュアルな道に進み始めました。戦後まもなく始まった組織的な宗教団体の着実な衰退は、今の世代の人々がスピリチュアルではないということではありません。スピリチュアリティとは「体と心」の統合を超えて、「体と心と魂」の統合へと向かうことです。人はスピリチュアルな道に一歩踏み出すと、それによって自分はどう変化するか、人生はどのように改善されるか、内面の暗い側面は光で満たされるか、といったことを知りたがるようになります。

私たちは実用的な理由から、本書でこうした問いについて論じることはしてきませんでした。ルディとディーパックはともに「魂」「スピリット」「高次の意識」「宇宙の心」の存在を受け入れています。しかし、それらは論議を呼ぶ信念を土台に作られた、異論の多い言葉です。なぜなら、それは人間が作った概念であり、それらが概念以上のものである保証などどこにもないからです。「超越」つまり二元性を超えた領域の経験についてはどうでしょうか？ 現実において、私たちはスピリチュアリティを議論から置きざりにしがちですが、スピリチュアリティは現実と切り離すことはできないのです。最も高次のスピリチュアルな経験を含む、あらゆる経験は心身を通して理解されます。神の存在を感じる人は、私たちの誰もが持っているのと同じ神経システムを通してそれを感じているのです。よって、体と心を統合するヒーリング・ライフスタイルは、永遠の可能性への扉を開くのです。

人類の進化には「生き残ること」「感情的なつながり」「理性」が包含されてきましたが、越えるべき新しい領域がまだあるのです。進化の最も高次の状態には、たった1つの要求しかありません。それは、高次の脳がすでに表している「自己認識」というものです。進化の最も高次な状態は、魂との一体感、神の恩寵《おんちょう》、神との一体感、救済、悟り、天国へ行くなど、さまざまな言葉で表現されています。最も古い言葉は、何千年も前のインドに遡りますが、enlightenment（悟り）です。しかし、この最も高次の状態に到達することがどのような感じがするのかということについては、どの用語でも巧みに避けられています。スピリチュアルな道の特性は、一歩を踏み出しても、どこへ向かっているのかわからないということです（だから、インドの伝統では道なき道について語られているのです）。目的地は変わり続け、漠然としており、消えることさえあります。

私たちの考えでは、その道の予測不可能性を回避することはできません。最初の一歩を踏み出した「自己」は、目的地にたどり着く「自己」と同じではありません。日常生活において、この事実はすでに当てはまっています──乳児、幼稚園児、小学生、思春期の頃のそれぞれの自己は消え去っています。だから、今日あなたが自分だと思っている自己が、進化によって何か新しいものに姿を変えたとしても、それは憂慮すべきことではないのです。古い傷や悪い記憶といった過去の重荷にもかかわらず、私たちは心身のあらゆるレベルで再生するようできているのです。新しい思考と新しい細胞は常に、古いものに取って代わるのです。

とはいうものの、進化において最も高次の状態に到達するとはどのようなものかという尺度はあります。それは、ついに自分が自分自身であると感じることであり「存在」にたどり着くことです。客観的でありながら情熱的に、自分の本能、恐怖、欲望、ランダムな思考が心に湧いては消えるさまを観察することができるようになります。これが自然にできるようになるとき、あなたはもう思考、感情、決断などを通して激しく揺れ動くような、心の絶え間ない活動にはまり込んではいません。真の自己は、次のような古代インドの寓話が説明するように、このような心の活動によって覆い隠されているのです。

6頭の馬にひかれた馬車が道をくだっていきます。馬車の中から、静かな声がささやきます。「止まれ」。御者はこの声を聞いたことがなかったので驚きました。彼は腹立たしげにさらに速く馬を鞭打《むちう》ちます。再び、馬車の中から静かな声が「止まれ」とささやきます。御者はますます狼狽《ろうばい》して、馬をもっと速く走らせます。しかし彼は馬車の持ち主に一度も会ったことがないことに気づくのです。馬車の中の人は持ち主に違いありません。彼は手綱をひき、馬車は止まります。

寓話の中で、御者はエゴであり、6頭の馬は五感と心です。すべてが止まったときだけ、彼らは魂がすべての主人であることに気づきます。瞑想すると、心が静まるという経験をすることができ、よって真の自己と出会えるのです。完全な覚醒状態に入るには時間がかかりますが、これが特別な経験であるとあなたは直観的に知っています。別の比喩としては「気づきの光」というものがあります。実際に、自分の内側に光を見る人もいるのです――たいていは瞑想中に起こりますが、必ずしもそうとは限りません――そしてこの気づきの光による引き付ける力がなければ、真の自己は、自らを覆い隠す精神活動を乗り越えることは決してできないでしょう。エゴと五感はあなたに注目してもらいたがります。真の自己は優しく招いてくれます。

世界の叡智の伝統が、なぜ心の静けさをこれほど重んじているのか理解しにくいかもしれません。静けさ自体に価値があるわけではないのです――心理学的観察によれば、頭の中で心の声が聞こえない人は約20%いるそうです。どうして聞こえないのか、または聞こえないことがよいことなのか悪いことなのか、誰にもわかりません。静けさは、その内側にあるものを調査して初めて価値あるものになるのです。自己認識が拡大すると静けさが花開き、その静けさの中に根付いているのが、核となる意識の特性です。創造性、知性、知っているという感覚、その他すべて、あなたが生まれながらに持っている権利です。完全に抑圧することも、ましてや抹消することもできません。ただ意識的になることだけで、あなたはそうした特性を得られるのです。しかしそれらが存在する場所――あなたの源――に気づくには、目覚めるという行為が必要です。描写されうる他のすべての自己とは異なり、真の自己は「純粋な源」「純粋な気づき」「純粋な存在」なのです。

意識は、あなたが経験している世界を創造するために、あなたの脳を使っています。あなたの現実は、あなたが気づいているものと経験しているものに限定されています。すべての人類は可能性で永遠に満たされた意識を持つ種になるよう進化してきました。しかし最も高次の進化は、あなたと完璧に合致した現実に生きることです。これは究極のヒーリングであり、完全なる全体性を実現した状態です。それでもそのような可能性が存在するということが、何によって証明されるのでしょうか？　世界の叡智の伝統は、それを証明できるのは、一人ひとりの個人でしかないと教えています。どのようにして証明するのでしょう？　それは「目撃すること」（これは「セカンド・アテンション」とも呼ばれています）として知られるマインドフルな状態へと、自己認識を進化させることによってです。

超然とした場所から目撃するとき、あなたはもはや自分の人生の細部をコントロールしようとはしなくなり、心配したりもがいたりすることもなくなります。それは完全に受け身な状態のように聞こえるかもしれませんし、また目撃をねつ造しようとすれば、それは受け身な状態でしょう。もしあなたが、あるレストランに本当に行きたかったのに到着してみるとすでに閉店していた場合、もしあなたが競争に心から勝ちたかったのに1位になれずに終わった場合、もしくは、あなたにまったく興味がない人のことを好きになってしまった場合、あなたは「自分にはどうしようもできないことだから、どうでもいい」と言って反応をねつ造したかもしれません。これは、あなたが本当に感じたことと矛盾している強制された態度です。真の目撃者は、心の奥深くの源にいるのです。目撃者は、完全な静けさのある場からあらゆる経験を観察しています。次のような理由から、喪失や落胆が入り込む余地はないのです。

・あらゆる経験は、微細な次元において至福に満ちている
・あなたが経験するのは全体性であり、光と影のたわむれではない
・あなたはこの世界に個人的な利害関係を持っていない
・あらゆる状態における意識の働きは、あなたのすべての注意をひきつける
・最も簡単に言い表せば、あなたはサーカスの舞台監督だ

もし目撃することが「心」の自然な状態ではなかったら、こうしたことのすべてが真実ではなくなります。すべてはスピリチュアルなフィクション、もしくは希望的観測になるでしょう。スピリチュアルな経験が本物であるかどうか、あなた個人としてどのように決めますか？　この長年の問題を解決できる答えが私たちにはあるのです。

「自己の引力」

スピリチュアルな経験は他の経験と同様、実際に経験してみることで実証されます。聖者も賢者も、すべての人と同じ神経システムを持って生まれてきたのです。彼らがより高

い意識へと到達した理由は、魔法でも何でもありません。彼らは「自己の引力」と呼ぶことのできる、内的な力を感じることができたのです。超自然的なものは何も関係していません。来る日も来る日も、彼らは「対立」より「平和」を選び、「否定」より「気づき」を選び、「愛でないもの」より「愛」を選んだということです。こうした特性は魅力的であるため、それがすべての人をひきつけるのです。

しかし、別の力もまた私たちをひきつけます。現代社会は非常にあわただしくてストレスに満ちており、それが無数にある気晴らしによって緩和されている状態であるため、意識に基づいたライフスタイルはうまくいかないように見えます。瞑想リトリートに行くと、こうした喧噪《けんそう》とは著しく異なった経験ができますが、家に戻れば日常生活の影響を避けることはできません。

今日のあなた自身を見てみましょう。あなたは、義務や家族や仕事の要求にどのぐらいの時間を費やすでしょうか？　あわただしく動き回ることで、どれほど疲れるでしょうか？　あらゆることから気をそらすために、どれほどの気晴らしを求めるでしょうか？　実際問題、これが日常生活の影響なのです。心は、あらゆることに遅れずについていくための、絶え間なく続く活動の騒音でいっぱいです。一度の瞑想だけでは、内的静けさと自己認識から引き離すものごとに反撃するのに十分ではありません。

世界の叡智の伝統では、そのような障害も十分に認識されていました。ブッダの時代の古代インドに生きていた人でも、今日の騒がしい都会の真ん中に生きている人でも、落ち着きのない心というものは常に存在してきました。その解決法はいつでも、自己の引力を管理することでした。言ってみれば、あなたがこの内なる磁力に自分を同調させると、あなたのインスピレーションが何年、何十年、そして生涯にわたって成長し、発され続け、進化し続けることが可能になるのです。

自己の引力とは、あなたの注意を外側の状況から新しい方向へと向けることを意味しますが、それはあなたが自分の外側の世界を無視したり、抵抗したりすることを暗に示しているわけではありません。無視することは、否定の1つの形態です。抵抗することは、あなたが避けようとしているものごとの影響力を強めるだけです。そうではなくて、私たちが今話しているのは「内側」の世界と「外側」の世界の間の新しい関係性についてなのです。この関係性を、両端に指標を持つ目盛り付きの物差しとしてイメージしてみましょう。

1つの端では、外側の世界の引力が完全に支配しています。そのとき人生は、次のような特質を必然的に持つことになるでしょう。

・安全と感じられず不安で、次に来る外的脅威から自分を守るために、常に油断なく警戒している
・自然の巨大な力に直面した無力感
・社会的な規範と行動に順応することで自分を守らねばならないというプレッシャー
・人生で唯一喜びの感覚を刺激してくれる外的な楽しみを常に必要とする
・病気、老化、死に対する恐怖

たいていの人は実際、このように極端な状態で機能しているわけではないため、これはすべて日常的な経験から遠くかけ離れているように聞こえます。なおかつ、私たちはこの物差しのどこかの目盛りで不安とストレスを経験し、非常に大きくて空っぽの宇宙に存在している非常に小さな存在であることから生じる不安感によって圧倒されるように感じる

こともしばしばです。外側の世界の引力は私たちに物質的世界を最優先させるよう仕向け、人生においてあらゆるものがいつでも壊れうるという脅威の中で、安全と幸福を見つけようともがきます。スリルを求めることや、娯楽という催眠や、成功したいという欲求といった不安感を隠す方法はあります。しかし、こうしたものを外側の世界に求めることによって、自分の注意力が外的なものに支配されてしまうだけなのです。

もう一方の端においては、自己の引力が完全に手放されています。そのとき人生は、次のような「完全なる悟り」の特性を持つでしょう。

- 自分の中心で安定している内側の静けさが、外側の状況に影響されず一定の状態に保たれている。ここから完全な安全の感覚へと向かう
- 自分自身の気づきが、人生で味わえることになっている喜びと充足を与えてくれる
- 自分自身を「移ろう世界の中の静止した点」として捉えているので、変化はもはや脅威ではない。経験は自分という存在の状態を変えることなく、自分を通り抜ける
- 自分は今、永遠の中に生きている。そこでは老化も死も無意味である――それらは、

変化という幻想の一部として立ち去ってしまった

・自分の源から真の自己を生きることによって、常に「創造の源」と「新たな可能性」と共鳴している

・自分自身の内側でもがくことがなく、他人と対立することもない。なぜなら純粋な意識の全体性が「光と影」、もしくは「善と悪」をめぐる揺らぎを含む、相反するもの同士の揺らぎを打ち消しているから

この境地は別世界といえるほど遠い話に聞こえるかもしれませんが、あなたの注意をこの方向に向けるようなどんな経験も「自己の引力」によって引き起こされたのです。注意を払えば、あなたが安全と安心を感じる瞬間はたくさんあります。人生が美しく見え、心は静かで安らかで、後悔や心配から解放され、過去は悪い記憶をもたらさず、自分の人生とその中にいる人々のことを容易に受け入れて感謝し、内なる喜びが沸き上がり、高次の存在があなたを包んでくれるような瞬間です。

誰もが、指図されなくてもそのような経験を価値あるものと考えます。そうした経験は

それ自体満足感を与えてくれるのです。その感情が2日続くものか、2秒しか続かないものかは関係ありません——経験は時間の感覚を忘れさせてくれます。もしくは、さらに正確に言うと、あなたは時間をすり抜けて今ここにある別の場所へと移るのです。

もし進化したいなら、瞑想とポジティブなライフスタイルを選択することが大切です。しかしあなたが自己の引力に注意を払わない限り、進化が真の意味で根付くことはないでしょう。人間は瞑想、祈り、ポジティブ思考、賢い師やメンターの影響に、単に脳のプラグを差し込むことで配線を変えられるようなロボットではありません。そういったものを軽視しているわけではなく、世界の叡智の伝統の中でこれらは高い価値を持ったものと位置付けられています。しかし人生という状況や環境は、常に外側の世界からの引力の結果です。その外側の世界は騒々しくて、ある日は幸せなのに翌日は悲しいといった具合に落ち着かず、予測できない割合の苦しみと喜びで満ちているのです。自己の引力は静かですが、日々の状況の浮き沈みに気づきません。変化のさ中で変化しないものを見つけることは、長いこと「意識の進化」における典型でした。あなたが毎日気づくことのできる自己の引力は、変化しないものを生きた現実にする秘訣なのです。

「自分の内側」にある現実に注意を払うことが、目撃する能力を開発する方法です。そのプロセスはシンプルで自然です。何の秘教的な教えも関わっていません。スピリチュアルな経験というのはすべて、真の自己を垣間見ることです。まず真の自己を観察し、そしてそれを愛情深く包み込み、最後にそれ（真の自己）になるのです。その変容は、無理のない流れに従って起こるので、抵抗は起きません。

ヒーリングについての本の締めくくりで、真の自己は人生のゴールとして掲げられなくてはなりません。私たちは先に、心の騒がしい活動は大きな館の召使いたちのようだと言いました。その召使いたちに優しく退出許可を出したとき、領主とご夫人は館のすばらしさを満喫することができるのです。心の領域と同様、外側の世界も彼らのものです。もはや制約は何もなくなり、スピリットは絶対的な自由を享受して輝きを放つようになるのです。T・S・エリオットの詩「リトル・ギディング」から有名な一節を引用しましょう。

私たちは探求をやめないだろう

そしてすべての探求の終わりに

探求を始めた地点に到着するだろう

そしてその場所を初めて知ることになるのだ

エリオットが言う「場所」とは、私たちの内側にあります。そこで自分は誰なのか、そして常に何者であり続けてきたのかを見出せるのです。それが私たちの真の自己であり、治癒する自己なのです。

アルツハイマー病の現状と未来

ルドルフ・E・タンジ

本書の終わりに、私はいかなるセルフケア法や医学もこれまで成し遂げることのできなかった病気を「治す」ということに言及し、強い希望の兆しで締めくくりたいと思いました。加齢に対する社会通念はずいぶん改善されたにもかかわらず、たいていの人は老化に対して恐れの気持ちを持っています。それはアルツハイマー病という迫りくる不安のためです。寿命は着実に延びていますが、いわゆる「健康寿命」はそれよりも10年も短いことがしばしばです。アルツハイマー病の脅威だけがその理由ではありません。なぜなら他の病気も、特にがんがそうですが高齢者に多い疾患だからです。しかし、アルツハイマー病ほど恐れられているものは他にありません。2012年に、マリスト研究所が1200人を対象におこなった世論調査によると、44％の人がアルツハイマー病を最も大きな健康上の不安であると回答しており、それに対して33%の人はがんが最大の不安であると答えました。アルツハイマー病の何が一番怖いのかという問いには、68%の人が「家族や愛する人々の重荷になること」を挙げました。次いで32%の人が「自分の人生や愛する人々の人生から記憶が失われることの恐怖」であると回答しました。

私は科学者としての職業人生をアルツハイマー病の原因と治癒の可能性を見つけることに捧げてきましたので、この病気について詳細にわたって説明したいと思います。アルツハイマー病はごく最近になって急展開し、おそらく決定的な変化を遂げた興味深い推理小説のような展開を見せています。

アルツハイマー病よりひどい病気はなかなか想像できないでしょう。私たちは全生涯を、子宮から墓場にいたるまで観察し、学び、創造し、愛しつつ、1つの経験から次の経験へと移っていく旅に費やします。こうした経験によって、私たちは個人として形作られ、人格が形成されます。自分の友人や愛する人々が、彼らの人生において自分をどのように大切な人間としてみなすかということも、こうした経験によって定義されます。脳の神経ネットワークは、私たちの経験や経験に対する反応を記憶として記録します。私たちが見たり、聞いたり、触れたり、味わったり、においったりするあらゆるものが「自分は何者か」を定義する神経の結合や相関作用が織りなす豊かなタペストリーとして、論理的に前後関係のある文脈にします。このタペストリーという織物のおかげで、私たちは世界と関わることができるのです。実際に五感で感じるすべてのものが、神経に伝わった未加工データを3次元世界のイメージに転換する脳の力に依存しています。

しかし年を取るにつれ、無慈悲な破壊者のようにアルツハイマー病は忍び寄り、知らぬうちにこの神経のタペストリーの糸を1本また1本と引き裂き始め、アルツハイマー病患者は友人や家族の見分けがもはやつかなくなり、彼らも患者のそばにいながら、その人が失われていくのを無力に見ていることしかできなくなるのです。アルツハイマー病は心を盗む冷淡で無慈悲な泥棒であり、犠牲者の人間性を容赦なく根こそぎ剥ぎ取って脳と切り離され生気が吹き込まれなくなった体と精神だけが取り残されるのです。初期から中期のアルツハイマー病患者においては長期記憶が比較的よく保たれていることもあり、たとえば結婚式の詳細を思い出したりもするのですが短期記憶はひどく損なわれています。知覚情報は新しい経験をするたびに脳に入ってくるのですが、アルツハイマー病患者は情報を前後関係のある文脈に置き換えたり、経験を分刻みで記憶したりすることが困難になり、末期患者になると秒刻みで記録することも困難になるのです。

結果として、次のような症状になります（さらなる詳細はアルツハイマー病協会のウェブサイト www.alz.org 参照）。

1. 日常生活の行動に支障をきたすような記憶障害。とりわけ短期記憶に問題が出る
2. 支払い時の数字の計算などで、問題を解くことが困難になる
3. ゲームをする、お気に入りのレシピに従って料理するといった慣れ親しんだ行動をする際に困難が生じる
4. 季節や月、特定の場所にたどり着く道順といった、時間や空間に関する混乱
5. 読むこと、運転すること、距離を割り出すことの困難
6. 会話についていったり参加したり、言葉を見つけることの困難
7. 冷蔵庫に車の鍵を入れるなど、物の置き場所を間違え、おかしな場所で見つかったりする

8. 判断力や決断力が弱まり、電話での販売などに簡単にだまされたりする
9. 趣味や地域のスポーツチームへの参加など、普通の活動をやめてしまう
10. 疑い深く、被害妄想的になり、家を出ることを極度に不安に感じたり恐れたりする

1906年、ドイツ人精神科医で神経病理学者のアロイス・アルツハイマー博士が、55歳の女性患者アウグステ・データーの症例を取り上げ、この病気の特徴について述べたのが最初のケースになります。アウグステは60歳以前の、今でいう若年性アルツハイマー病にかかり「Irrenscholoss（狂人の城）」と呼ばれるバイエルンの精神科病院に入院させられていました。若年性アルツハイマー病という珍しいケース（アルツハイマー病全体の5％以下）は、ほとんどの場合3つの異なる遺伝子（アミロイド前駆体タンパク、プレセニリン1、プレセニリン2をコードするもの）における変異によって引き起こされ、これらの3つの遺伝子はすべて、1980年代と1990年代にマサチューセッツ総合病院とハーバード・メディカル・スクールにて、私と同僚が共同で発見したものです。実際、これらはアルツハイマー病の遺伝子として初めて発見されたものでした。この3つの異なる遺伝

子は250もの異なる遺伝子変異を保因しており、早い時期に、たいていは60歳以前に病気が発症することを確定します。

今では、アウグステにはプレセニリン1遺伝子の変異があったことが知られており、また私のハーバードのクラスメイトで神経科学者のリサ・ジェノヴァの著作で、映画にもなった『アリスのままで』で知られるアリスも同様です。アルツハイマー博士は日記に書いていますが、病室に初めて入ったときアウグステはベッドの端に座っており、面談で明らかになったのですが、彼女は記憶喪失と幻覚に悩まされているということでした。アルツハイマー博士はまた、多くの入院患者やスタッフが、夜遅くにアウグステの「ああ神様、私は自分を失ってしまった！」という苦悶《くもん》の叫び声で起こされたとも記しています。その描写だけで、この恐ろしい病気を完璧に定義しています。この病気はその人の自己というものを奪うのです。

現在アルツハイマー病はますます、驚くべき勢いで広がっており、米国や他の先進国においては流行レベルといえるまでに達しています（この蔓延は英語で「シルバー・ツナミ（津波）」と名付けられています）。2016年時点で米国内には550万人のアルツハイマー病患者がいます。２０１７年にはアルツハイマー病に関連する認知症によって医療制度に約２５９０億ドルの負担がかかり、そのうち約１７５０億ドルはメディケア（訳注：アメリカの高齢者および障害者向け公的医療制度）とメディケイド（訳注：アメリカの低所得者・障害者向け公的医療制度）が支払うことになるでしょう。この意味はメディケアの受給金の５分の１近くはアルツハイマー病患者にすでに支払われているということで、85歳になるまでにアルツハイマー病の症状を示す確率は30〜40％ということです。７１００万人のベビーブーマー世代がハイリスクの年齢に向かっており、アルツハイマー病単独で医療制度全体を崩壊させる可能性があるのです。

概して私たちは皆、年を取れば取るほど知的に衰えていくものです。50歳や60歳を過ぎると、名前や言葉を思い出すのが大変になり始めます。また、どこに物を置いたかわからなくなったり、いわゆる「年寄りの物忘れ」を経験したりするようになり始めます。それでも脳が衰え始めるからといって、うろたえる必要はありません。老化による欠点は、より賢くなり、穏やかで落ち着きが出ることで埋め合わせられます。年寄りの物忘れが必ずしもアルツハイマー病の始まりというわけではないと知れば、もっと安心していられるでしょう。鍵を間違った場所に置くくらいなら大丈夫です——たいていは気がそれていた、注意を払っていなかったというだけです。しかし、もし帰宅後に車庫でエンジンをかけたままの車に鍵を置きっぱなしにするなど、そうした上の空の出来事が頻繁に起きるとしたら、脳の健康について心配する必要があるかもしれません。

しかし、その根本原因は40歳を過ぎると文字どおり誰にも始まる脳のわずかな病変ではないかと主張する専門家もいます。ハーバードの神経科学者である私の同僚カーク・ダフナーは、多くの人は年を取るにつれ「少しばかりのアルツハイマー病の症状」は出るかもしれないと考えています。それは心臓のまわりに動脈プラークが少しぐらいあっても、必ずしもうっ血性心不全になるわけではないのと似ています。

こうしたことはすべて恐ろしいことのように思えるかもしれませんが、よいニュースとは、認知症を起こさずに、脳内の少しばかりのアルツハイマー病の症状に対処することはできるということです。私たちはこれを「レジリエンス」と呼んでおり、脳の平衡を保とうとする能力を利用します。ラッシュ大学のアルツハイマー病研究者のデイヴィッド・ベネット博士は、この病気を「高速道路で事故が起きたときの脇道」になぞらえます。「あらゆるものが完全に停止するので、あなたは高速道路を降りて脇道をぶらぶらと進みます。それでも目的地に到達できるのです」。その旅は時間がかかるでしょうが、目的地には到着できます。ベネットはまた、脳画像化によって観察されたアルツハイマー病の病変に耐性があり、認識機能障害や認知症の症状を何とか避けることができた人々がいることにも注目しました。そのような人には、「人生の目的、誠実さ、社会的なネットワーク、刺激活性を持っている場合が多く、こうしたすべてが脳が蓄積している病変が何であろうと、それが発現しないように保護してくれていると思われます」。

アルツハイマー病がもたらすダメージがあるにもかかわらず、脳のレジリエンスの土台をさらに理解するには、この病気を定義する正確な病状について理解する必要があります。アルツハイマー病には次のような3つの大きな特徴があります。

1. **老人斑**：脳内の神経細胞のまわりに堆積する、β《ベータ》アミロイドと呼ばれる粘着質の大きな塊

2. **もつれ**：神経細胞内で形成され、神経細胞を死滅させる、ねじれたフィラメント
3. **神経炎症**：老人斑、もつれ、死にかけた神経細胞に対する脳の免疫システム反応。免疫システムの治癒反応の一部として働く一方で、この炎症は「味方からの誤爆」によってさらに多くの神経細胞を死滅させることになる

何十年もの間、これら3つの病変が互いにどのように関わっているのか、どれがどれを引き起こしているのか、もしくはどれが一番先に起きるのか、わかっていませんでした。この謎は主に、マウスにおけるアルツハイマー病の病理と症状を再現するという初期の試みによって生じました。研究者らは人間の特定の家系で発症した若年性アルツハイマー病の突然変異遺伝子をマウスのゲノムに挿入しました。マウスには老人斑は生じましたが、もつれはできませんでした。このことから、老人斑がもつれを引き起こすのかどうかについての激しい論争が20年にわたっておこなわれることになったのです。私と同僚たちが発見した最初のアルツハイマー病遺伝子のすべてがアルツハイマー病はもつれを引き起こす老人斑によって始まるということを示していましたが、これはマウスのモデルでは証明す

ることができなかったのです。

論争は激化しました。アミロイド斑は本当にアルツハイマー病の原因なのでしょうか？　家族性のアルツハイマー病遺伝子のすべてがそれを示していましたが、一方マウスの研究によっては示されませんでした。アルツハイマー病の治療や予防への影響力は膨大なものでした。私は以前このことについて、２００１年の著書『痴呆の謎を解く――アルツハイマー病遺伝子の発見』（文一総合出版）の中で書きました。当時そのテーマは解決には程遠いものでしたが、それ以来さらに多くの学びがありました。私はアルツハイマー病のマウスのモデルから導かれた結果だけを信頼することはできないと思いました。人間は、68キロのマウスではないのです！　そして２０１４年にハーバードの同僚ドゥー・ヨン・キムとともにその問題をきっぱりと解決しようと決めました。私たちは、『ニューヨーク・タイムズ』紙の大見出しで「皿の上のアルツハイマー病」と呼ばれたものを作り出したのです。これは肝細胞テクノロジーを用いて、小型人間の脳オルガノイド（人工的に作られた細胞、もしくは組織の塊）を育てたものでした。私たちはあらかじめ若年性アルツハイマー病の遺伝子変異を、人工的脳組織へ入れておきました。不思議なことに皿の上の小型脳は、老人斑をたった6週間で形成したのです。継続中の議論に関してさらに重要なことは、老人斑ができてから2週間後に人間の神経細胞は有毒なもつれでいっぱいになったのです。ドゥーと私が老人斑を止める薬を使って脳を治療すると、もつれは作られなくなりました。

私たちの研究が権威ある科学誌『ネイチャー』に掲載されると、その分野の誰からも反論されませんでした。議論が終わったのです。老人斑は、神経細胞を死滅させることになる有害なもつれを引き起こす原因だったわけです。『ニューヨーク・タイムズ』紙は、このブレイクスルーを「画期的」で「根本的変化をもたらす」ものとしました。今、アルツハイマー病の薬の発見が、マウスを使っての研究時と比べて10倍早いスピードで10倍安く実現することが可能になったのです（この発見によって、キム博士と私は、2015年のスミソニアン・アメリカン・インジェニュイティ・アワードの革新と発明部門で最高賞を受賞し、また私は『タイム』誌の2015年に世界で最も影響力のある100人に選ばれました）。

さて、重要な問題に戻りますが、何がアルツハイマー病に回復力をもたらすのでしょうか？　1つの要因として、本書の冒頭で言及した「認知的予備力」が挙げられます。たとえば高等教育を受けることで、人が蓄積し学ぶ知識の量が多ければ多いほど、脳内のシナプスの数も増えます。アルツハイマー病患者の認知症の度合いはシナプスの喪失に最も密接に関連しているため、シナプスの数が多ければ多いほど問題が始まる前に失っても大丈夫なシナプスの数も多くなるというわけです。このように新しいことを学び続けるという行為は、年を取るほど非常に重要になるのです。引退後の計画を立てる際は、資金のことだけでなく、認知的予備力についても考えてください。

おそらくレジリエンスの本質についての最も重要な情報は、80〜100歳の間に認知症的な問題を持たずに亡くなったものの、検視してみると老人斑やもつれがアルツハイマー病のレベルを示していたという個々の人々からのものです。こうした幸運な人々に共通していたことは何でしょう？　このようにレジリエンスがある脳には、神経炎症が見られません。老人斑、もつれ、死んだ神経細胞がたくさんあるにもかかわらず、脳の免疫システムが炎症反応を示さなかったというわけです。その結果アルツハイマー病にならなかったのです。2008年、私たちはCD33として知られる新しいアルツハイマー病関連遺伝子を発見しました。このCD33は、あるタイプの免疫細胞の表面に「シグレック3」と呼ばれるタンパク質をコード化します。同僚のアナ・グリシウックと私は、後にこの遺伝子が神経炎症を起こすスイッチであると考えました。私たちはそのとき、たいてい40歳以降に脳内に現れる老人斑やもつれに反応し、多かれ少なかれ神経炎症を引き起こすことによってアルツハイマー病のリスクを増やしたり減らしたりするこの遺伝子の変異を見つけました。

このような研究の結果、今では多くの製薬会社が神経炎症を抑制するためにこうした遺伝子に向けた薬剤治療を開発しています。そのような薬剤はアルツハイマー病の治療に有効なだけでなく、パーキンソン病や脳卒中といった他の神経疾患にも効果があるのです。

こうした情報をすべて合わせると、老人斑はマッチのようなものであり（頭のけがもまた、たとえば慢性外傷性脳症のような他のかたちの認知症におけるマッチとなります）、一方もつれや老人斑が損傷する神経細胞は、脳内の学習と記憶を司る部位で広がる山火事のようなものだということが立証できます。しかし神経炎症が一度起きてしまうと、それは大きな森林火災のようなものであり、このときに致命的な認知低下と認知症の症状が始まるのです。

こうした知識を得て、まずアミロイド斑を止めなくてはいけないということが今ではわかっています。脳画像研究により、老人斑は認知症の症状が表れる10~20年前に形成されることがわかっています。これは主に、老人斑を対象にしたこれほど多くの治験がなぜ失敗に終わっているかの理由になっています。治験はすでに症状がある患者におこなわれるので、つまり少なくとも対処が10年遅すぎるということなのです。それは心臓発作を起こした後で、うっ血性心不全と診断された人がコレステロール値を下げようと決めるようなものです。コレステロールのことは10年前に取り組まなくてはならないことです。今日において老人斑防止治療は、アルツハイマー病の非常に軽度な初期段階や、病気のプロセスが始まりかけた、脳内に多くの老人斑を持つ発症前段階の個人において試されているところです。

こうした治療においては、アミロイド斑の完全除去を目指すべきではないと私は警告をしてきました。オーストラリア人の同僚ロブ・モイヤーと私は、キュア・アルツハイマーズ・ファンドの援助を得て、粘着質のアミロイド斑は実は脳をウイルスやその他の感染から守るのに役立っていることを発見しました。実際ウイルス、バクテリア、酵母は老人斑の形成を急激に生じさせるのです。このことは、脳を守るための自然な手段として感染性の微生物に反応して老人斑が形成されるという、アルツハイマー病の原因についての新しい理論を示唆しています。

アルツハイマー病の予防と治療にとって新しい理論はどのような意味を持つでしょうか？　いつの日か、非常に早いうちから脳内でアミロイド斑の堆積を促進する感染に狙《ねら》いを定めることができるかもしれません。もしかすると、脳画像とおそらく血液検査によってアミロイド斑がどの時点で危険なほどの高レベルで蓄積しているのかを見極め、抗アミロイド薬を用いて標的にできるかもしれません。そのような薬剤は現在製薬会社によって研究がおこなわれているところで、また私が所属するボストンのマサチューセッツ総合病院のような研究所でも開発がおこなわれています。

症状が出る10～15年前に脳内における老人斑の蓄積を止めるのと同じタイミングで、老人斑に反応してもつれが形成され広がるのを止めるというのが最適な方法でしょう。最も重要なのは、適切な患者に、適切な薬を用いて、適切なタイミングで治療をすることです。すでに認知的症状や認知症を抱える患者は神経炎症を抑える必要があります。老人斑ともつれに狙いを定めるだけではもう遅すぎるのです。

こうした薬剤が誕生するまで老化に伴うアルツハイマー病のリスクを減らすために、私たちは日常生活において今何をすることができるでしょうか？　次にお勧めするのは、リスク軽減に最も効果のあることです――私たちがヒーリング・ライフスタイルのためにアドバイスしていることと同じであることにお気づきでしょう。ここではさらに詳細な内容を述べることにします。

・**地中海式食事をする**：これは果物、ナッツ、野菜、オリーブオイルを多く摂り、赤身の肉は最小限にするか食べないようにして、タンパク質の代替源（たとえば、魚、もしくは私のように菜食なら豆類、豆腐、マッシュルームのマイコプロテイン）を摂る食事法のことである

・**一晩に7、8時間の睡眠をとる**：脳がアミロイド斑のようなゴミをきれいにするのは、

夢（レム睡眠）の後にやってくる最も眠りが深いとき（デルタ波もしくは徐波）である。このときにまた、短期記憶が長期記憶と統合される

- **毎日運動する**：もし電子距離測定デバイスがあるなら、1日に8000から1万歩を歩くことを目標にする。もしくは毎日1時間、早歩きをする。運動中、アミロイド斑は脳内で分解され、神経炎症は弱まり、アルツハイマー病に最も影響される部位であり、短期記憶を司る海馬で新しい神経幹細胞が生まれさえする
- **ストレスを減らす**：瞑想やその他のテクニックを用いてストレスを管理することで、コルチゾールのような有害な神経化学物質から脳は守られる。瞑想の臨床試験において脳からのアミロイド斑除去を促進し、炎症を弱めるような遺伝子発現の変化があることも示された。また人は年を取るにつれて名前や言葉を思い出せなくなるとき、だんだんストレスを感じることが多くなる。とりわけアルツハイマー病の始まりではないかと心配になる場合はなおさらである。皮肉にも、このストレスが脳内で神経細胞を殺すコルチゾールを作ることになり、おそらくアルツハイマー病のリスクを高めることになるのである

・**新しいことを学ぶ**：新しいことを学ぶことで、脳内で新たなシナプスが作られ、認知的予備力が強化される。年を取ったら、楽器を弾いたり外国語のレッスンを受けたりといったチャレンジをすべきであるが、利き手ではない手で歯磨きをしたり、いつもの通勤ルートを新しく変えてみたり、ドキュメンタリーを見たり、講義に参加するといった小さなこともするとよい。あらゆる学びは、すでに知っていることに新たな情報を結びつけることを基盤にしているので、新しいシナプスを作るだけでなく、すでにあるシナプスを強化することにもなる。そのうえ新しいことを学ぶと、特定のシナプスや現存する神経経路によって記録された情報にアクセスするための新たな神経経路を作る。クロスワードパズルや脳ゲームは、新しいことを学ぶのと同じ目的を果たしていないということは言及する価値があるだろう

・**社会的な関わりを持ち続けること**：孤独はアルツハイマー病のリスク要因として認められている。社会と関わりポジティブで支援的な社会ネットワークに参加することで、アルツハイマー病のリスクの高まりに対する防御になることが示されている

がんに関する楽観的な考察

がんは、それによって引き起こされる恐怖のために一種独特の脅威とみなされていますが、心臓病や肥満と同様にヒーリング・ライフスタイルを送ることが最適な対処法になるのです。心臓病や肥満と比べて、がんについては楽観的に感じにくいものです。恐怖は強い力であり、そこに不合理さが加われば、なおさら強力なものになります。しかし驚くべきことに、がんは実のところ希望と楽観の領域へと着実に入りつつあるのです。

1971年に米国の連邦政府が「がんとの闘い」を宣言した後、結局それは治癒への希望を消すという結果を招くことになっただけであり、皆が感情の激しい起伏を味わうことになりました。「私たちは日々進歩している」という声が絶え間なく聞こえてくるにもかかわらず、展望は開けていないという認識はいまだ広がっています。

これは大きな誤解であり、恐怖の力がいつまでも消えないでいることを反映しています。2017年にアメリカがん協会はがん罹患率《りかんりつ》について発表しましたが、1991年のピーク時から2014年までの間にがんによる死亡は全体として25%減少しているそうです。

しかし、この減少の理由は全面的な治癒と結びついているわけではありません。がんは1つの病気としてではなく、たくさんの病気が一度に発生しているかのように作用するということが発見されて以来、ここ数十年は全面的な治癒という目標は断念されています。最近のがん死亡率は、少しずつ減っています。アメリカがん協会のサイトから引用すると「入手可能データのうち最新の10年間のものを見ると、新たに診断されたがん罹患率は男性では約2％減少し、女性はほぼ横ばいであった。がんによる死亡率は、男女ともに毎年約1．5％減っている」とのことです。

さらに時を進めて2017年の最終的な統計によると、約170万人があらたにがんと診断され、60万人ががんによって死亡となっています。さらに簡潔に言えば、最終的にがんで死亡する患者は3人のうち1人だけということなのです。これは楽観主義にとってのよい指針となります。

長い間、患者はがん自体と同じぐらい「がんの治療」に対して恐れを抱いていました。現代のがん治療の初期に腫瘍学が固執していたのは、がん細胞は正常細胞よりずっと速いスピードで増殖するという基本的事実でした。したがって体全体にとっては有毒な薬剤を投与することが、がん細胞をより強力に攻撃することになるというわけです（抗がん剤の最初の形態の1つに、死にいたらしめるマスタードガスがありました。これは第一次世界大戦で使用された悪名高いものです）。この論理によって、もし悪性腫瘍を1つ残らず撲滅したかったら、たとえ一定数の患者が死ぬことになるとしてもがんを撲滅するために患者にひどい苦しみを味わわせることは正当化されました。今日の化学療法はがん細胞にもっと正確に狙いを定めたものであり、ずっと安全なものになっています。さらに重要なことに、病気の遺伝的基盤に狙いを定めるという新しい論理が念頭に置かれて、化学療法は展開しているのです。

しかし同様に重要なことは、考え方の大きな変化でした。2015年の『ランセット』誌に掲載された記事は、1世代前のがんの分野を震撼させたであろう、次のような文章から始まっていました。「予防、早期診断、治療中と治療後の患者体験がますます重視されるようになり、それは社会的、政治的な要望によって加速され、がんをコントロールすることの本質が変化している」。この文を詳細に読み解くと、いくつかの重要なことが含まれていることがわかります。

・予防は、将来的に医師ががんに対してとることになる全体的アプローチの先陣を切っている

・がんはコントロール可能な病気であり、過激な治療を常に必要とするわけではなく、とりわけ高齢者における初期の前立腺がんのように、進行が遅い場合にはそうした治療は不要である

・がんに対する社会不安に注目が集まりつつある。苦しみの少ない治療が生まれる見込みはあり、実際に少しは存在している

もっと深いところを見る

がんに対するこの新しい考え方は非常によい兆候ではありますが、まだまだ注意が必要です。表立った進歩は少しずつですが続いています。しかしがんの新薬の代表的な臨床試験は被験者のうちせいぜい3〜5%にしか効果が見られません。またこれまでの経緯を見ても、がんによる死亡を減らせるという見通しも行き詰まっています。がんによる犠牲者については2つの指標を通して知ることができます。1つは毎年がんと診断される人数、

もう1つは彼らが亡くなる年齢です。たいていの人が見過ごしているのが後者です。通常は寛解《かんかい》の最も一般的な目安である「5年生存」という観点で考えられますが、その有効性には疑問があります。

早期発見は、かつての世代にはなかった大きな恩恵です。しかし、それはまた生存率を人為的に増やすことにもなっています。1930年代に乳がんと診断された女性は、今日乳がんと診断される女性よりも、多くの場合ずっと進行した段階にありました。たとえば1930年代、ある女性が55歳のときに医師によって乳房にしこりが見つけられ、治療がうまくいかなくて57歳で亡くなったとしましょう（当時、米国には化学療法と放射線療法がまだなかったので、極端な乳房切除が唯一実行可能な治療法でした）。

今日では、異常、もしくは悪性の乳腺細胞はずっと早い段階で発見することが可能になり、ステージ1で発見されることも多いのです。そう診断されるのは55歳ではなく、たとえば48歳ぐらいが典型例となるでしょう。その患者は9年生きられるかもしれません。よって5年間生存のカテゴリーに入れられるでしょうが、それでも亡くなるのが57歳だったりしますーーつまり、異なるルートを経て同じ結果に終わるわけです。

だから、年齢調整死亡率――がんと診断された人々が亡くなる平均年齢――が主要な指標になるのです。がんからの生存率が本当に上昇していると主張するなら、その年齢は上がっている必要があります。しかし何十年もの間、その年齢は上がっていません。大局的に見るならば、がんによる死は、さまざまに連動する要素のために、十分ではないにしても減少しているのです。

・早期発見は恩恵ではあるが、度を超すこともありうる。前立腺がん発見のための標準検査であるPSA検査は、致命的になるまでに何年も何十年もかかるがんに対しての過剰な治療の原因となった。手術や放射線治療によって患者に害を与えるリスクのほうが、定期的なPSA検査(検査で擬陽性になったものも含める)によって救われたと予測される命よりもずっと多いということが最終的に明らかになった
・喫煙の着実な減少が、肺がんの罹患率に影響した
・的を絞った治療の効果が高まった
・化学療法と放射線療法による重度の副作用で亡くなる患者が以前よりも減少した

・遺伝子スキャニングのおかげでがんの遺伝源に特定して狙いを定める新薬開発が可能になったが、今日にいたるまでこうした薬剤はきわめて高額で（治療に何万ドルもかかる）また1つだけの遺伝子の誤りに関連付けられるがんはほとんどない。1つの例外として、小児白血病の特定の型がある。これはかつて不治の病であったが、今では90％以上の治癒率を誇る（回復した患者は20代で深刻な健康問題に見舞われると警告はされている）

しかし楽観論の主な理由は、治療から予防へと切り替わりました。これは基礎研究と新薬治療へのさらなる資金投入に圧倒的な希望が託されていた10年前には、予測さえできなかった転換です。今ではがん症例の50％が、すでに存在する知識を用いて予防可能だということは一般的に認められています。禁煙、自然食品を中心とした食生活、食事や空気や水の中の発がん性物質を避ける、毎日半錠のアスピリンを飲む、日焼け止めを塗るといった、毎日のライフスタイルの選択によって、がん予防は推進されるのです。

たいていの人がすでに心臓病や脳卒中のリスクを減らすためにアスピリンを飲むことを知っており、がんへの恩恵は付随的なものであって万能薬というわけではありません。30年間にわたって13万人を調査して集めた綿密なデータによると、1週間のうち少なくとも2錠の成人用アスピリンを定期的に飲んだ人は、消化管がんで20%、大腸がんで25%の減少が見られたということがわかりました（アスピリンががん予防策としての有用性を持つだけでなく、腫瘍が現れた後の転移のリスクも減らしたことを裏付ける研究もあります）。

アスピリンがこうしたがんに対して効果がある理由は、その抗炎症作用にあると思われます。炎症がいかにダメージを与えるものであるかの間接的な証拠は、アスピリンが風邪や痛みに効き、心臓病の予防になることを考えれば明らかでした。すべてがアスピリンの抗炎症作用と結びついているのです。

日焼け止めや禁煙に関連する予防対策は、とりわけ皮膚がんと肺がんに的を絞ったものです。しかし最もよいニュースは、理想体重を維持すること、アルコールを避けること、食べる量を最小限に抑えること、活動的な生活を送ることなど、一般的に当てはまるポジティブなライフスタイルの選択ががんにとって恩恵をもたらすということ――言い換えれば、ヒーリング・ライフスタイルが広範囲にわたる予防アプローチになるということです。がん防御のレベルを高めるためにおこなう必要のあることなど何もありません。なぜなら最新の研究が明らかにする限り、そのような特別な防御など存在しないからです。

これに関しては、いわゆる「がんの食事療法（cancer diets）」と呼ばれる特定のサプリメントや、病気を予防すると考えられる摩訶不思議な食べ物に頼ることでがんにまつわる不安を軽減しようとする人はがっかりするかもしれません。しかしがんの初期形成段階と慢性炎症を結びつけることは、1つの新しい潮流です。私たちの知っている限りでは本書のPART 2でご紹介した食事法は抗がん食事法に可能な限り近いものでもあるのです。

がんに対処すること

ついに、がんが対処可能な病気であるという楽観論が登場しました。これは医学界にも徐々に広がりつつある、考え方の大転換です。がんは患者だけでなく腫瘍学者にとっても、必死になって「何でもいいから何かすべき」課題であり続けてきました。内側から知らぬうちに体を攻撃してくる敵のイメージによって緊急の、時に思い切った対応が促されてきました。しかしがんは多面的な病気であるため、すべてのがんが同じように形成されるわけではありません。なかには進行が遅いものもあります。7つのタイプの脳腫瘍における5年生存率を調べると、たとえば致死率の高いグリア芽腫《がしゅ》での17%から、良性で進行も遅く、その存在に脳が適応することも珍しくない髄膜腫での92%まで、その幅は広くなっています（甲状腺がんと膀胱がんも、進行が緩やかで対処可能ながんに分類されます）。

がんへの対処法は腫瘍学者によって異なり、そしてそうした方法は治療の緊急性への取り組みにかなりのばらつきがあります。2人以上の医師に相談することが望ましく、また医師らが対処可能性についてどう考えているかについて質問することも重要です。いずれにしても、がんの罹患率と治癒に影響を及ぼすような要因はたくさん存在します。もしあなたが若い裕福な白人で、早期発見できたとしたら、そのリスクは減少します。もしあなたが年を取った貧しい非白人で、がんの発見が遅れたら、そのリスクは最大になります（たとえば、先に述べた脳腫瘍からの生存率は、20〜44歳の年齢集団に当てはまるものでした。55〜64歳の患者の場合、生存率はもっと低くなり、グリア芽腫で4%、髄膜腫で67%と下がります）。

このことは、診断もされていないのにがんに対処するという自己矛盾に見える問題を私たちに提起します。もし冬に風邪をひかないようビタミンCか亜鉛を摂るなら、それは予防になります。風邪をひいてもいないうちに風邪に対処しているというのは妙なことに聞こえます。しかしがんに関しては、知られている予防措置によってすべてがわかるわけではありません。取り組むべき未知の要素が存在するのです。そしてこれこそ、絶えず対処すべきものなのです。

その未知の要素とは、自ら招いたストレスと恐怖のことです。リスク、研究、悲劇的な死、奇跡的な治癒についての話が常に繰り返されるおかげで、現代社会は医療関連のストレスにあふれています。なかでも、がんについてのニュースほどストレスのかかるものはありません。ストレスも、広く蔓延しているときには防ぎようがありません。がんが家族や友人にいつ衝撃を与えることになるかは誰にもわからないため、なおさらストレスなのです。最も初歩的なアドバイスは、ストレス管理はがんの管理でもある、ということです。これは、健康な人々にも、がんの診断を受けたばかりの患者にも、がんを克服した人にも当てはまることです。

がんを克服しつつある人に、家族や友人からの愛情あるサポートに加え、外部のサポートグループにも支援を求めるよう伝えることは、治療後の標準的なアドバイスとなっています。がんになると孤立しがちです。化学療法や放射線療法の副作用、とりわけ抜け毛や筋組織の萎縮《いしゅく》によって、1人でいたい気分になりがちなのです(今日のがん患者は、がんは以前のような恐怖で迎えられることがなくなったことは幸運なことです)。

がんが感情面に与えるストレスに対処することがなぜ効果的なのかという理由はまだよくわかっていません――だから私たちはそれを未知の要素と名付けているのです。しかしその答えはエピジェネティックなものではないだろうかと強く思っています。前述したように、エピジェネティクスは日々の経験によって起きたDNAの変異を論じるものです。その経験が強烈なものであればあるほど、人間のエピゲノムにはより多くの痕跡が刻まれる可能性が高くなります。そしてそれが遺伝子活動に変化をもたらすことになるのです。なぜならDNAのまわりを保護鞘のように取り巻くエピゲノムは、遺伝子活動のメインスイッチだと考えられるからです。

悪い経験ががん形成の初期段階に影響を及ぼしているかもしれないと証明することは危

険と背中合わせであり、ストレス緩和というよりむしろストレスを増すことになるかもしれません。しかし、ポジティブな経験とストレス軽減を関連付けることに危険は存在しません。そのうえ生存率を上昇させることやストレス管理を推し進めること――とりわけがんへの潜在的恐怖に対処すること――は、病気の兆候が表れるよりもずっと前の段階において重要なのです。がんに関する楽観的なニュースを習熟することによって、あなたは自分の不安レベルを引き下げるための大きな一歩を踏み出すことができるのです。この病気に対する考え方の不合理な側面を取り除くことで、結果的に、誰もが長いこと求めてきた転換点へいたることになるのかもしれません。

訳者あとがき

２００６年よりディーパック・チョプラ氏の日本の窓口を務めている渡邊愛子です。今回でチョプラ氏の著作翻訳を手がけさせていただくのは９冊目となりました。そのうち6冊は原著がアメリカで出版されてから短くても7年以上経ってから翻訳したり、長いものは20数年経った作品を新訳で復刊してきました。本書は２０１８年2月に出版された原題「THE HEALING SELF」（直訳では「治癒する自己」）であり、アメリカで出版されてまもなく、シンクロニシティとともに自然な流れで担当することになったのです。

私自身もチョプラ氏と出会ってから「ヒーリング」「癒やし」が探求するテーマとなり、それから半年後に株式会社ボディ・マインド・スピリットを設立してからは、促進したり、提供するサービスでもありました。チョプラ氏がよくお話しされていた「癒やしとは全体への回帰である」とはどういうことか、原初音瞑想講座でもお伝えしている「体と心とスピリット、それぞれに自由自在にアクセスできるようになると、バランスと統合がもたらされる」とは実際にどのような感じで、具体的にはどうすればよいのかという疑問に、本書はステップ・バイ・ステップで実例を挙げながら説明をし、後半では曜日別にテーマを分けた実践可能で具体的なアクションプランという形で答えてくれたのでした。

本著はハーバード大学の神経学教授タンジ博士との共著で、お二人の作品は『SUPER BRAIN』（保育社、2014年）、『SUPER GENES』（未訳2015年刊）に続いて3作目となります。後半の「1週間の行動プラン」のうち、月曜日の「抗炎症作用のある食事」で「小児用アスピリンを1錠、もしくは大人用アスピリンの半錠を飲むことを日課にする」と「1日に1~5回コーヒーを飲む」というお薦めは、これまでチョプラ氏の講義やテレビ番組で耳にしたことも、著作や雑誌やインターネット記事で目にしたこともなかった（チョプラ氏による健康アドバイスに含まれていなかった)内容でしたので、念のためご本人に確認してみました。

本著の「抗炎症作用のある食事」は、文中でも「ハーバード・メディカル・スクールの健康に関するオンライン出版物に」という記述があるように、Harvard Health Publishing (www.health.harvard.edu) の記事が参考文献となっているようです。アスピリンに関してチョプラ氏から推奨できるのは、日本で販売されていないチュアブルタイプのベビーアスピリンのみとのことで、調べたところベビーアスピリンは1錠81ミリグラムでしたので「日本で入手できる大人用アスピリンの半錠はアセチルサリチル酸250ミリグラムなので多すぎるでしょうか?」と再確認したところ、やはりお薦めできるのはチュアブル・ベビーアスピリン1錠のみとの回答でした。コーヒーに関してはインターネット上で入手可能な各種研究結果を参考にしてくださいとのことで、チョプラ氏ご自身は現在、コーヒーなど超越した超人的パワーについて取り組んでいるそうです!

私自身も10年かけて「炎症を起こさない食事」を追求してきた結果「レクチンフリー」の食材リストに辿りつき、2018年1月から実践してその効果を享受していますが、本書の「抗炎症作用のある食事」の中で種子、全粒粉、大豆、トウガラシ属、トマト等が相反する「避けるべき食材」となっていたりします。またプレバイオティクスやお薦めのオイルなど他、共通している点も多々あります。チョプラ氏とも2018年5月にこの情報と経験を共有し、後日ご意見をお伺いしたところ「レクチンフリー食は理にかなっている。君の回復ぶりに驚いている」というフィードバックをいただいています。

本著の翻訳をきっかけに、臨床データが豊富な最先端の健康食に関する情報、長年にわたる科学的な研究データ、そしてチョプラ氏が追求してこられたすべての側面からのアプローチを統合して「自己治癒するヒーリング・ライフスタイル」を実践し、自身の体で検証してきた結果を情報提供していきたいと思います(http://wellbeinglife.jp)。ひとりひとり心と体の状態や状況も異なりますので、皆さんもご自身の体で検証しながら、最適なヒーリング・ライフスタイルを構築していっていただければと願っております。

おわりに、本著の企画から編集まで手がけてくださったフォレスト出版の杉浦さん、『あなたの年齢は「意識」で決まる』『あなたの運命は「意識」で変わる』『あなたは「意識」で癒される』「宇宙はすべてあなたに味方する」に引き続き、ともに翻訳してくださった水谷美紀子さんに心より感謝を申し上げます。

２０１８年11月

渡邊愛子

[著者プロフィール]

ディーパック・チョプラ（Deepak Chopra）

医師、米国内科学会上級会員。チョプラ財団創立者で、ウェルビーイングのためのチョプラセンター（Chopra Center for Wellbeing）共同創設者。

統合医療と個人の変容における先駆者で世界的な第一人者。85冊を超える著書は43言語に翻訳され、25冊以上がニューヨークタイムズのベストセラー。そのうち『チョプラ博士の老いない「奇跡」』（講談社、2007年）と『富と成功をもたらす7つの法則』（角川文庫、2014年）の2冊は「世紀の名作リスト」に選ばれている。ケロッグ経営大学院およびコロンビア大学経営大学院の非常勤講師、カリフォルニア大学サンディエゴ校の家庭医学および予防医学部の臨床助教授、ウォルト・ディズニー・イマジニアリング社の保険医療学部の臨床助教授、ギャラップ社の上級科学者を務める。『タイム』誌の「20世紀の英雄と象徴トップ100」に選ばれ「代替医療の詩人・予言者」と称される。ワールド・ポスト社とハフポスト社が行ったグローバル・インターネット調査の結果、世界で影響を及ぼしている思想家の第40位となり、医療分野における第1位となる。

主な著書に『宇宙のパワーと自由にアクセスする方法』『宇宙のパワーと自由にアクセスする方法【実践編】』『あなたの年齢は「意識」で決まる』『あなたの運命は「意識」で変わる』『あなたは「意識」で癒される』『宇宙はすべてあなたに味方する』（すべてフォレスト出版）、『富と宇宙と心の法則』『迷ったときは運命を信じなさい』（ともにサンマーク出版）などがある。

〈ディーパック・チョプラ 公式WEBサイト〉www.chopra.jp

ルドルフ・E・タンジ（Rudolph E. Tanzi）

ハーバード大学の神経学教授で、ジョセフ・P・ケネディとローズ・F・ケネディの冠講座を担当。マサチューセッツ総合病院で神経学の副院長と加齢遺伝学のユニットの部門長を務めている。神経病の遺伝子を特定する研究における先駆者であり、早期発症型の遺伝性アルツハイマー病を引き起こす3つの遺伝子すべてを共同で発見し、アルツハイマー病ゲノムプロジェクトを先導、およびそれらの発見に基づいたアルツハイマー治療と予防の療法を開発している。『タイム』誌が発表した2015年度の「最も影響力のある100人」と「最も影響のあるハーバード卒業生100人」に選ばれ、アルツハイマー病の先駆的な研究に対して名高い賞であるスミソニアン・アメリカン・インジェニュイティ・アワードを受賞している。ディーパック・チョプラ博士との共著に、ニューヨークタイムズ・ベストセラーとなった『SUPER BRAIN』（保育社、2014年）があり、アメリカ公共テレビの番組「SUPER BRAIN」のホストも務めている。また、ジョー・ペリーやエアロスミスと共演するプロのキーボード奏者でもある。

[訳者プロフィール]

渡邊愛子（Aiko Watanabe）

日本初のチョプラセンター認定　瞑想ティーチャー。チョプラ博士の「原初音《げんしょおん》瞑想講座」を提供している。株式会社ボディ・マインド・スピリット代表取締役。2006 年よりチョプラ博士の日本の窓口を務め、来日セミナー主催、「ディーパック・チョプラ 公式 WEB サイト」「チョプラ博士の公式メールマガジン」等を運営。訳書に『宇宙のパワーと自由にアクセスする方法』『宇宙のパワーと自由にアクセスする方法【実践編】』『あなたの年齢は「意識」で決まる』『あなたの運命は「意識」で変わる』『あなたは「意識」で癒される』『宇宙はすべてあなたに味方する』（すべてフォレスト出版）、『富と成功をもたらす７つの法則』（角川文庫）、監訳書に『チョプラ博士のリーダーシップ７つの法則』（大和出版）、『LOVE ～チョプラ博士の愛の教科書～』（中央公論新社）がある。

また、字幕監修作品に「ディーパック・チョプラ プレミアム DVD-BOX」（TSUTAYA ビジネスカレッジ）内の映画「富と成功をもたらす７つの法則」「内なる神を知る～奇跡に満ちた魂の旅へ～」などがある。

また、自身の著書として『世界のエリートはなぜ瞑想をするのか』（フォレスト出版）、『運のよさは「瞑想」でつくる』（PHP 研究所）、『マンガで実践！　世界のハイパフォーマーがやっている「最強の瞑想法」』「マンガで実践！　富と成功をもたらす７つの法則」（ともに大和出版）がある。

〈株式会社ボディ・マインド・スピリット〉www.bodymindspirit.co.jp
〈渡邊愛子 公式 WEB サイト〉http://aikowatanabe.com
〈渡邊愛子ブログ「ウェルビーイングへの道」〉http://wellbeinglife.jp

水谷美紀子（Mikiko Mizutani）

慶應義塾大学法学部卒業後、編集などの仕事を経て、ロンドン大学大学院にて MA in art and archaeology 修了。専攻はチベット美術史。インド、チベットの文化全般に興味があり、そうしたなかディーパック・チョプラ博士の著作にも出会う。株式会社ボディ・マインド・スピリットにて原初音瞑想講座修了。BODY MIND SPIRIT 認定　瞑想ファシリテーター。渡邊愛子との共訳として『あなたの年齢は「意識」で決まる』『あなたの運命は「意識」で変わる』『あなたは「意識」で癒される』『宇宙はすべてあなたに味方する』（すべてフォレスト出版）がある。

THE HEALING SELF:
A Revolutionary New Plan to Supercharge Your Immunity and Stay Well for Life by Deepak Chopra, M.D. and Rudolph E. Tanzi, Ph.D.

This translation published by arrangement with Harmony Books, an imprint of the Crown Publishing Group, a division of Penguin Random House, LLC through Japan UNI Agency, Inc., Tokyo

装丁／小口翔平＋喜來詩織（tobufune）
本文デザイン／二神さやか
DTP ／山口良二

宇宙のパワーであなたの心と体はよみがえる

2018 年 11 月 21 日　初版発行

著　者　ディーパック・チョプラ　ルドルフ・E・タンジ
訳　者　渡邊愛子　水谷美紀子
発行者　太田　宏
発行所　フォレスト出版株式会社
〒 162-0824　東京都新宿区揚場町 2-18　白宝ビル 5F
電話　03-5229-5750（営業）
03-5229-5757（編集）
URL　http://www.forestpub.co.jp
印刷・製本　中央精版印刷株式会社

ISBN978-4-86680-011-0　Printed in Japan
乱丁・落丁本はお取り替えいたします。

FREE!

『宇宙のパワーであなたの
心と体はよみがえる』

読者無料プレゼント

**【特典1】チョプラ氏が本書の神髄を語る
動画の日本語オーディオブック**

**【特典2】本書Part2「1週間の行動プラン」
リマインダー＆アドバイス** 音声ファイル

【特典1】ディーパック・チョプラ氏が原著の発売前夜に語った20分間の動画『The Healing Self（治癒する自己）の本当の意味』を、渡邊愛子氏が翻訳および朗読した音声ファイル

【特典2】本書Part2「1週間の行動プラン」に、ウェルビーイングを促進する渡邊愛子氏が自身の実践を踏まえたアドバイスを加えた音声ファイル

**この無料プレゼントを入手するには
コチラへアクセスしてください**

http://frstp.jp/7days

※特典は、ウェブサイト上で公開するものであり、冊子やCD・DVDなどをお送りするものではありません。

※上記無料プレゼントのご提供は予告なく終了となる場合がございます。あらかじめご了承ください。